Die Puppennäherin von Ravensbrück

KARLEN VESPER

Die Puppennäherin von Ravensbrück
Zwölf Porträts

neues leben

Das Weihnachtswunder von Ravensbrück

Dann war der Tag gekommen, man sah die Kinder ziehn,
Man führte sie an Tische, geschmückt mit Tannengrün.
Sie kamen herbeigetrippelt, so schüchtern und so bleich,
Und sahn an diesem Tage ins Weihnachtshimmelreich.
Kennt ihr die Burg des Leidens, die sich der Hass erbaut?
Dort haben vierhundert Kinder einmal ins Glück geschaut,
Ein erstes Mal ins Weihnachtsglück –
Die armen Kinder von Ravensbrück.

Und jedes kriegt drei Schnitten, war auch das Opfer hart,
Sie haben sie sich heimlich vom Munde abgespart.
Es gab Gesang, gab Spiele, gab Freundlichkeit so viel!
Jedoch das Allerschönste, das war das Puppenspiel
Vom Prinzen, der ein Frosch war, vom Kasperle, der haut,
Erst lächelten sie leise, dann jubelten sie laut.
Sie fanden wunderbar das Stück –
Die Weinachtskinder von Ravensbrück.

Verfasserin unbekannt

Inhaltsverzeichnis

VORWORT

70 Jahre nach dem Ende der Schreckensherrschaft des deutschen Faschismus über Europa hält das Interesse an Erlebnissen und Erinnerungen ungebrochen an. Auch in Deutschland werden die Berichte nunmehr differenzierter.

Betrachtungen aus der Sicht von Zeitzeugen, die unterm Hakenkreuz noch Kinder und Jugendliche waren, Verfolgung erlitten und sich dem Widerstand anschlossen, sind jedoch nach wie vor rar. Die jungen Menschen hatten das Leben noch vor sich und lebten gefährlich. Sie befragt zu haben ist das Verdienst der Journalistin Karlen Vesper.

Die zwölf Porträts geben nicht nur Einblicke in den Alltag in Deutschland zur Zeit der Hitlerdiktatur, sie vermitteln auch Erfahrungen aus dem Exil und die immer währende Sehnsucht nach den verlorenen Eltern. Sie waren blutjung, als sie sich im illegalen Kampf gegen die Faschisten einreihten, verhaftet und in Konzentrationslager verschleppt wurden, als sie desertierten und mit der Waffe in der Hand auf Seiten der Alliierten kämpften. Persönliche Entscheidungen, die Mut verlangten. Ihre Motive bezeugen die Vielfalt des Widerstandes. Sie bringen in unsere heutige Auseinandersetzung mit Gewalt und Rassismus, für Multinationalität und Internationalität eine unverzichtbare historische Erfahrung ein.

Besonders erfreut bin ich darüber, dass Horst Behrendt bestätigt, was er mir in den 1980er Jahren am Rande einer Kundgebung zum Gedenktag für die Opfer des Faschismus mitteilte: Er habe von meinem Vater den Auftrag erhalten, einen Weg zu finden, zur Roten Armee überzulaufen, was ihm dann ja auch gelang. Wie schwierig das war, zeigt sein Bericht. Nicht wenige Deutsche haben den Versuch, aus der Wehrmacht zu desertieren, mit dem Leben bezahlt, viele wagten es trotz des Willens dazu nicht. Besonders beeindruckend für mich ist auch, dass der Vater von Horst Behrendt in der dunkelsten Zeit deutscher Geschichte nicht nur seinem Sohn marxistisches Wissen und Kenntnisse über die Arbeiterbewegung vermittelte.

Ganz persönlich verbunden fühle ich mich mit Lisl Jäger, die mit meiner Mutter in Ravensbrück war und stets die Gerechtigkeit lobte, mit der Aenne Saefkow ihre Aufgabe als Tischälteste beim Austeilen von Brot und Suppe ausübte. Nach dem Krieg bezog meine Mutter die noch immer junge Lisl in die Arbeit der Gemeinschaft der ehemaligen Ravensbrückerinnen ein. Die Situation kehrte sich um, als zu Beginn der 1990er Jahre Lisl mit mir ein langes, für mich sehr eindrucksvolles, unvergessenes Gespräch über die Verpflichtung ewiger Mahnung und Erinnerung an Stätten faschistischer Konzentrationslager und Zuchthäuser führte. Ihre Achtung vor den Leistungen der Mithäftlinge aus allen Ländern Ost- und Westeuropas im Widerstand ist für mich – nach dem Tode meiner Mutter 1962 – zum Wegweiser in der Erinnerungsarbeit geworden. Wie schön, dass das Interview mit Lisl in diesem Buch auch für andere Menschen nachvollziehbar macht, was ich von ihr aufgenommen habe.

Bärbel Schindler-Saefkow

23. Januar 2015

DER JUNGE MIT DER
ZIEHHARMONIKA

*Wie Günter Pappenheim nach Buchenwald kam und
siebzig Jahre später rote Rosen erhielt*

Am 14. Juli klingelt ein Fleurop-Bote bei Günter und Margot Pappenheim in Zeuthen bei Berlin. Die beiden vermuten, dass es sich um einen Irrtum handelt. Keiner von ihnen hat Geburtstag. Die Adresse auf dem Paket jedoch ist korrekt. Kein Irrtum. Fünfzig prachtvolle rote Rosen. Ein »Gruß aus Frankreich«. Im beiliegenden Brief aus Paris heißt es:

»Lieber Kamerad Günter,
wie könnten wir je diese Geste von Freiheit, Solidarität, Gerechtigkeit vor genau 70 Jahren, am 14. Juli 1943, vergessen, als Du auf Bitte unserer Landsleute, die großes Heimweh empfanden, unsere Nationalhymne vorgespielt hast? Dafür erwarteten Dich Verhaftung, Verhöre und fast zwei Jahre großes Leiden und unheilbare Wunden in Buchenwald.«

Unterzeichnet ist das Schreiben an Günter Pappenheim, den Vorsitzenden der deutschen Lagerarbeitsgemeinschaft Buchenwald-Dora, vom Präsidenten des Internationalen Buchenwaldkomitees Bertrand Herz und anderen ehemaligen Buchenwaldhäftlingen und Zwangsarbeitern. Günter Pappenheim erinnert sich:

Es war in Schmalkalden. Er ist Schlosserlehrling in der Werkzeugfabrik »Gebrüder Heller«. Neben dem Betrieb gibt es ein Lager, mit einfachem Stacheldraht umgeben. Der 17-Jährige blickt sich um, kein Mensch weit und breit.

Das Lager ist nicht streng bewacht. Günter kriecht durch ein Loch im Zaun. Kein leichtes Unterfangen mit dem Gepäck, das er bei sich trägt: Brot, Rüben und Weinbergschnecken. Endlich ist es geschafft. Schnellen Schritts eilt er zur Werkhalle, in der er seine Freunde weiß. Sie sind immer freundlich zu ihm. Ganz im Gegensatz zu den Lehrlingen und einstigen Schulkameraden; von denen will keiner etwas mit dem Sohn eines »Verräters« zu tun haben. »Mein Bruder Kurt, meine Schwestern und ich wurden nach der Verhaftung meines Vaters von Gleichaltrigen geschmäht.«

Sein Vater, Ludwig Pappenheim, Vorsitzender der Schmalkaldener SPD und langjähriger Abgeordneter des Landtages Hessen-Nassau, ist am 25. März 1933 verhaftet worden. Mutig beschwerte er sich über die Willkür. Offenbar wollten »scheinbar ehemals demokratische Beamte ihre politischen Minderwertigkeitskomplexe durch energisches Vorgehen gegen Sozialdemokraten abreagieren«, schreibt er. Tatsächlich haben im Justizapparat viele kaiserliche, stockreaktionäre Beamte die Weimarer Republik überwintert, um nun eilfertig den Nazis zu dienen. Ludwig Pappenheim ist zu Zeiten des Bismarckschen Sozialistengesetzes geboren worden. Alle Verordnungen und Repressalien »gegen die gemeingefährlichen Bestrebungen der Sozialdemokratie« hatten jedoch genau das Gegenteil bewirkt. Die Sozialdemokratie erstarkte; aus den Reichstagswahlen 1912 ging sie als Siegerin hervor, gewann 110 Mandate. Das beflügelte natürlich das Selbstbewusstsein der Genossen. Ludwig Pappenheim wurde 1905 Mitglied der SPD.

Die »Burgfriedenspolitik« seiner Partei im August 1914, zu Beginn des Ersten Weltkrieges, enttäuschte ihn indes zutiefst. Nachdem der sozialdemokratische Abgeordnete Karl Liebknecht als erster im Reichstag seine Stimme den Kriegskrediten versagte, setzte er sogleich freudig einen

Günter Pappenheim, einige Monate nach der Befreiung

Ludwig Pappenheim mit seinen Kindern Günter, Kurt und Ruth (v. l. n. r.), 1932

13

Brief auf: »Werter Genosse Liebknecht! Nachdem mir heute der Genosse Curt Böhne aus Jena eine Abschrift Ihrer Erklärung vom 2.12. im Reichstag zugesandt hat, fühle ich mich gedrungen Ihnen mitzuteilen, daß ich, wie die große Zahl der Genossen des Kreises Schmalkalden auf dem gleichen Boden stehe.«

Doch auch Ludwig Pappenheim musste in die feldgraue Uniform schlüpfen. An der Front agitierte er unermüdlich gegen den imperialistischen Krieg. Zu dessen Ende wurde er, obwohl inzwischen Träger des Eisernen Kreuzes, gar noch vor ein Kriegsgericht gestellt. Sein »Verbrechen«: Er hatte ein Flugblatt, »Kameraden erwacht!«, verfasst, in dem er anklagte: »Die Erde scheint nichts weiter als ein großer Mordplatz! Alle Schuld an dem rasenden Völkermorden trägt das System der kapitalistischen Ausbeutung der Massen durch eine Minderheit Kapitalbeherrscher.«

Als am 9. November 1918 Philipp Scheidemann von einem Balkon des Reichstages in Berlin das Ende des Kaiserreiches und die »Deutsche Republik« verkündete und kurz danach Karl Liebknecht vom Balkon des Berliner Stadtschlosses die »Freie Sozialistische Republik Deutschland« ausrief, war Ludwig Pappenheim Feuer und Flamme. Doch in Schmalkalden schlug die Revolution keine Wurzeln. »Über die Stadt wurde der Ausnahmezustand verhängt und mein Vater wegen angeblichen Landfriedensbruchs ins Zuchthaus Kassel-Wehlheiden gesperrt«, berichtet Günter Pappenheim. Ohnmächtig musste sein Vater in der Zelle miterleben, wie die »Eberts und Scheidemänner«, die führenden Funktionäre der Soziademokratie, die Revolution verrieten.

Bereits während des Krieges war Ludwig Pappenheim aus der SPD aus- und in die 1917 im thüringischen Gotha von linken Sozialdemokraten wie Arthur Crispien, Wilhelm Dittmann und Georg Ledebour gegründete Unabhängige

14

Sozialdemokratische Partei Deutschland (USPD) eingetreten. Als diese sich dann teilte, ein Flügel sich 1920 der Kommunistischen Partei Deutschland anschloss und der andere zwei Jahre darauf in die SPD zurückkehrte, entschied sich Ludwig Pappenheim trotz aller vormaligen Enttäuschungen wieder für den Mitgliedsausweis der Sozialdemokratie.

Sein Vater habe früh erkannt, welche Gefahr von den sich um Hitler gruppierenden »Nationalsozialisten« ausging, berichtet Günter Pappenheim. Die Nazis wurden immer frecher, immer aggressiver. Der Putschversuch am 8./9. November 1923, der »Marsch auf die Feldherrnhalle« in München, war ein Menetekel. Fortan war Ludwig Pappenheim nimmermüde, in der von ihm mit dem Erbe seines Vaters, eines jüdischen Kaufmanns, gegründeten Zeitung, »Die Volksstimme«, vor den Faschisten zu warnen. Die ihn ihrerseits auf ihre schwarze Liste setzten.

Moorsoldaten und Marseillaise

Schmalkalden war schon 1924 fest im Griff der Nazis. Wie Thüringen und Hessen, die beiden Länder, zu denen die Stadt geografisch und administrativ gehörte. 1930 errangen in Thüringen die Nazis erstmals zwei Ministerposten in einer Landesregierung, zwei Jahre darauf waren es derer fünf. NS-Gauleiter und Innenminister Fritz Sauckel drohte im thüringischen Landtag unmissverständlich: »Wir werden selbstverständlich die Macht, die uns das thüringische Volk bei der letzten Wahl gegeben hat, in jeder Beziehung ausnutzen!«

Einer der ersten, die diese Ankündigung zu spüren bekamen, war Ludwig Pappenheim. Er war von einem politischen Konkurrenten in Schmalkalden, Landrat Ludwig Hamann, angezeigt worden – er soll angeblich ein illegales

Waffenlanger angelegt haben. Eine unerhörte Unterstellung. Dennoch wurde Ludwig Pappenheim zu drei Monaten Haft verurteilt. Er erhob Einspruch bei den zuständigen Stellen: »Ist dieser Staat so schwach, dass er, wenn jemand bedroht wird, diesen und nicht den Drohenden festsetzt? Statt diese zur Rechenschaft zu ziehen, wie es in einem geordneten Staat geschehen müsste, sperrt er den Bedrohten ein.«

Sein Einspruch blieb ungehört. Die Nazis ließen Ludwig Pappenheim nicht mehr aus ihren Klauen. Nach Verbüßung der Haftstrafe wurde er nicht entlassen, sondern in »Schutzhaft« genommen. Er kam ins KZ Breitenau bei Kassel. Am 16. Oktober 1933 wurde er ins Börgermoor bei Papenburg im Emsland »überstellt«, eines der ersten Konzentrationslager in Nazideutschland, das damals noch dem Reichsjustizministerium unterstellt war und von »Schutzpolizisten« bewacht wurde; erst später wurden die Moorlager von der SS übernommen.

Kannte Ludwig Pappenheim das »Lied der Moorsoldaten«? Ja, bestätigt sein Sohn. Es wurde am 27. August 1933 erstmals von Börgermoor-Häftlingen, einstigen Mitgliedern des Solinger Arbeitergesangvereins, gesungen. Der Text stammte vom Kommunisten und späteren DDR-Schauspieler und Regisseur Wolfgang Langhoff sowie Johann Esser, einem ehemaligen Bergmann; der Kommunist Rudi Goguel komponierte die Melodie.

Den Wachmannschaften war es zunächst recht, dass es ein »Marschlied« für die Arbeitskolonnen gab, die sie ins Moor zu dessen Kultivierung trieben. Doch dann erfassten sie die subversive Botschaft der letzten Strophe und verboten das Lied. Es war nicht zu verbieten, wurde durch entlassene oder geflüchtete Häftlinge über die Lagergrenzen und die Grenzen Nazideutschlands hinaus getragen und zu einem der beliebtesten Lieder der Internationalen Brigaden im Spanienkrieg wie auch in der französischen Résistance. Günter Pappenheim kennt es natürlich:

»Wohin auch das Auge blicket,
Moor und Heide nur ringsum.
Vogelsang uns nicht erquicket,
Eichen stehen kahl und krumm.
Wir sind die Moorsoldaten
und ziehen mit dem Spaten
ins Moor.«

Die letzte Strophe des Moorsoldatenliedes verkündete trotzig:

»Doch für uns gibt es kein Klagen,
ewig kann's nicht Winter sein.
Einmal werden froh wir sagen:
Heimat, du bist wieder mein.
Dann zieh'n die Moorsoldaten
nicht mehr mit dem Spaten
ins Moor!«

Ewig kann's nicht Winter sein – davon war auch Ludwig Pappenheim überzeugt. Es sollte ihm jedoch nicht vergönnt sein, den Frühling der Befreiung zu erleben.

Er sei bei einem »Fluchtversuch« erschossen worden, hieß es auf dem offiziellen Totenschein. Doch die Genossen und die Familie ahnten die Wahrheit.

Nach dem Krieg bezeugen ehemalige Mithäftlinge, dass Ludwig Pappenheim fast jeden Tag von der SS misshandelt und geprügelt wurde und nächtelang im Strafbunker eingesperrt war. Am Tag vor seiner angeblichen Flucht sei er auf dem Appellplatz zusammengebrochen, die physischen Kräfte waren unter der fortwährenden Folter aufgebraucht. Der letzte Beweis für den heimtückischen Mord: Ein SS-Mann namens Johann Siems rühmt sich später seines »Meisterschusses«, mit dem er am 4. Januar 1934 den »Juden Pappenheim« im Börgermoor-Außenlager Neustrum niedergestreckt habe.

Frieda Pappenheim wurde es verwehrt, ihren Mann auf dem Friedhof Schmalkalden zu bestatten. Erst nach hartnäckigen Auseinandersetzungen erhielt sie schließlich die Genehmigung für ein Begräbnis auf dem Jüdischen Friedhof in Leipzig.

Günter hat all dies miterleben müssen. Wie bewältigt ein Kind den gewaltsamen Tod des Vaters? Es ist unmöglich. Immer wieder muss Günter an die schönen, glücklichen Stunden denken, die sie zusammen verbrachten: beim Wandern, bei gemeinsamem Gesang, bei Schulungsabenden, in die der Vater seine Kinder mitnimmt. Bilder aus einer vergangenen, verlorenen Welt. »Ich fühlte mich so einsam.«

Erst als Lehrling ist es ihm beschieden, wieder Freundschaften zu schließen, sich nicht mehr einsam zu fühlen. Eigentlich ist es streng verboten, Kontakt zu Zwangsarbeitern zu unterhalten. »Doch es war für mich die einzige Möglichkeit, mit jungen Menschen zusammen zu sein, denen ich mich geistig verbunden fühlte.« Leider beherrscht Günter nicht die Sprache seiner neuen Freunde: Franzosen, Belgier, Niederländer, Russen, Jugoslawen.

Sein Vater konnte recht gut Französisch parlieren. Er hatte vor 1933 einige Artikel für französische Zeitungen verfasst. Das Salär, das er für diese erhielt, münzte er um in einen Ausflug nach Paris. »Da verjubelten meine Eltern das Honorar.« Sohn Günter gönnte es ihnen, bedauert nun allerdings, den Vater nicht um ein paar Lektionen in Französisch gebeten zu haben. Er liebt den Klang dieser Sprache, hört gern zu, wenn seine französischen Freunde sich unterhalten. Und lernt einige Worte: Merci, au revoir, à bientôt ... Danke, Auf Wiedersehen, bis bald.

»Wir verstanden uns aber auch sehr gut mit Gesten und Mimik.« Wenn diese Art der Kommunikation versagt, sind da noch ein Serbe und ein Flame, wie die in Belgien lebenden Niederländer genannt werden. Die beiden können leidlich Deutsch und dolmetschen, so gut sie können, vor allem, wenn Günter die neuesten Nachrichten über die Lage an den Fronten mitbringt. Die hat er von seiner Mutter und sie wiederum von illegalen Treffen. »Früher hatten wir ein Rundfunkgerät, hörten heimlich BBC. Als Vater verhaftet wurde, hat die Gestapo das Gerät konfisziert.«

Schmalkalden ist ein Standort der Kleineisenindustrie. Frieda Pappenheim arbeitet in einem Betrieb, in dem Essbestecke hergestellt werden, »in der Packerei«. Auch nach der Verhaftung und Ermordung ihres Mannes hält sie die Verbindungen zu den Genossen aufrecht: einem Schuster, Sozialdemokrat, der zur Tarnung »förderndes Mitglied der SS« geworden ist, und einem Fleischer, in dessen Geschäft die Kunden Schlange stehen und viel erzählen.

Was Günter von seiner Mutter erfährt, berichtet er Etienne und Sergej. Der Belgier und der Serbe tragen die Informationen sogleich weiter. Die Leidensgefährten sind begierig zu erfahren, wie lange sie noch auf ihre Befreiung warten müssen.

König und Weisheit

Der 14. Juli 1943 ist ein herrlicher, strahlender Sommertag. Günter Pappenheim schleicht sich in die Schleiferei. Die französischen Freunde sind nicht überrascht, er hat sie schon mehrfach besucht. Und sie haben ihn für diesen Tag eingeladen, wollen mit ihm gemeinsam ihren Nationalfeiertag begehen. Von seinem Vater weiß er, dass am 14. Juli 1789 das Volk von Paris die Bastille stürmte, das Symbol des verhassten feudalabsolutistischen Systems. Zwar schmachteten in der Feste nur noch sieben Gefangene, die der Kommandant der Bastille angesichts der bewaffneten und entschlossen dreinblickenden Bürger und Handwerker sogleich frei lässt, ohne mit seinen Soldaten Gegenwehr zu wagen. Dennoch gilt die »Erstürmung« der Bastille als Auftakt zur Großen Französischen Revolution, die den Untergang des Ancien Régime besiegelte und das alte Europa umkrempeln sollte.

Von seinem Vater kennt Günter Pappenheim auch die »Marseillaise«, die französische Nationalhymne. Kaum hat der Junge die ersten Töne auf seiner Ziehharmonika angeschlagen, stimmen die Freunde ein: »Allons enfants de la Patrie,/ Le jour de gloire est arrivé!« – »Auf, Kinder des Vaterlands, Der Tag des Ruhms ist gekommen!« Der Gesang schwillt an, als die Franzosen zur Strophe gelangen, mit der den ausländischen Kohorten, Söldnerscharen und niederträchtigen Despoten beschieden wird, »stolze Krieger« würden ihre Häupter nicht dem Joch beugen und die Ketten sprengen. Das von Claude Joseph Rouget de Lisle in einer Aprilnacht 1792 vor dem Kampf gegen die Truppen der österreichischen Habsburger Monarchie und alle Interventen fürderhin verfasste Lied wurde am 14. Juli 1795 zur französischen Nationalhymne erhoben. Und nun erklingt es am 14. Juli in einem Land, in dem der Geist geknebelt ist und abertausende Menschen in Ketten liegen.

Die Ziehharmonika hat sich Günter Pappenheim von seinem Lohn abgespart. »Im ersten Ausbildungsjahr waren es wöchentlich drei Reichsmark, im zweiten dann schon fünf. Ich habe jede Woche fünfzig Pfennige beiseite gelegt. Ich wollte schon immer eine Ziehharmonika haben.« Die hatte ihm die Mutter nicht kaufen können. Für Notenblätter allerdings reicht Günters Lehrlingsgeld nicht. Doch er hat ein musikalisches Gehör, geerbt von Frieda Pappenheim.

Günter ist glücklich an jenem 14. Juli 1943. Je inbrünstiger seine Freunde singen, desto leidenschaftlicher greift er in die Tastatur. »Das war unvorsichtig. Man hat uns gehört.« Im Verwaltungsgebäude schräg gegenüber der Schleiferei hält sich just an jenem Tag der Außenhandelsvertreter der Firma auf. Er war schon einige Male dienstlich in Frankreich, die »Marseillaise« ist ihm bekannt. Herrmann Geißler informiert sogleich den Betriebsobmann der Deutschen Arbeitsfront, wie die anstelle der verbotenen Gewerkschaften geschaffene Naziorganisation heißt, die keine Interessenvertreterin der Arbeiterschaft ist, im Gegenteil, diese disziplinieren, dem Kapital unterwerfen soll. »Obmann Ulrich rief die Gestapo an. Dann sind König und Weisheit gekommen, um mich zu verhaften.«

König und Weisheit – was für Namen für Büttel eines Terrorregimes!

»Dem König hat mein Vater eine Anstellung bei der Polizei verschafft, in Weimarer Zeit.« An seinen Vater, der im Stadt- und Landrat saß, wandten sich viele Arbeitslose während der Inflation und in der Weltwirtschaftskrise. Wie dankte es König Ludwig Pappenheim, dass dieser ihn in Lohn und Brot gebracht hatte? Indem er dessen Frau brüsk abweist, als sie ihn sprechen und um die Freilassung ihres Sohnes ersuchen möchte. Wenn sie ihn weiterhin belästige, werde er dafür sorgen, dass sie nach Theresienstadt käme; da seien noch Plätze frei, lässt er Frieda Pappenheim ausrichten.

Günter wird streng verhört und gefoltert. Im Betrieb der Gebrüder Heller ist Sabotage festgestellt worden. Die Gestapo vermutet eine Widerstandsgruppe und will vom 17-Jährigen wissen, wer die Rädelsführer sind. »Das konnte ich nicht sagen. Und hätte ich auch nicht gesagt, wenn ich es gewusst hätte.« Die Gestapo glaubt ihm nicht. Er ist der Sohn eines weithin bekannten Sozialdemokraten. Ein Sprichwort sagt: Der Apfel fällt nicht weit vom Stamm. Ergo, so meinen die Beamten, ist dem Sohn nicht zu trauen …

Der Prozess gegen Günter Pappenheim soll in Meiningen stattfinden, einer altehrwürdigen Stadt unweit von Schmalkalden, urkundlich schon im ersten Jahrtausend erwähnt. Doch am Tag, als das Tribunal gegen ihn eröffnet werden soll, wird Günter Pappenheim in Richtung thüringisch-bayerische Grenze gefahren. Er wird in »Schutzhaft« genommen. Dieser euphemistische Begriff soll suggerieren, die Betroffenen würden zu ihrer eigenen leiblichen Unversehrtheit vor dem »Volkszorn« geschützt. Im August 1943 befinden sich in deutschen Lagern fast eine Viertel Million »Schutzhäftlinge«.

In einem sogenannten Arbeitserziehungslager auf dem Großen Gleichberg bei Römhild muss der schmächtige Junge in einem Basaltbruch schuften. Dann wird er erneut in eine »grüne Minna« verfrachtet, erst nach Eisenach und schließlich nach Weimar gebracht.

Im Konzentrationslager auf dem Ettersberg muss Günter erst einmal in die Desinfektion. Er muss sich seiner Kleidung entledigen. Als er splitternackt da steht, fragen ihn die dort beschäftigten Häftlinge: »Was hast du denn da?« Sein Rücken und Hinterteil weist schlimmste Blessuren auf, die Wunden sind noch nicht vernarbt. »Im Arbeitslager bei Römhild gab ich an, ich sei wegen eines Liedes verhaftet worden. Ich wusste ja nicht, was im Gestapo-Bericht stand. Dort aber war vermerkt, ich wäre Verbindungsmann zwischen illegalen Gruppen in einem Betrieb gewesen. Der SS-Lagerkommandant Langer schrie mich an, ich würde lügen. Ich musste die Hose runterlassen, mich über den Tisch beugen und bekam kräftige Hiebe mit dem Ochsenziemer.«

»Über den Bock gehen«, hieß diese Prügelstrafe. Auch die Buchenwalder kannten diese Art der Bestrafung. Doch Günter antwortet auf die Frage der Häftlinge in der Bekleidungskammer lakonisch: »Ich bin die Treppe runtergefallen.« Das glaubt ihm natürlich keiner.

Dann werden ihm die Haare geschoren, bis der Kopf kahl ist. »Da hatte ich also meine Visitenkarte«, merkt der Veteran an. Günter bekommt Häftlingsdrillich. Einer der Kalfaktoren reicht ihm ein dreieckiges Stückchen Stoff, der »rote Winkel« zur Kennzeichnung der Politischen im Lager: »Den musst du dir selber annähen«, sagt der Mann und fragt: »Was willst du eigentlich hier?« Günter erwidert: »Vielleicht bin ich hier zur Erholung?«

Warum ist er so abweisend, antwortet so patzig? Könnte es nicht sein, dass die Buchenwalder ihn aus Mitgefühl fragen? Angesichts seines jugendlichen Alters. »Im Gestapogefängnis hat mir jemand den Rat gegeben, mich niemandem gegenüber zu offenbaren, den Mund zu halten. Das ist mir in den Ohren geblieben. Außerdem sahen die nicht aus wie Häftlinge, sie hatten Zivilklamotten an.« Im zehnten Jahr des »Tausendjährigen Reiches« ist den Nazis offenbar schon der KZ-Drillich ausgegangen. Günter Pappenheim wird zur Nummer 22514.

»Wir kommen schon noch dahinter, wer du bist und warum du hier bist«, lassen die Häftlinge ihn wissen. Tatsächlich suchen drei Tage später zwei Männer Günter in seiner Baracke auf: »Wir wissen wer du bist. Wir wissen, wer dein Vater war.« Günter zuckt zusammen: »Mein Gott, jetzt geht das wieder los.« Hatte er nicht schon bei der Gestapo in Schmalkalden und bei der SS im Lager »Großer Gleichberg« die Berühmtheit seines Vaters schmerzhaft genug zu spüren bekommen. Nimmt das denn gar kein Ende? Doch dann horcht er auf, glaubt seinen Ohren nicht zu trauen. Die beiden versichern: »Wir sorgen dafür, dass du am Leben bleibst.« Gesagt, getan. Die Männer heißen Walter Wolf und Ede Marschall.

Einer kümmert sich um ihn aber mit besonderer Hingabe: Hermann Brill, ehemaliger SPD-Abgeordneter im Thüringer Landtag und im Reichstag. »Er kam später als ich nach Buchenwald. Er erzählte mir, er sei ein guter Freund von meinem Vater gewesen. Brill hat sich mir gegenüber in Buchenwald immer korrekt verhalten, mich gefragt, ob es mir den Umständen entsprechend gut gehe.«

Nach dem Krieg werden beide auf verschiedenen Seiten stehen. Im Juni 1945 wird Brill von den US-amerikanischen Befreiern zum Regierungspräsidenten in Thüringen ernannt, jedoch im folgenden Monat von der sowjetischen Besatzungsmacht seines Amtes enthoben, der das Land gemäß alliierter Abkommen zugesprochen worden ist. Brill geht nach Hessen und wird von Kurt Schumacher, dem SPD-Vorsitzenden in den Westzonen, nach Thüringen zurückgeschickt, um dort die Vereinigung von KPD und SPD zu vereiteln. Günter Pappenheim erinnert sich, er war dabei, als Brill gegen die Schaffung einer Einheitspartei sprach. »Das hat mich sehr verwundert, weil er in Buchenwald dem Kommunisten Walter Wolf geschworen hat, man werde nie wieder getrennt marschieren.«

Die Vereinigung kommt im Frühjahr 1946 trotz Brills Widerrede zustande. Der studierte Jurist übersiedelt in die Trizone, wie der Zusammenschluss von US-amerikanischer, französischer und britischer Besatzungszone genannt wird, und gehört 1948 dem Verfassungskonvent in Herrenchiemsee an, der das Grundgesetz der im Jahr darauf gegründeten Bundesrepublik Deutschland ausarbeitet.

Walter Wolf, studierter Philosoph, war während der NS-Zeit gemäß der von der illegalen KPD-Leitung ausgegebenen Taktik des »trojanischen Pferdes« in den NS-Lehrerbund und die NS-Volkswohlfahrt eingetreten. 1938 flog seine illegale antifaschistische Tätigkeit auf. Wolf wurde in »Schutzhaft« genommen und ins KZ Buchenwald deportiert, wo er mit Brill im Lagerwiderstand ist. Nach dem Krieg ist er erster Volksbildungsminister in Thüringen.

»In Schmalkalden gab es 100-prozentige Zustimmung zur Vereinigung von KPD und SPD«, erinnert sich Günter Pappenheim. Ist das nicht verwunderlich, war diese Stadt doch eine Hochburg der Nazis? Günter Pappenheim liegt eine andere, unangenehme Erfahrung auf der Seele: »Ich spreche nicht gern darüber. Wir waren zu viert in einem Auto unterwegs: Karl Hilpert, Karl Lesser, mein Bruder Kurt und ich. Wir wollten von einer Versammlung, auf der wir für die Einheit geworben haben, nach Hause fahren. Plötzlich wurden wir beschossen. Von Sowjetniks mit Maschinenpistolen.« Warum? »Ich weiß es nicht. Einer der Sowjetsoldaten gab dann bei der Untersuchung des Vorfalls an, er habe uns aufgefordert anzuhalten und wir seien nicht stehen geblieben. Das stimmt nicht.«

Die Beerdigung von Karl Lesser wuchs sich zu einer großen Demonstration aus. Ein Affront für die sowjetische Besatzungsmacht. Ob Unfall, Verwechslung, Racheakt oder Einschüchterungsversuch – die drei im Auto waren alle Sozialdemokraten –, es ließ sich nicht mehr aufklären.

Günter Pappenheim hat es später oft genug erlebt, dass SPD-Mitglieder als zweitrangige Genossen in der SED behandelt wurden. Viele sind zu ihm gekommen, dem Sohn »ihres« Ludwigs, und fragten, warum sie keine oder eine kleinere Parteirente erhielten als jene, die in der KPD waren, das sei doch nicht gerecht. Günter Pappenheim stiefelte los, zur Parteikontrollkommission und beschwerte sich: »Hört auf mit diesen Geschichten. Wir sind froh, dass wir die Einheit hergestellt haben. Wollen wir sie wieder verspielen?«

Er selbst bekommt das schizophrene Misstrauen gegen Sozialdemokraten zu spüren. Obwohl er – wie auch die Mutter – von Anfang an der SED angehört. Schlimmer noch, offener Hass schlägt ihm eines Tages entgegen. Pünktlich zur Eröffnung einer Kreisdelegiertenkonferenz erschien 1954 in der Suhler Zeitung »Das Freie Wort« ein großer Artikel, überschrieben: „Pappenheim der Verräter". Ungeheuerliche Behauptungen waren da gegen seinen Vater zu lesen. »Das konnte ich nicht unwidersprochen lassen. Ich bin in die Redaktion gegangen, wollte wissen, von wem diese unverschämten, unwahren Aussagen stammen. Mit mir und meiner Mutter hat niemand gesprochen.«

Im Artikel hieß es, Ludwig Pappenheim habe beim Kapp-Putsch, dem ersten Anschlag auf die junge Weimarer Republik 1920, auf der Seite von Ebert & Co. gestanden und den Generalstreik der Arbeiter sabotiert. »Das Gegenteil war der Fall. Mein Vater ist während des Putsches verhaftet worden, saß vier Wochen im Gefängnis.« Zudem wurde Ludwig Pappenheim angekreidet, die Sowjetunion, das »Vaterland aller Werktätigen«, schlecht gemacht zu haben. Stalin würde seine eigenen Genossen, Sinowjew, Kamenew und andere alte Bolschewiki, umbringen, habe er in seiner Zeitung geschrieben. »Es handelte sich um eine Meldung, die vom allgemeinen Nachrichtendienst kam und die er in die Zeitung gesetzt hat«, korrigiert der Sohn. »Das war nicht seine Erfindung, aber er hat es geglaubt. Und es stimmte ja auch.«

Günter Pappenheim soll sich auf der Delegiertenkonferenz für die »Sünden« des Vaters rechtfertigen. Er denkt nicht daran. Und so stellt er richtig, berichtet von der Ermordung des Vaters und von seinen Erlebnissen in Buchenwald. Es wird still im Saal. »Und da haben mich die Frauen gerettet. Sie riefen: ‚Schluss, aufhören, lasst den Günter in Ruhe. Das ist ein anständiger Mensch. Und sein Vater war ein aufrechter Genosse.« Die Intriganten erlitten eine Niederlage. »Aber so war es, in den 50er Jahren.«

Nachwehen der Schauprozesse in Prag, Budapest und Sofia gegen Rudolf Slansky, László Rajk, Traitscho Kostoff und Genossen. Auch in der DDR hatte Berija, der schreckliche Geheimdienstbüttel Stalins, ein solches Tribunal veranstalten wollen, es kam zum Glück nicht mehr dazu.

Günter Pappenheim ärgert sich über Sektierertum, das es in der DDR gab und noch heute unter Linken gibt. »Meinem Vater wurde in dem Artikel auch vorgeworfen, mit Bürgerlichen paktiert zu haben. Im Kampf gegen die Faschisten musste man sich aber doch um eine breite Front bemühen.« Günter Pappenheim hat als Erster Vizepräsident des Internationalen Komitees Buchenwald-Dora und Kommandos sowie Vorsitzender der deutschen Lagerarbeitsgemeinschaft Buchenwald-Dora schon manchen Disput ausfechten müssen. »Ich erinnere dann immer an Pfarrer Paul Schneider, der in Buchenwald ermordet worden ist. Ein mutiger Mann Gottes.« Den heißspornigen Revoluzzern, die mit immer neuen skurrilen Vorschlägen kommen, was man in der Mahn- und Gedenkstätte bei Weimar veranstalten müsse, entgegnet er stets: »Auf dem Ettersberg nicht. Da ist Totenruhe angesagt. Da wird kein Krawall gemacht.«

Auf den hässlichen Artikel im »Freien Wort« antwortete übrigens seinerzeit ein Kommunist. Er habe mit Ludwig Pappenheim in einer Zelle gesessen und weiß, dass jener für die Vereinigung der Arbeiterparteien war, damit das, was am 30. Januar 1933 und in dessen Folge geschah, sich nie wiederhole. »Auf einmal erhielt meine Mutter eine Einladung nach Berlin, sie möge für ihren Mann posthum den Vaterländischen Verdienstorden abholen.« Still und verschämt ist Ludwig Pappenheim rehabilitiert worden.

Im Befreiungsjahr 1945 hatte Kleinschmalkalden den Ehrennamen »Ludwig Pappenheim« erhalten – auf Beschluss der sozialdemokratischen Partei. »Der sollte schon 1954 wieder eliminiert werden«, sagt Günter Pappenheim.

Das konnte verhindert werden. Nicht so 1990, da entledigte sich Kleinschmalkalden des Namens des Ermordeten. Nur der Gedenkstein blieb unangetastet. Inzwischen gibt es für Ludwig Pappenheim einen Stolperstein in der Auergasse in Schmalkalden, vor dem ehemaligen Redaktionsgebäude der »Volksstimme«, sowie einen am Schlossplatz in Eschwege, wo er 1887 geboren wurde.

Günter Pappenheim hätte Buchenwald vielleicht nicht überlebt, wenn es im Lager so viel Engstirnigkeit gegeben hätte, wie er sie nach dem Krieg erfahren musste. Wenn dort nicht Sozialdemokraten, Kommunisten, Christen und bürgerliche Nazigegner zusammengehalten, sich gegenseitig so gut es ging unterstützt hätten.

Hermann Brill und Walter Wolf haben am 5. Juli 1944 im Lager ein illegales »Volksfrontkomitee« gegründet. Von diesem wusste Günter Pappenheim damals noch nichts, aber er wusste, dass im Lager und in den Außenkommandos Widerstand geleistet wird. »Ich war in der Waffenproduktion für Gustloff und habe mich an Sabotageakten beteiligt. Wir haben die Ziehmesser beschädigt, mit denen die Windung der Gewehrläufe hergestellt wurden. Die Dinger waren nicht mehr zu gebrauchen. Rohrkrepierer. Das flog auf. Da haben die Kameraden mich erst in den Krankenbau gesteckt und mir dann einen ›Schonplatz‹ in der Gerätekammer verschafft, mich also vor erneutem Verhör und wer weiß was gerettet.«

Günter Pappenheim muss Reparaturarbeiten erledigen. Dabei lernt er eines Tages Rudolf Breitscheid kennen, einen der prominentesten Häftlinge im Lager. Dessen Spind schließt nicht mehr richtig, das Schloss muss ausgewechselt werden. Der Sohn von Ludwig Pappenheim erkennt den sozialdemokratischen Reichstagsabgeordneten nicht. Erst als er zu den Kameraden zurückkehrt, klären die ihn auf: Breitscheid stand auf der ersten Ausbürgerungsliste der Nazis vom August 1933, konnte rechtzeitig nach Paris emigrieren und war Mitinitiator des sogenannten Lutetia-Kreises zur Schaffung einer deutschen Volksfront gegen die Hitlerdiktatur; er war Mitunterzeichner des »Aufrufes an das deutsche Volk«. Im Frühjahr 1940 musste er vor der Wehrmacht in den unbesetzten Süden Frankreichs fliehen, wo er jedoch wie viele andere deutsche Antifaschisten von den Schergen des Kollaborationsregimes in Vichy verhaftet und an die Gestapo ausgeliefert wurde. Rudolf Breitscheid starb am 24. August 1944 bei einem alliierten Bombenangriff auf das Lager.

Auch in der Lagerverwaltung und in den Stuben der SS hat Günter Pappenheim das eine oder andere zu reparieren. Bei einer dieser Gelegenheiten stibitzt er Essensreste aus einem Papierkorb. Hastig schlingt er sie hinunter. Der 1,76 Meter große Junge ist stets hungrig. Bei der Befreiung des Lagers wird er nicht mal mehr sechzig Kilogramm wiegen.

Hunderte sollten noch in Buchenwald elendig sterben, bis sich die Häftlinge selbst befreien – im Wissen freilich um die anrückenden US-Einheiten. »Wir haben in der Ferne Geschützdonner gehört. Mit jedem Tag rückte das Grollen näher. Wir wussten, unsere Befreier nahten.«

Wie verliefen die letzten Tagen auf dem Ettersberg? »Es ging alles drunter und drüber.« Die SS ruft immer wieder zu Transporten auf: »Letzte Gelegenheit für alle Fußkranken.« Eine heimtückische Einladung. »Von denen, die aus Auschwitz kamen, wussten wir, was das bedeutete.« Das nun nicht mehr illegale Lagerkomitee gibt die Parole aus: »Alle bleiben hier!« Die SS treibt in den letzten Tagen, vom 7. bis 10. April 1945, dennoch 28 000 Häftlinge aus dem Stammlager und etwa 10 000 aus den Außenlagern in Richtung Dachau, Flossenbürg und Theresienstadt. Auf den Todesmärschen sterben an die 15 000 Häftlinge. Günter Pappenheim folgt dem Rat der Genossen vom La-

gerkomitee, er bleibt im Keller des Steinbaus der Repara-
turkolonne. »Wir haben uns in unseren Klamotten auf die
Pritschen zum Schlafen gelegt. Wir wussten, irgendetwas
passiert bald. Die Aufregung war groß.« Was wird passieren? Wird das Lager erneut bombardiert? Holt die SS sie
noch in letzter Minute?

Je mehr Häftlinge sich weigern, sich den »Evakuie-
rungstransporten« anzuschließen, je wütender jagt die SS
sie mit Knüppeln, Schäferhunden und scharfem Schuss
aus den Baracken – Häftlinge mit roten, rosa, grünen, lila,
blauen, braunen und schwarzen Winkeln. Mit diesen waren in Buchenwald wie in den anderen Konzentrationslagern die »Politischen«, die Homosexuellen, die »Berufsverbrecher«, Bibelforscher und die von der Wehrmacht
im besetzten Europa wieder eingefangenen Emigranten,
die Sinti und Roma sowie die sogenannten »Asozialen«
gekennzeichnet.

Die Selbstbefreiung

Endlich ist der langersehnte Tag angebrochen. »Am 11. April '45 kam einer aufgeregt zu uns in den Keller: ›Die rennen
draußen mit Gewehren rum.‹ – ›Wer?‹ – ›Die Kameraden!‹
Da sind auch wir raus und haben es kaum fassen können.«

Gegen elf Uhr am Vormittag hat das Lagerkomitee an
ausgesuchte Häftlinge die vorher heimlich der SS entwen-
deten und gut versteckten Waffen ausgegeben. Als etwa
14.30 Uhr eine Vorausabteilung der 6. Panzerdivision der
3. US-Army den Lagerbereich mit den Unterkünften der SS
erreicht, stürmen sie auf das Torgebäude los, entwaffnen
das überraschte Wachpersonal und öffnen das Lagertor
mit den sie jahrelang verhöhnenden, in metallenen Lettern
geschmiedeten Worten »Jedem das Seine«. Um vier Uhr

nachmittags ist das Lager befreit, 21 000 Häftlinge können hinaus in die Freiheit treten.

So einfach ist es jedoch nicht. Viele sind zu schwach. Und wohin sollen sie gehen? Die Russen, die Polen, die Franzosen, die Niederländer, die Juden ... Noch ist Nazideutschland militärisch nicht besiegt, die Bestie liegt am Boden, röchelt, ist aber noch nicht tot.

Das Lager ist riesig. Günter Pappenheim begegnet vereinzelten SS-Leuten, die als weiße Fahne ihre Unterhosen schwenken. »Nein, ich hatte nicht das Bedürfnis, denen in die Fresse zu hauen. Außerdem hat das Lagerkomitee die Parole ausgegeben: ›Wir machen uns nicht die Hände schmutzig, nicht an diesen Strolchen. Keine Lynchjustiz!‹« Gewiss mögen manche Häftlinge an Rache gedacht haben. Der Lagerschutz passt jedoch auf, er hat eine Baracke freigemacht, in der die 220 gefangenen SS-Männer eingesperrt werden.

Während die meisten Buchenwalder noch im Lager bleiben müssen, zieht Günter Pappenheim los – nach Hause. Dort erfährt er, dass sein Bruder Kurt im Oktober 1944 in das Zwangsarbeitslager Weißenfels bei Halle verschleppt worden ist. Nun aber ist die Familie wieder zusammen.

Frieda Pappenheim hat gut auf die Ziehharmonika aufgepasst. Während Günter erstmals wieder die Klaviatur bedient, muss er an seine französischen Freunde, an Etienne und Sergej denken. Was wohl aus ihnen geworden ist? Was werden sie jetzt machen? Er wird es nicht erfahren. Günter Pappenheim hat weder Etienne noch Sergej je wiedergesehen. Mit ehemaligen französischen Zwangsarbeitern kommt er indes oft zusammen. Sie laden ihn in ihre Heimat ein. Auf einem Kongress ehemaliger Résistancekämpfer schenkt Günter Pappenheim seine Ziehharmonika dem ehemaligen Vizepräsidenten der französischen Nationalversammlung Guy Ducoloné. Er hat als Mitglied der Front national pour l'indépendance de la France, der Nationalen Front für die Unabhängigkeit Frankreichs, die deutsch-faschistischen Okkupanten bekämpft und ist 1944 nach Buchenwald deportiert worden. »Wir waren eine zeitlang auf dem gleichen Block, haben uns aber nicht wiedererkannt.« Ducoloné übergab die Ziehharmonika des Günter Pappenheim dann dem Widerstandsmuseum in Paris.

Hat es ihm nicht leid getan, sich von der Ziehharmonika zu trennen? »Nein, schmerzhaft war nur, als sie mir kurz nach der Befreiung von Rotarmisten abgenommen wurde.« Nach ein paar Tagen kamen jene wieder, gaben die Ziehharmonika zurück und hinterließen Brot, Zwiebeln und Speck – als Entgelt für die Ausleihe.

»Nein, ich war nicht unglücklich. Ich habe auch nie mehr auf ihr gespielt. Zu viele Erinnerungen drängten sich auf. Die Ziehharmonika hat mir Glück und Unglück gebracht.«

DIE PUPPENNÄHERIN
VON RAVENSBRÜCK

Als Elisabeth Jäger aus Wien in die Hände
der Faschisten geriet

»Nie werde ich das unbändige Glücksgefühl vergessen, das ich empfand, als wir zum Lager zurückkamen und über dem nun sperrangelweit geöffneten Tor vor strahlend blauem Himmel eine rote Fahne wehte«, sagt Elisabeth Jäger, geborene Morawitz, eine gebürtige Wienerin. Der Akzent ist ihr geblieben, obwohl sie schon über ein halbes Jahrhundert in Berlin lebt. Auch der »Wiener Schmäh«, ein feinsinniger und zugleich frecher Humor, verrät ihre Herkunft.

28. April 1945. Alle Ravensbrückerinnen, die sich noch auf den Beinen halten können, werden auf den »Todesmarsch« getrieben. Auch Leopoldine Elisabeth Morawitz. Es herrscht Chaos. Die Kolonnen zerbröseln, die Reihen lichten sich. Einige Häftlingsfrauen brechen zusammen, bleiben an Ort und Stelle liegen. Andere verschwinden spurlos. Ein Großteil der Bewacher hat sich bereits verflüchtigt. »Das werde ich nie vergessen. Die SS-Männer, die sich immer so stark gaben und so brutal zu uns waren, haben sich in Frauenkleidern davongemacht! Charakterlos, ohne jeden Stolz, auf den sie sonst immer so gepocht haben.« Auch die Aufseherinnen hat Panik angesichts der Meldungen von der heranrollenden Roten Armee erfasst. »Sie haben sich an uns gehängt, wollten sich unter uns mischen, quasi verkrümeln, damit sie nicht von den Russen geschnappt werden.« Nicht allen wird es gelingen. Und dennoch werden

viel zu viele KZ-Aufseherinnen, die in den Jahren zuvor als stramme Nazis die Häftlinge gedemütigt, gequält, geschunden haben, unbestraft bleiben.

»Wir haben uns bei der ersten Gelegenheit aus dem Staub gemacht«, erzählt Elisabeth Jäger. »Wir« meint sechs Österreicherinnen und zwei Deutsche. Sie sind gut vorbereitet, haben zuvor aus der Kleiderkammer des Konzentrationslagers Zivilkleidung entwendet und unter ihre Häftlingskluft gestopft. Die erste Nacht verbringen die Frauen in einer Mulde, zwischen zwei Straßen, »gar nicht günstig« – auf der einen Seite befinden sich deutsche Verbände, auf der anderen die Rote Armee. Geschosse fliegen über ihre Köpfe rüber und 'nüber. Die Flüchtigen beratschlagen, was zu tun sei. Sie können nicht zusammenbleiben, »nicht alle auf einen Haufen«. Es ist günstiger, sich zu trennen. Vereinzelt fallen sie gewiss nicht auf. Wer weiß, vielleicht sind doch noch SS-Männer unterwegs, um geflohene Häftlinge wieder einzufangen? Auch wollen sie nicht zuletzt noch in die Hände von Wehrmachtssoldaten geraten. »Am frühen Morgen haben wir uns also getrennt aufgemacht.« Lisl, Karla, Mietzi, Hilde, Gertrud, Pauli, Hermi und Anni wünschen sich Glück auf den Weg – und dass sie sich wiedersehen.

»Woina konschilas«

Lisl findet ein neues Versteck abseits der Straße, in einem Gebüsch. Zwei Tage harrt sie dort aus.

1. Mai 1945. Lisl hört hinter sich Äste knacken, dreht sich um – ein Rotarmist steht vor ihr: »Woina konschilas. Der Krieg ist zu Ende. Gehen Sie nach Hause«, sagt der zu ihr. Der Krieg ist aus? Lisl kann's kaum glauben. Aber der Soldat wird's ja wissen. Nach Hause? Leichter gesagt als getan.

Jugendbild von Elisabeth Jäger

Wie viele Kilometer sind es bis nach Wien? Siebenhundert, achthundert?

Lisl trabt zurück nach Ravensbrück, ins Lager. Freiwillig und frei. »Die Freundin von Hilde und die Mutter von Pauli waren ja noch dort, weil sie krank waren.« Die Kranken sind nicht auf »Todesmarsch« getrieben worden. Die SS hat sie zurückgelassen. Im Lager trifft Lisl die anderen Wienerinnen wieder, mit denen sie geflohen ist. Man umarmt sich, ein Busserl hie, ein Busserl da, Küsschen, Küsschen ...

Lisl hilft bei der Betreuung und Versorgung der ehemaligen Leidensgefährtinnen. »Die sind ja nicht plötzlich gesund geworden, nur weil die Rote Armee gekommen ist.« Am 30. April haben die ersten sowjetischen Einheiten das Lager am Schwedtsee bei Fürstenberg erreicht. »Bis heute empfinde ich unendliche Dankbarkeit gegenüber den Soldaten der Roten Armee, die uns befreiten, versorgten, verpflegten und medizinische Hilfe leisteten.«

Bis Mitte Juli '45 harrt Lisl in Ravensbrück aus. Dann fährt sie nach Hause, mit einem Bus, den die österreichische Regierung nach Ravensbrück schickte. In Wien angekommen, erfährt sie, dass ihr Bruder Karli, der noch in die Wehrmacht eingezogen wurde, an der Ostfront zur Roten Armee übergelaufen ist und in deren Reihen kämpfte. Und dass ihre Mutter in ein Zuchthaus nach Bayern verschleppt worden ist.

Erneut macht sich die 20-Jährige auf den Weg. Die von der US-amerikanischen Armee aus bayerischen Zuchthäusern und Gefängnissen befreiten Widerstandskämpfer sind in einer Schule in München untergebracht worden. Lisl sucht und findet die Schule. Tatsächlich: In einem Klassenzimmer, auf einer Pritsche, entdeckt sie ihre Mutter. Sie schläft. Lisl weckt sie sanft. Die Mutter schaut sie ungläubig an. Dann liegen sich beide in den Armen. »Es war großartig. Aber dann ging die Heulerei los.« Nicht nur Lisls Mutter weint bitterlich, auch die anderen Frauen im Raum. »Ich dachte nur: ›Sind die denn alle verrückt geworden?‹ Nein, sind sie nicht. Sie waren enttäuscht: ›Die holt jetzt ihre Mama raus, und wir müssen hierbleiben.‹« Doch Lisl hat frohe Botschaft für alle: »Draußen stehen zwei Omnibusse und ein Lastwagen. Alle Österreicherinnen kommen mit.« Die »Heulerei« hört nicht auf, wird gar schlimmer. Doch jetzt sind es Freudentränen. Die Fahrzeuge, mit denen die Frauen wieder in ihre Heimat, zu den Liebsten fahren, hat Lisl vom Wiener Oberbürgermeister zur Verfügung gestellt bekommen; entschlossen ist sie zu ihm gegangen, nachdem sie wusste, dass in München nicht nur die Mutter, sondern weitere österreichische Antifaschistinnen festsitzen.

Die doppelte Leopoldine

Wie ist die am 25. September 1924 in Wien geborene Elisabeth Leopoldine Morawitz ins KZ Ravensbrück gekommen? »Das war ein großangelegter Verrat. Es ist den Faschisten gelungen, Spitzel bei uns einzuschleusen. Und dann haben sie die ganze Gruppe aufgerollt.«

Lisl gehört der Kommunistischen Jugend an. Die Familie Morawitz war eigentlich streng katholisch, ging jeden Sonntag in die Kirche. Eines Tages beschloss die Mutter jedoch, nach dem Gottesdienst mit den Kindern beim Frühlingsfest der Sozialdemokraten vorbeizuschauen: »Dem lieben Herrgott sind wir ja doch egal.« Da war es geschehen, die Argumente der Sozialdemokraten findet Leopoldine Morawitz überzeugender als die Litanei des Pastors. Die sechsköpfige Familie lebte bis 1930 in einer Einraumwohnung ohne Wasserleitung und WC. Sie konnten dann in eine Neubausiedlung im Ahornhof umziehen.

Zu den Jungkommunisten kam Lisl durch ihre vier Jahre ältere Schwester Grete. Sie hatte einen kommunistischen Freund. »Er war jüdischer Herkunft. Und er wusste alles.« Der Kommunistische Jugendverband Österreichs war in den Novembertagen 1918 gegründet worden, als die Habsburgermonarchie zusammenbrach. Die Jungkommunisten piesacken, wo sie nur können, den autoritären, austrofaschistischen Ständestaat unter Kanzler Engelbert Dollfuß, Bundeskanzler seit 1934. Viele Jungen und Mädchen des KJV gehen 1936 nach Spanien, um der Volksfrontrepublik in Madrid gegen die Franco-Putschisten beizustehen.

Nach der »Heimholung« Österreichs zwei Jahre später ins »Deutsche Reich«, wie die Nazis den erpressten Anschluss des Nachbarlandes nennen, haben Lisl, ihre Brüder und ihre Schwester mit Gleichgesinnten eine Widerstandsgruppe gebildet. Elisabeth ist Lehrling in einer Schreibwarenhandlung, sehr günstig für die illegale Arbeit. Sie zweigt Papier und Farbe ab. »Ich habe geklaut, auf Teufel komm raus. Ich wusste wofür. Der Besitzer hat sich sowieso nicht um sein Geschäft gekümmert.« Und da er Lisl für die Arbeit in seinem Laden schlecht und oft gar nicht bezahlt, sieht sie das entwendete Material als Entschädigung an. Ihr Chef beutet sie zudem privat aus, schickt Lisl zu seiner Mutter, aufräumen und sauber machen. »Eine alte, sehr freundliche Frau. Sie sagte zu mir: ›Ich weiß natürlich, es ist nicht in Ordnung, dass mein Sohn Sie nicht bezahlt. Aber was soll ich machen?‹« Der Schreibwarenhändler ist hoch verschuldet, eine richtige Verkäuferin hätte er sich gar nicht leisten können. Doch Lisl auch noch als Putzfrau zu Hause auszubeuten ist unverschämt. Der Mann ist »nationalsozialistisch« gesinnt, trifft sich im Hinterzimmer seines Geschäfts regelmäßig mit Parteifreunden. »Da habe ich immer die Ohren gespitzt. Ich konnte viel erfahren, was für unsere Arbeit nützlich war.«

Die Jungkommunisten helfen Verfolgten unterzutauchen, verstecken Juden, sammeln Geld für die »Rote Hilfe«, hektographieren antifaschistische Flugschriften. Elisabeth Jäger freut sich im Rückblick über den Einfallsreichtum, den die Jugendlichen in ihrem Kampf gegen deutsche und österreichische Nazis bewiesen. Nachts schleichen sie sich zur Straßenbahn-Remise und legen auf die Dächer der Waggons »Pickerl«, Aufkleber, auf denen Hammer und Sichel aufgedruckt sind. Wenn die Tram am nächsten Morgen durch die Stadt fährt, purzeln diese hintereinander herunter. Und Wien ist mit dem kommunistischen Symbol gepflastert, das bis 1991 auch die Staatsflagge der Sowjetunion ziert.

Zur Taktik der Kommunisten gehört, sich in NS-Organisationen zu begeben, um dort vorsichtig zu agitieren. Lisl wird Mitglied von »Glaube und Schönheit«, eine Gliederung des Bundes Deutscher Mädel, die vom deutschen

»Reichsjugendführer« Baldur von Schirach ins Leben gerufen worden ist; der Verführer der Jugend wird vom Nürnberger Kriegsverbrechertribunal 1946 zu 20 Jahren Haft verurteilt. Lisl gelingt es tatsächlich, einige Gleichaltrige zum Nachdenken zu bringen und für antifaschistische Aktionen zu gewinnen.

3. Juli 1941. Die Gestapo steht vor der Wohnungstür der Morawitz' – und verhaftet die Mutter. »Mama und ich haben den gleichen Vornamen: Leopoldine. Sie ist an meiner Stelle verhaftet worden.« Die Beamten in der Gestapo-Zentrale bemerken den Irrtum: »Wir suchen eigentlich ein junges Mädel.« Noch am gleichen Tag wird Lisl geholt. Sie ist erst siebzehn. Die Mutter wird in Haft behalten. »Im Zuge ihrer Recherchen haben die Gestapo-Männer herausgefunden, dass Mama noch aktiver war als ich.« Die Agenten der Geheimen Staatspolizei waren fleißig, haben eine Unmenge belastendes Material zusammengetragen. »Dadurch flogen wir alle auf. Jesus Maria, wir waren wohl halt nicht so g'scheit wie die Spitzel.«

Bis zum Schluss haben sie Flugzettel mit antifaschistischen Parolen und Texten gestreut, in die Briefkästen der Häuser gesteckt, auf Bahnhöfen und in der Tram fallenlassen. »Wir wohnten an der Grenze zwischen Favoriten, einem traditionellen Arbeiterbezirk, und Meidlingen, wo die Südbahn durchfuhr.« Touristen und Geschäftsreisende, die hier aus Kärnten und der Steiermark umsteigen, lesen die Schriften der Antifaschisten. Lisl hat ein altes Männerfahrrad. »Ich war damals auch nicht größer wie jetzt und konnte nicht auf dem Sattel sitzen und die Pedalen bewegen. Ich fuhr stehend«, erzählt Elisabeth Jäger. Mit dem »Radl« flitzt sie durch die Stadt, um antifaschistische Konterbande in ganz Wien zu verteilen.

Der Vater sorgt sich um die Seinen. »Er hat alles gewusst. Wir hatten ja auch illegale Schriften zu Hause, die hat er gelesen. Und bei uns fanden konspirative Treffen statt. Er hat aber nicht direkt mitgemacht. Er war der einzige, der Geld nach Hause brachte, nicht viel, aber immerhin.«

Lisls Vater ist Markthelfer am Naschmarkt. Wie der Name schon sagt, gibt es dort viele Leckereien. Die kann sich die Familie Morawitz aber nicht leisten. Lisls Vater unterstützt sehr wohl seine Widerstandskämpfer. »Die Markthelfer hatten eine große Holzkiste, wo sie ihr privates Zeug abgelegt haben, wenn sie zur Arbeit kamen, und das sie zu Feierabend wieder rausholten.« Dort versteckt Lisls Gruppe oft ihre Flugblätter und Flugzettel, manchmal auch eine Schreibmaschine und den Vervielfältigungsapparat.

»Es war eine bemerkenswerte Zeit«, sagt Elisabeth Jäger. »Wir haben manches bewegt. Und es hat uns Spaß gemacht. Der Mutter war es nicht so recht. Sie war immer in Sorge, dass wir es übertreiben.« Die jungen Illegalen kennen sich aus der Schule und aus dem Wohngebiet. »Hans war unser Boss. Er war vier Jahre älter als ich. Er war der Älteste.«

Lisl ist früh politisiert worden. Sie war noch keine zehn Jahre alt, als in Österreich ein Bürgerkrieg tobte. In den Morgenstunden des 12. Februars 1934 wollte die Gendarmerie ein Parteiheim der Sozialdemokraten in Linz nach Waffen durchsuchen. Bundeskanzler Engelbert Dollfuß hat dies angeordnet. Wie die deutsche Sozialdemokratie ihren Reichsbanner Schwarz-Rot-Gold hatte, so die SPÖ als paramilitärische Organisation den Republikanischen Schutzbund. Die Linzer Schutzbündler leisteten unter ihrem Kommandanten Richard Bernaschek heftige Gegenwehr. Ihr Widerstand gegen den austrofaschistischen Staat beeindruckte. Es schlossen sich die Arbeiter in Wien und anderen großen Industriestädten an. Lisl wurde mit Kurierdiensten beauftragt, denn das kleine Mädchen würde man nicht verdächtigen, wenn es von einem Bezirk in den anderen huscht, um wichtige Informationen zu überbringen.

Letztlich jedoch gelang es den überlegenen Einheiten des Bundesheers und der Gendarmerie, die sogar Artillerie einsetzten, die Aufständischen zu besiegen. Am 14. Februar streckten die letzten Widerständler in Wien-Floridsdorf die Waffen. 1600 Tote waren zu beklagen. Dollfuß, der Begründer des Austrofaschismus, sollte noch im selben Jahr, beim Putschversuch österreichischer »Nationalsozialisten« am 25. Juli, in seinem Kanzleramt erschossen werden.

Sein Nachfolger Kurt Schuschnigg führte den rigiden Kurs der Unterdrückung der Sozialdemokraten, Kommunisten und Gewerkschaften fort. »Dollfuß und Schuschnigg waren zwar keine Nazis«, sagt Elisabeth Jäger, »aber unsere Freunde waren sie auch nicht.« Am 12. Februar 1938 wurde Schuschnigg von Hitler auf den Berghof bei Berchtesgarden in Bayern zitiert. Dort wurde der österreichische Kanzler genötigt, den Landsmann und strammen Nazi Arthur Seyß-Inquart in sein Kabinett aufzunehmen. Jener wird später von Hitler als »Reichskommissar« für die besetzten Niederlande eingesetzt und ist dann verantwortlich für die Deportation von über Hunderttausend niederländischer Juden, darunter der Familie von Anne Frank. Seyß-Inquart wird 1946 im Nürnberger Prozess der Alliierten gegen die Hauptskriegsverbrecher zum Tode verurteilt und hingerichtet.

Vielleicht hätte Schuschnigg die Annexion abwenden können, wenn er das Angebot der SPÖ, ihn im Kampf um Österreichs Unabhängigkeit zu unterstützen, nicht schnöde abgelehnt hätte; doch der Austrofaschist wollte nicht mit den von ihm unterdrückten Sozialdemokraten, und erst recht nicht mit den Kommunisten, gemeinsame Sache machen. Und so kam, was kommen musste. Am 12. März

1938 überschritten Truppen der deutschen Wehrmacht die österreichische Grenze. Und am 15. März jubelten Tausende Wiener Hitler auf dem Heldenplatz zu. »Das war beschämend«, sagt Elisabeth Jäger. Schuschnigg wird von den Nazis erst im KZ Dachau, dann in Flossenbürg und schließlich in Sachsenhausen interniert.

Hatten Elisabeth Morawitz und ihre Freunde keine Angst vor Verhaftung und Verschleppung? »Nein. Wir wussten, dass es passieren kann. Sie haben in unserer Umgebung schon so manche verhaftet.« Im Stockwerk über der Familie Morawitz wohnt die Familie Reisner. »Die zwei erwachsenen Söhnen Peppi und Franz waren auch im Widerstand. Franz ist verhaftet und irgendwo in Norddeutschland ermordet worden.«

Elisabeth Jäger erinnert sich an glückliche Stunden in der Zeit vor dem »Anschluss«. Im Sommer durften die Morawitz-Kinder auf dem Balkon schlafen, über ihnen auf dem Balkon campierten Franz und Peppi. »Peppi spielte Ziehharmonika und wir sangen.« Wanderlieder der Roten Falken, Volkslieder und Arbeiterlieder. Besonders gern sangen die jungen Leute »Dorogaja strana maja, narodnaja, schiroka strana moja rodnaja...« Die russische Hymne, die das geliebte Vaterland besingt. »Die haben wir perfekt gekonnt. Wieso? I was net.« Die Veteranin weiß es nicht mehr, vielleicht hat ihnen das Lied jemand beigebracht, der mit einer Arbeiterdelegation in Moskau war, im Mekka der Kommunisten.

Am 22. Juni 1941 hat Deutschland vertragsbrüchig die UdSSR überfallen. Zwei Wochen später sind Lisl und ihre Mutter verhaftet, wenig später auch Bruder Bruno. Es ist ein schlimmes Jahr. »Die Wehrmacht hat nur gesiegt und gesiegt.« Nach den Blitzsiegen über Polen und Frankreich nun auch Blitzsiege im Osten. »Das war natürlich deprimierend.« Erst Ende '41 werden die Armeen des Aggressors vor der sowjetischen Hauptstadt zum Stehen gebracht.

Lisl und ihre Mutter werden wegen »Vorbereitung zum Hochverrat« und »Wehrkraftzersetzung« verurteilt. Die Tochter kommt ins Münchener Zuchthaus Stadelheim, die Mutter nach Aichach, ebenfalls in Bayern. Lisls muss Zwangsarbeit für die Agfa, Actien-Gesellschaft für Anilin-Fabrication, leisten. Das für Fotokameras und optische Geräte, aber auch Feinmechanik bekannte Unternehmen ist in die Rüstungsindustrie eingebunden. Lisl findet Freunde unter ausländischen Zwangsarbeitern und deutschen Häftlingen. Neben ihr an der Werkbank arbeitet eine Deutsche, Anni, »deren Verlobter ein Halbjude war, den sie nicht heiraten durfte«, hinter ihr ist Sepp tätig, »dessen Bruder in Dachau saß, auch ein Linker«. In der »Hauptstadt der Bewegung«, wie die Nazis München nennen, da dort alles begann, wird eine kommunistische Zelle geboren.

Die kleine verschworene Gemeinschaft sabotiert geschickt Hitlers Kriegsproduktion. Elisabeth Jäger zeichnet auf einem Blatt Papier auf, wie sie mit einer Pinzette den Zeiger eines Messinstruments in einem Geschoss manipulierte. Die Granaten verlassen kistenweise den Betrieb. Die Saboteure stapeln klug. »Wir haben in die Kisten immer nur ein beschädigtes Geschoss gelegt. Und immer an einer anderen Stelle, damit bei Stichproben die Sache nicht auffiel. Unsere Sabotage ist nicht entdeckt worden. Daran erinnere ich mich mit Triumph. Wir waren doch die G'scheiteren! Und die Mutigeren sowieso.«

Als ihre Strafe verbüßt ist, wird Lisl nicht entlassen. Der »Schutzhaftbefehl« weist sie als »Unverbesserliche« aus. In Ravensbrück trifft sie Freundinnen wieder, mit denen sie in Wien eine Gefängniszelle geteilt hatte. »Die Friedel Sedlaček war vor mir in Ravensbrück. Sie hat mich angekündigt: ›Die Maxi ist in der Transportzelle, die kommt auch demnächst.‹ Ich wurde also erwartet.«

Maxi? »Ja, meine Brüder haben mich auch schon so gerufen. Wahrscheinlich weil ich ein ziemlich freches Ding war. Ich war die Jüngste und die Kleinste in unserer Familie und musste mich gegenüber meinen älteren Brüdern Bruno und Karli behaupten. I hab' mir nix gefallen lassen.«

Lisl kommt auf Block 30. Da landen alle Neuankömmlinge. Eine Frau nimmt Lisl an die Hand. »Ich bin mitgelatscht. Die Mietzi ist mir hinterhergelaufen, hat mich der entrissen und gesagt: ›Du bleibst hier, du gehst nicht mit der. Das ist eine Hure, die braucht eine junge Freundin.‹ Mietzi hat mich gerettet.« Lisl wird Block 19 zugewiesen, gehört anfangs einer Arbeitskolonne an, »die Sand schaufelte, Sand schaufelte, Sand schaufelte«. Das zierliche Mädchen ist am Ende seiner Kräfte. »Toni und Anni haben dafür gesorgt, dass ich in ein anderes Kommando kam.« Dankbar ist sie auch Lene und Rosel, die sie in den ersten Wochen in die Heimtücken und Gefährdungen des Lageralltags einweisen, sie vor folgenreichen Dummheiten und bösen Fallen der SS bewahren.

Bereits bei der Ankunft im Lager beginnt die Erniedrigung. Die zivile Kleidung muss abgelegt werden, Kopf- und Schamhaare werden rasiert, dann müssen die Frauen und Mädchen den groben, kratzigen Drillich überstreifen. Die farbigen Winkel auf der Häftlingskluft hierarchisieren die Frauen und Mädchen, die »Politischen« werden hervorgehoben, die aus »rassischen« Gründen Inhaftierten herabgestuft. Was jedoch wenig Unterschied in deren Behandlung durch die SS macht.

»Appellstehen« ist die reinste Folter. Über zwei Stunden müssen die Häftlinge in eisiger Kälte, Regen oder sengender Hitze stehen; wer umfällt, auf den hetzen die Aufseherinnen bissige Hunde. Ohne jeden Anlass werden die Frauen und Mädchen von den SS-Bewachern und Aufseherinnen geschubst, getreten, geschlagen, angeschrien und bespuckt – oder auf der Stelle erschossen.

In unmittelbarer Nähe des Lagers errichtet Siemens 1942 einen Betrieb, in dem der Konzern höchst profitabel die Häftlinge ausbeutet. Im Laufe der Jahre kommen weitere Werkhallen hinzu, auch im nahegelegenen »Jugendschutzhaftlager« Uckermark lässt Siemens zwei Produktionsbaracken aufstellen. Belgische, belorussische, bulgarische Ravensbrückerinnen sind sich noch Jahrzehnte später einig: »Eine Siemens-Küchenmaschine kommt mir nicht ins Haus.«

Siemens hat nicht nur am Schwedtsee, sondern auch in Auschwitz, Buchenwald, Flossenbürg, Groß-Rosen und in anderen Konzentrationslagern Produktionsstätten. Firmenchef Hermann von Siemens sitzt nach der Befreiung vom Faschismus zwar zeitweilig im Nürnberger Kriegsverbrechergefängnis ein, zu einer Anklage kommt es jedoch nicht. Entschädigung zahlt der Konzern ehemaligen Sklavenarbeitern erst nach Jahrzehnten und unter dem Druck nicht mehr zu ignorierender nationaler und internationaler Proteste.

Doch nicht nur für Siemens müssen die Frauen schuften. Im Lager selbst gibt es viel zu tun. Sie müssen Bäume fällen und Straßen befestigen, werden statt Pferden vor tonnenschwere Walzen gespannt. Ein SS-Mann höhnt: »Häftlinge kommen billiger als Pferde. Erstens muss man sie nicht kaufen; sie werden gratis ins Lager geliefert. Zweitens kosten Steckrüben weniger als Heu, und drittens liefert ihre Asche noch guten Dünger.«

In Ravensbrück werden wie in anderen Konzentrationslagern auch »medizinische Experimente« durchgeführt. Die Häftlinge werden mit Viren infiziert. Man fügt ihnen Wunden bei, in die Holzsplitter eingenäht werden. Blutvergiftungen und schlimmste Vereiterungen sollen dazu dienen, Heilmethoden für an den Fronten verwundete Wehrmachtssoldaten auszuprobieren. Die meisten Probanden sterben qualvoll. Verantwortlich für diese Grausamkeiten, für die unzähligen Morde ist Karl Gebhardt,

Leibarzt von SS-Reichsführer Heinrich Himmler. Im Nürnberger Ärzteprozess wird er wegen Verbrechen gegen die Menschlichkeit zum Tode verurteilt und 1948 in Landsberg am Lech gehängt.

Im Lager grassieren Seuchen. Die Häftlinge sterben an Fleck- und Bauchtyphus, an Scharlach, Diphtherie und Ruhr. Oder an Magen- und Darmkatarrh. Lisl Morawitz erwischt noch im März 1945 Typhus.

Vor allem die Jüngsten im Lager haben wenig Überlebenschancen, wenn sie nicht eine »Lagermutter« finden. Von ihren leiblichen Müttern werden sie schon bei der Ankunft getrennt. Auch die Kinder müssen schwerste körperliche Arbeit verrichten. Sie sterben rasch an Entkräftung und Auszehrung.

Die Kinder barmen die Frauen von Ravensbrück, es blutet ihnen das Herz, die kleinen Geschöpfe hungrig und leidend zu sehen, die Gesichter spitz, die Augen stumpf, die Körper zu Skeletten abgemagert, matt und apathisch. Mütterinstinkte erwachen. Sie müssen an ihre eigenen Kinder denken, von denen sie vielfach seit Jahren getrennt sind. Wie wird es ihnen gehen, wer kümmert sich um sie?

Im Herbst 1944 rollen neue Deportationszüge aus Ost- und Westeuropa nach Ravensbrück bei Fürstenberg, unter den Neuankömmlingen zahlreiche Kinder und schwangere Frauen. Froher Hoffnung sind die werdenden Mütter nicht. SS und Aufseherinnen nehmen keine Rücksicht auf »andere Umstände«. Viele erleiden im Lager eine Fehlgeburt. Hunderten Neugeborenen sind nur wenige Tage oder Wochen des Erdendaseins vergönnt. Es gibt keine Windeln, kein warmes Wasser für die Hygiene. Den Müttern versiegt bei der mageren Steckrübenkost die Milch.

Im Dezember weist die Lagerstatistik von Ravensbrück 25 000 Frauen und 400 Kinder aus. Es sind deutsche, österreichische und tschechische Frauen, die eines Tages die grandiose Idee haben: »Wir werden unseren Lagerkindern ein Weihnachtsfest bescheren.« Viele der Zwei- bis Vierzehnjährigen haben noch keine Weihnachten erlebt oder die Erinnerung an das Fest der Liebe in der Hölle des Lagers verloren.

»Alle waren sofort begeistert«, erzählt Elisabeth Jäger. »Und die SS war schon nicht mehr sehr übermütig, die wussten, dass es zu Ende geht mit ihrem Reich.« Die Lagerleitung genehmigt die Weihnachtsfeier. »Ein richtiges Fest sollte es werden. Mit Tannenbaum, Krippe, Weihnachtsliedern, Puppenspiel und Süßigkeiten.« Den Baum zu besorgen ist kein Problem. Eine Krippe mit Maria, Joseph und dem Jesuskindlein auch nicht; es gibt Frauen, die gut und gerne basteln. Aber woher die Leckereien nehmen?

Manche Ravensbrückerinnen erhalten noch Pakete von zu Hause. »Wir haben einen Chor gegründet und sind singend von Block zu Block gezogen, um eine kleine Gabe bittend.« Alle geben gern: Äpfel, Kekse, Bonbons, Schokolade. Andere Frauen zweigen etwas von ihrer kläglichen Tagesration ab, ein Stückchen Brot, einen Löffel Marmelade. »Wir waren überrascht über die Großzügigkeit, denn wir waren alle in einer miserablen Lage und stets hungrig.«

Fürs kulinarische Fest ist also gesorgt. Es ist so viel Brot und Marmelade zusammengekommen, dass es für jedes Kind drei Schnitten geben wird. Nascherei und Obst sind ebenso vorrätig. Aber gehören zu Weihnachten nicht auch Geschenke? Die hat die SS aber verboten. Die Frauen setzen sich über das Verbot hinweg, heimlich stricken sie Mützen, Handschuhe, Schal und Socken, fertigen sogar Spielzeug an, Puppen, Brettspiele, kleine Bälle. »Jede, die was gekonnt hat, hat was fabriziert. Zum großen Teil aus Material, das wir der SS gestohlen oder von einem Außenkommando ins Lager geschmuggelt haben.« Die Frauen wissen, wenn sie erwischt werden, droht die Prügelstrafe. Die Geschenke werden die Frauen nicht unter den Augen der SS und Aufseherinnen übergeben, sondern in den Pritschen der Kinder verstecken. Wenn die Kleinen dann nach der Feier in ihre Baracken zurückkehren, werden sie viele kleine Überraschungen erwarten.

Ein Puppenspiel soll es auch geben. Toni denkt sich eine Geschichte aus: Ein böser Drache raubt die Prinzessin, die von einem Prinzen befreit werden muss. Der Königssohn braucht natürlich Unterstützung im Kampf gegen den Drachen. Kasper hilft. »Mehrere Kasperle und andere Puppen hab ich genäht«, sagt Elisabeth Jäger stolz. Woraus? »Die Köpfe der Puppen formten wir aus Kerzenwachs. Für die Puppenkleider rissen wir ein Stück Stoff aus unserer Unterwäsche. Und die Körper stopften wir mit Damenbinden aus. Wir hatten ja nichts anderes.«

Tief in Arbeit versunken und voller Vorfreude bemerkt Lisl nicht die gestrengen Augen in ihrem Rücken. »Plötzlich steht der Herr Bunte, ein Ober- oder Unterscharführer, hinter mir. Ich war ganz schön erschrocken, dachte: ›O Gott, jetzt passiert dir was.‹ Aber der hat nur gefragt: ›Würden Sie denn für mich auch so eine Puppe nähen?‹« Was soll sie dazu sagen? Sie nickt wortlos, der SS-Mann geht. Lisl will dem eigentlich keine Puppe nähen, doch die anderen verlangen von ihr, dass sie es tut. »Du machst dem so eine Puppe, und wenn er will zwei.« Das Fest darf nicht gefährdet werden. Also näht Lisl dem SS-Mann eine Puppe. Bunte bedankt sich mit einem Apfel. Jahre später sucht er Elisabeth Jäger auf; sie soll bezeugen, dass er ihr im Lager einen Apfel geschenkt hat. »Und also zu uns nicht so böse gewesen sein kann«, empört sich noch heute Elisabeth Jäger.

23. Dezember 1944. Alle Ravensbrückerinnen haben das Ihre getan. Die Feier soll am Nachmittag stattfinden. In der Mittagsstunde schleppen die Frauen von überall her Tische in den Block 22, bedecken sie mit weißem Pa-

Zauberer vom Puppenspiel der Kinderweihnacht, heute Museumsstück in der österreichischen Zelle in Ravensbrück

pier und Tannenzweigen als Zier; darauf kommen noch die Schüsseln mit dem Obst und den Süßigkeiten. Der Weihnachtsbaum wird mit Kerzen und Schleifchen dekoriert, der Ofen angeheizt. Die Ravensbrücker »Feen« sind zufrieden mit ihrem Werk. Nun können die Kinderlein kommen ...

Die Frauen nehmen je ein Kind an die Hand und führen es zu Block 22. »Ich griff mir einen kleinen Jungen, der immer abseits stand und ganz still war. Als wir so gingen, blickt er zu mir hoch, schaut mich ernst an und fragt: ›Meine Mama ist im Himmel, stimmts?‹ Ja, was sollte ich darauf antworten, ich habe ihm recht gegeben.«

Beim Betreten der Baracke, angesichts des Weihnachtsbaumes und der reich gedeckten Tische, stoßen die Kinder leise Laute der Verzückung aus. Ihre Augen leuchten wie die Kerzen am Baum. »Die Kinder waren ganz aufgeregt. Und auf einmal war ein Heidenlärm, alle redeten durcheinander.«

Es wird mucksmäuschenstill, als Schutzhaftlagerführer Bräunig und Oberaufseherin Binz eintreten. Bräunig hält eine belanglose Rede, die Kinder haben kein Ohr für ihn. Sie hoffen, recht bald in die Schüsseln greifen zu dürfen. »Dann sang unser kleiner Chor ›O Tannenbaum‹.« Und die größeren Kinder, die sich des Liedes noch erinnern, stimmen ein. In allen Sprachen. Dann beginnt das Puppenspiel. Die Spannung der Kinder wächst. Auf welcher Seite steht der Zauberer? Sie fiebern mit der Prinzessin, dem Prinzen und dem Kasper mit. »Als Kasperle dann die schöne Rosamunde aus den Klauen des Drachens befreit hat, brach lauter Jubel aus.«

Um vier Uhr, so hat die SS befohlen, muss die Feier beendet werden. Doch die Kinder sind nicht traurig. Beseelt, glücklich traben sie zurück zu ihren Blöcken, wo sie dann noch viele kleine Gaben entdecken.

»Die Vorweihnachtszeit, die Vorbereitung, war bereits was ganz Besonderes, aber das Fest selbst einmalig, wunderbar. Es hat uns das Herz erwärmt, die Kleinen unbeschwert lachen zu hören. Ich frage mich seitdem nur immer wieder, was aus unseren Kindern geworden ist.« Im Januar 1945 rollen erneut die Transporte, in Konzentrationslager im Westen und Süden Deutschlands. Das Lager wird »evakuiert«. Wie viele Kinder werden den Tag der Befreiung erleben?

Elisabeth Jäger ist entsetzt, dass es noch heute Menschen gibt, sogar mit Professorentitel, die trickreich versuchen, die Verbrechen der Nazis in ihrer ganzen, ungeheuerlichen Dimension kleinzureden: »Sie machen sich schuldig. Nicht nur schuldig gegenüber denen, die mutig gegen Rassenwahn, Unterdrückung und Krieg gekämpft haben, nicht nur gegenüber den auf bestialische Weise umgebrachten Menschen, sondern schuldig auch gegenüber den kommenden Generationen.« Die Ravensbrückerin mahnt, nicht zuzulassen, dass gleichgesetzt wird, was nicht gleichzusetzen ist. »Wir müssen jeder neu heranwachsenden Generation die Ursachen und Ziele des Raub- und Vernichtungsfeldzuges Deutschlands durch ganz Europa enthüllen und die Mechanismen erklären, wie Millionen zu Opfern und viel zu viele zu Mitläufern oder gar Verbrechern wurden.«

Sie selbst will nicht als Opfer gesehen werden. »Wir kamen ins Lager, weil wir Widerstand gegen das Hitlerregime geleistet haben. Der Widerstand war vielfältig und unterschiedlich. Das begann damit, sich nicht auf eine Nummer reduzieren zu lassen. Jede kleine Geste des Mitgefühls und der Ermutigung zum Leben war Widerstand.« Die Veteranin erinnert sich, dass in der Küche beschäftigte Häftlinge von den Essensrationen der Aufseherinnen kleine Mengen abzweigten, weniger Fett in deren Suppe und mehr in die der Leidensgefährtinnen gaben. »Das war nicht nur solidarisch, sondern auch mutig.« Ein besonders hohes Risiko gingen jene Frauen ein, die die Nummern von verstorbenen Häftlingen auf noch lebende umschrieben, um sie vor dem Abtransport zu bewahren. Die größte Widerstands- und Solidaritätsaktion war freilich die Weihnachtsfeier für die Kinder am 23. Dezember 1944.

Aber selbst ein Lied kann Widerstand sein:

»Nicht weit von Berlin, von der Hauptstadt
ein Stück Erde, das Wasser umgibt,
darauf leben wir hinter der Mauer,
darauf steht das KZ Ravensbrück.

Aus Holz zweiunddreißig Baracken,
Bunker, Küche, Betrieb und Revier
Und die Mädchen, sie geh'n ohne Jacken
und wir haben noch März, und es friert.

Sie wecken uns, eh es hell ist,
heißes Wasser, das ist unser Mahl,
dann hinaus zum Appell, in die Kälte,
danach geht's in den Arbeitstag.

Wir fürchten uns nicht vor der Arbeit,
doch für sie schuften wollen wir nicht.
Lustig tanzen und singen wir,
aber unsere Herzen füllt Gram bitterlich.«

Das Lied der russischen Ravensbrückerinnen hat neun Strophen, die letzte gibt Zuversicht:

»Macht dem Herzen Mut, russische Frauen!
Denkt daran, dass ihr Russinnen seid!
Habt vor Augen, bald werden wir schauen
unsere russische Erde erneut!«

Elisabeth Jäger übersiedelt 1950 in die DDR – mit ihrem Mann Max Bair, einem »Tiroler Bauernbub« und Spanienkämpfer, dem Egon Erwin Kisch in der Erzählung »Die drei Kühe« ein literarisches Denkmal gesetzt hat: Max ist 20 Jahre alt, als er den heruntergekommenen, verschuldeten Hof des Vaters erbt; mit Politik hat er sich bisher nicht befasst, ein Linzer Arbeiter bringt ihn dazu, kommunistische Zeitungen zu lesen, »Weg und Ziel« und die »Rote Fahne«; Max erfährt vom Kampf der Internationalen Brigaden in Spanien. »Nach Spanien müsst man! Nach Spanien müsst man, um mitzutun, mitzuhelfen.« Max verkauft die letzten drei Milchkühe und ersteht drei Fahrkarten nach Paris – für sich und zwei Freunde. In Frankreich angelangt, helfen Genossen weiter. Max Bair kämpft in den Reihen des österreichischen Bataillons »12. Februar«.

Ihren Mann hat Elisabeth Jäger nach 1945 kennengelernt, bei einem Fasching der KPÖ. »Wir haben Walzer getanzt, er konnte toll tanzen, ich aber auch.« Max Bair war Landessekretär der KPÖ in Tirol und zeitweilig von der US-amerikanischen Besatzungsmacht eingesperrt. Nach seiner Entlassung verließ er mit seiner Frau die Heimat für immer, die Sehnsucht nach ihr bleibt ein Leben lang. Aus Max Bair wurde in der DDR Martin Jäger und aus Lisl Bair Elisabeth Jäger. Er arbeitete bei der Staatlichen Plankommission, sie als Journalistin. Elisabeth Jäger engagierte sich für die Errichtung der Mahn- und Gedenkstätte Ravensbrück und war viele Jahre Vorsitzende der Lagerarbeitsgemeinschaft. Sie ist Urgroßmutter und glücklich. Wenn da nicht die eine Wunde wäre, die nicht verheilt.

»Meinen Bruder, dem haben sie ... ich kann das gar nicht oft genug zu verdrängen versuchen ... dem haben sie den Kopf abgeschlagen. Aus der Zelle geholt – und sieben Minuten später war er tot. Ich hätte das alles besser nicht ermittelt. Dass ich es nicht wüsste. Aber jetzt weiß ich jeden Schritt, den mein Bruder in den letzten sieben Minuten seines Lebens gegangen ist.« Bruno Morawitz ist am 23. September 1943 vom »Volksgerichtshof« zum Tode verurteilt und am 25. Februar 1944 in Wien hingerichtet worden. Er war 21.

DER STAFF SERGEANT
AUS HANNOVER

*Wie Hans Herzberg dem Holocaust entging, Soldat der
britischen Armee wurde und Victory Day feierte*

Den 8. Mai 1945 erlebt Hans Herzberg in Abergavenny, einer Bergarbeiterstadt in South Wales. Er trägt die Uniform der Royal Army. Drei Streifen und eine Krone am Ärmel weisen ihn als Staff Sergeant aus. »Wir hatten frei. Weil Victory Day war und Churchill eine große Rede halten wollte zum Ende des Krieges«, erinnert sich der Veteran beim Gespräch in Berlin. Wie kam der Sohn eines Ledergroßwarenhändlers aus Hannover auf die Insel und in die britische Armee?

Krach im Hause Herzberg. Der Vater schimpft und tobt. Er sucht die schwarz-weiß-rote Flagge des Wilhelminischen Kaiserreichs, die er zur Ernennung des »Herrn Hitler«, eines ehemaligen Frontsoldaten wie er und nun Reichskanzler, vor seiner Villa hissen will. Damit jeder Passant weiß: Hier wohnen national gesinnte Deutsche. Die schwarz-rot-goldene Fahne der ungeliebten Weimarer Republik hat Rudolf Herzberg bereits eingeholt, doch die schwarz-weiß-rote findet er nun nicht. Sie ist spurlos verschwunden. Hans blinzelt zaghaft zu seinem älteren Bruder hinüber. Der verzieht keine Miene, steht stumm und still im Wohnzimmer, während der Vater vor Wut kocht. Hans kostet es viel Mühe, einen betrübten Gesichtsausdruck zu wahren und nicht laut loszulachen über den gelungenen Streich. Bernhard hatte die Idee und Hans hat geholfen. Die Flagge wird nie mehr auftauchen.

Die Männer vom Müll verrichten ihre Arbeit bereits einige Straßenzüge weiter.

Das Jahr 1933 beginnt nicht gut. Wenige Tage nach der Flaggen-Affäre hängt der Haussegen wieder schief bei den Herzbergs in Hannover. Diesmal ist es die Mutter, die sich empört. Hans ist zu Tode betrübt. Lilly Herzberg ist eine sanftmütige, stille Frau, nur einmal hat Hans erlebt, dass sie das Wort erhob. Im Herbst des Vorjahres, als die Reichspräsidentenwahlen anstanden. Bernhard sagte, er werde nicht dem greisen Generalfeldmarschall Paul von Hindenburg, sondern dem Kommunisten Ernst Thälmann seine Stimme geben. Denn wer Hindenburg wählt, wählt Hitler. Und wer Hitler wählt, wählt den Krieg. Die Mutter wies Bernhard barsch zurecht: »Untersteh dich!«

Nun wendet sich der Zorn der Mutter erneut gegen den geliebten Bruder. Dabei hat Bernhard doch nur eine Freundin den Eltern vorstellen wollen. Ein hübsches jüdisches Mädchen aus dem Osten. Was ist falsch daran? Mutter verbietet ihrem ältesten Sohn streng: »Die bringst du mir nicht ins Haus!«

Wieso empfinden sich deutsche Juden den galizischen Brüdern und Schwestern gegenüber erhaben? Warum meiden sie die aus dem Zarenreich geflüchteten, schon Jahre und Jahrzehnte unter ihnen in Deutschland lebenden Juden? Der zwölfjährige Hans kann es nicht verstehen. Auch der Veteran nicht.

Das Jahr 1933 ist ein unglückliches. Eine Familienkatastrophe jagt die andere. Ruth, die Zwillingsschwester von Bernhard, ist schwanger. Sie hatte eine Affäre mit einem Geschäftsfreund des Vaters. Der weigert sich jedoch, das von ihm »geschändete« Mädchen zu heiraten. Ruth wagt es nicht, sich den Eltern zu offenbaren. Sie unternimmt einen Selbstmordversuch. Eine doppelte Schande für die Herzbergs, die sich den besseren, ehrbaren Kreisen zuge-

Der doppelte Hans: Der Veteran mit seinem Foto als britischer Armeeange-
höriger

hörig fühlen. Damit Suizidversuch und Schwangerschaft
der Tochter nicht ruchbar werden, schicken die Eltern
Ruth in eine Heilanstalt. Bernhard ist verärgert und holt
seine Schwester umgehend zurück. Ein nicht hinnehmba-
rer Affront für den Patriarchen des Hauses. Rudolf Herzberg setzt die Zwillinge vor die Tür: »Unter meinem Dach
ist kein Platz mehr für euch! Seht zu, wo ihr bleibt.« Dann
wechselt er das Schloss aus.

Hans, das Nesthäkchen, ist fortan allein. Noch bevor sich
das Jahr 1933 dem Ende zuneigt, verlassen Nanny, die 1908
geborene älteste Tochter von Rudolf und Lilly Herzberg,

sowie die ein Jahr jüngeren Zwillinge Ruth und Bernhard Deutschland. Sie wissen, es wird ungemütlich, gefährlich für Juden in Deutschland.

Seine Schwester Ruth wird Hans Herzberg nicht mehr wiedersehen. Sie emigriert nach Prag, begegnet dort einem gütigen, sie liebenden Mann und heiratet ihn. Das Glück ist von kurzer Dauer. Ruth stirbt 1936 an Angina Pectoris, an Herzversagen. »Obwohl sie sich im Zorn getrennt hatten, hielt Mutter bis zuletzt Kontakt zu ihr«, berichtet Hans Herzberg. Ruth wird in Prag beigesetzt. Für ihren tschechischen Mann wird es keinen Grabstein geben. Nach der Okkupation der Tschechoslowakei durch Hitlerdeutschland im März 1939 beginnt auch dort die Jagd auf Juden. Ruths Mann und neun seiner Verwandten sterben in einem deutschen Vernichtungslager. Die Namen der Ermordeten sind heute an einer Gedenkwand in der Synagoge von Prag verewigt.

»Fast die ganze Familie mütterlicherseits ist in Lagern ermordet worden oder im Ghetto von Riga gestorben«, berichtet Hans Herzberg. »Meine Großmutter mütterlicherseits, Bella Cohen, starb 1943, kurz bevor das Altersheim in Bremen geräumt und alle auf Transport in den Osten geschickt wurden.«

Bella Cohen war eine stolze Frau. Sie gebar ihrem Mann elf Kinder, darunter acht Mädels. Allen acht Töchtern gab Harry Cohen die gleiche Mitgift in die Ehe: zehntausend Goldmark, eine stolze Summe. Die steckte Rudolf Herzberg, als er 1909 Lilly Cohen heiratete, in die Firma seines Vaters, eine Lederwarengroßhandlung, die mit dem beträchtlichen Geldsegen kräftig expandierte.

Harry Cohen war Generalvertreter der englischen Schifffahrtslinie »Cunard White Star« in Bremen. Sie profitierte um 1900 vom Exodus Zehntausender Juden aus dem Osten, vor den Pogromen im Zarenreich. »Der Reichtum meines Großvaters verdankte sich der Not der Flüchtlinge«, merkt Hans Herzberg lakonisch an. Seiner Mutter Lilly und deren Geschwistern sei eine unbeschwerte Kindheit vergönnt gewesen. Die Cohens frönten der Hausmusik. Alle elf Kinder erlernten ein Instrument. »Großmutter Bella gab den Takt an, nicht nur am Klavier.« Eine Tochter von Bella und Harry Cohen sollte gar ein berühmter Opernstar in Bremen werden – allerdings nicht unter ihrem Geburtsnamen Else Cohen. Sie musste den Künstlernamen Carson annehmen, um auf deutscher Bühne Karriere zu machen. Das hat sie nicht vor dem Verfolgungswahn der Nazis geschützt. Auch sie wird später in einem KZ ermordet.

Harry Cohen starb 1931. Ihm blieb der mörderische Undank des Vaterlandes erspart. Er sei am Ende aber ein gebrochener Mann gewesen, erzählt Hans Herzberg. »Nur eine goldene Uhr war ihm von seinem Reichtum geblieben.« Als strammer deutscher Patriot hatte Harry Cohen im Krieg 14/18, der später der Erste Weltkrieg genannt wird, Anleihen gezeichnet, »Gold für Eisen« gegeben. Der verlorene Krieg und die Inflation fraß sein Vermögen auf. Harry Cohen war bankrott. Und vielleicht war er am Lebensabend nicht mehr stolz darauf, zwei seiner Söhne für Deutschland geopfert zu haben.

Im Gegensatz zu ihrem Mann verachtete Bella Cohen den Kriegskaiser aus preußischem Hohenzollerngeschlecht. »Ich habe meine Söhne nicht geboren, damit er sie abschlachtet.« Den blinden Patriotismus ihres Gatten bedachte sie stets mit Spott. Hans Herzberg weiß aus der Familiensaga, dass ein Sohn der Cohens, »Onkel Paul«, bereits im ersten Kriegsjahr in den Masurischen Sümpfen in Ostpreußen fiel – während der Schlacht bei Tannenberg, die den Hindenburg-Mythos begründen sollte. Der eigentlich schon pensionierte und im August 1914 reaktivierte Generalfeldmarschall hatte zwar seinem Kaiser Wilhelm II. einen ersten Sieg über Zar Nikolaus II. beschert. Doch verdankte sich der Triumph weniger Hindenburgs strategischem Geschick als vielmehr einiger Verwirrung im russischen Generalstab. Der zweite Sohn der Cohens, »Onkel Fritz«, starb noch im letzten Kriegsjahr, 1918 an der Westfront.

Auch der Vater von Hans Herzberg war im Krieg und stolz darauf. Er wurde 1915 zur Artillerie eingezogen. Noch Jahrzehnte später behauptet er: »Im Ersten Weltkrieg gab es keinen Antisemitismus.« Hat Rudolf Herzberg die diskriminierende »Judenzählung« im deutschen Heer 1916 verdrängt? Nicht erkannt oder erkennen wollen, dass Juden erst einen Offiziersrang unterer Charge erhielten, als das aristokratische Offizierskorps auszubluten begann? »In erster Linie war ich Deutscher, in zweiter Linie Jude«, beharrte Rudolf Herzberg.

Sein jüngster Sohn leidet Ende 1933 nicht nur unter der Abwesenheit der geliebten Geschwister, sondern auch und gerade unter den zunehmenden antisemitischen Pöbeleien in der Schule. Er wird als »Judenbrut« beschimpft und grundlos verprügelt. Seine Arbeiten bewerten die Lehrer mit schlechteren Noten, »obwohl ich nicht schlechter war als die anderen«. Eines Tages jedoch erfährt Hans eine kleine Genugtuung. Die Rassekunde-Lehrerin kommt mit einem merkwürdigen Instrument in den Unterricht, um die Köpfe der Kinder zu vermessen. »Jeder Schüler musste seine Messdaten fein säuberlich an die Tafel schreiben. Laut Nazi-Rassekunde haben die nordischen Arier die schmalsten Schädel«, erläutert Hans Herzberg. »In unserer Klasse war ich das! Die Stunde endete mit lautem Gelächter.« Die Lehrerin war desavouiert.

Das ändert jedoch nichts an der Gemütslage des Jungen. Die Eltern spüren die Pein ihres Sohnes und beschließen, ihn auf ein Internat in die Schweiz zu schicken. Noch ist genug Geld vorhanden im Hause Herzberg.

Die drei Abschiede des Hans Herzberg

»Zeitweilig war Vater allein in unserer 24 Zimmer zählenden Villa, weil Mutti oft bei mir in St. Gallen war.« Lilly Herzberg, die von ihrem Mann sehr kurz und streng gehalten wird, genießt die kurze Zeit der Freiheit und Selbstbestimmung, wenn sie bei ihrem Jüngsten weilt. Mit ihm besucht sie das »Neue Deutsche Theater« in Zürich. Aus dem braunen Berlin vertriebene, berühmte Künstler haben in der Schweizer Metropole Zuflucht und Anstellung gefunden – so Alexander Moissi, der unter Max Reinhardt gearbeitet hat und den Franz Werfel bewundernd »einen Zauberer« nannte, der Stummfilmstar Albert Bassermann, der später in Hollywood eine zweite Karriere startet, sowie Tilla Durieux, die auf der Bühne von Erwin Piscator brillierte.

Lilly Herzberg möchte ihrem Jüngsten die musische Erziehung angedeihen lassen, die sie selbst in ihrer Kindheit genossen hat. Doch Hans zeigt sich ziemlich resistent. Der Musiklehrer, den die Mutter in Hannover engagiert hatte, um ihm wenigstens Blockflöte beizubringen, kündigte alsbald verzweifelt. »Er hatte einen Kopf wie Richard Wagner. Aber es half wenig. Ich übte nicht fleißig genug und brachte nur schiefe Töne hervor.«

Amüsiert erzählt der Veteran, wie ungebührlich er sich als Knabe benahm, wenn er die Mutter in die Kestner-Gesellschaft, eine Privatgalerie in Hannover, begleiten sollte: »Es war skandalös. Ich warf mich auf den Boden und schrie das ganze Haus zusammen. Aber sie kannte keine Gnade, ich musste immer wieder mit.« Namensstifter des 1916, inmitten des Ersten Weltkrieges begründeten Kunstvereins war August Kestner, ein Diplomat und Jurist im Dienste des Hannoveranischen Fürsten und Zeitgenosse von Johann Wolfgang Goethe. Der spätere Dichterfürst war in Kestners Mutter unglücklich verliebt; der chancenlosen Liaison entsprang der Liebesroman »Die Leiden des jungen Werthers«, ein Bestseller auf der Leipziger Buchmesse anno domini 1774.

Doch das weiß der junge Hans noch nicht. Heute ist er dankbar, dass seine Mutter nicht locker ließ, ihn ungeachtet seines Sträubens mit ins Opernhaus von Hannover nahm, wo Richard Strauss dirigierte. »Meine sonst so zurückhaltende Mama war hingerissen vom Maestro. Ihre Bravorufe übertönten alle.« Allmählich wird Hans empfänglich und neugierig: »Wider Willen wurden mir die Augen für die Schönheit und Segnungen der Kultur geöffnet.« Nach dem Krieg will er sogar Schauspieler werden. Daraus wird zwar nichts, aber zwei seiner Kinder erben die musische Begabung von Lilly Herzberg und Bella Cohen. Sein zweitgeborener Sohn wird Frontmann der Berliner Rockgruppe »Pankow«, eine Tochter Schauspielerin.

In Zürich erlebt Hans eine Aufführung von Schillers »Don Carlos«. Als der Marquis von Posa vom absolutistischen spanischen König Philipp II. fordert: »Geben Sie Gedankenfreiheit, Sir!«, erheben sich alle Zuschauer von ihren Sitzen und spenden endlos Beifall. »Das war die erste öffentliche Anti-Nazi-Bekundung, die ich erlebte. Unvergesslich für mich«, sagt Hans Herzberg.

Der Vater jedoch glaubt derweil immer noch, dass es nicht so schlimm wird in Deutschland, die prügelnden SA-Horden alsbald an die Kandare genommen werden und die antisemitische Hetze abflaut. Die Ernüchterung folgt schmerzvoll. Im zweiten Jahr der Hitler-Regierung wird Rudolf Herzberg von deutschen Antisemiten aus dem Geschäft gedrängt. Mit Juden will man keinen Handel mehr treiben. Jetzt muss das Geld zusammengehalten werden. Der Vater übernimmt jedwede Arbeit. Dennoch muss Hans nach knapp einem Jahr aus der Schweiz zurückgeholt werden, er wird an einer Waldorfschule angemeldet, »wo ein liberaler Geist herrschte«.

1938 muss Hans auch diese Schule verlassen. »Judenkindern« ist nunmehr per Gesetz der Besuch jeglicher deutscher Schulen untersagt. Sie dürfen nur noch jüdische Anstalten besuchen. »Notgedrungen wurde ich also Lehrling an der landwirtschaftlichen Lehranstalt Groß Breesen bei Breslau. Das war eine nicht-zionistische Ausbildungsstätte.«

1933/34 hatte die »Reichsvertretung der Deutschen Juden« begonnen, Ausbildungsstätten einzurichten, die junge Juden auf die Alija, die »Rückkehr« nach Palästina, vorbereiten sollen. Es war dem klugen Rabbiner Leo Baeck und dem Religionsphilosophen Martin Buber zu danken, dass auch Kinder aus nicht-religiösen Elternhäusern für ein Leben im Exil gewappnet wurden. 1936 gründete die »Reichsvertretung« eine entsprechende säkulare Einrichtung, auf dem Gut einer polnisch-jüdischen Familie, dreißig Kilometer von Breslau (polnisch: Wroclaw) entfernt. In zweijährigen Kursen erwerben die Jungen und Mädchen landwirtschaftliche und handwerkliche Fähigkeiten.

»Wir waren nicht religiös«, erzählt Hans Herzberg. »Mutter glaubte zwar an Gott und Vater hielt sich an die Bräuche, wenn auch nicht unbedingt an die Gebote. Aber koscheres Essen gab es bei uns nicht.« Im Hause Herzberg ist man stolz auf die jüdische Herkunft. Rudolf Herzberg rühmt sich, jüdischem Uradel zu entstammen, der schon die Bundeslade unter Moses behütet habe. »Mein Nichtariernachweis« nennt Hans Herzberg die vom Vater behauptete viertausendjährige Familiengenesis ...

Als nicht nur Kristall zerschellte ...

Nun also heißt es für Hans wieder von den Eltern Abschied nehmen. Diesmal geht es jedoch gen Osten, nach Schlesien. Mutter und Vater begleiten ihn zum Zug.

Das Stadtkind hat sich kaum in Groß Breesen eingelebt, Freude an der Arbeit in freier Natur gefunden, Pferde striegeln, Schweine mästen, da holt ihn der schon in Hannover erlebte Judenhass ein. Am 10. November 1938 fällt ein Trupp SA aus Breslau ins Dorf ein und besetzt das Gut, sperrt die Jungen und Mädchen in die Pferdeställe, wütet im Gutshaus, zerschlägt Fensterscheiben, Geschirrschränke, Betten. »Sie haben geklaut, was nicht niet- und nagelfest war. Selbst unseren Mädels haben sie das bisschen Schmuck, den sie besaßen, weggenommen.«

So überraschend, wie die SA-Männer kamen, verschwinden sie wieder. »Mit unseren Lehrern und Ausbildern.« Wie Hans Herzberg später erfährt, wurden sie ins KZ Buchenwald verschleppt.

Die Lehrstätte in Groß Breesen wird wieder eröffnet, besteht noch bis 1942, dann wird sie geschlossen wie alle jüdischen Einrichtungen im Zuge der systematischen Deportationen in die Ghettos und Lager im Osten. Die letzten hundert Lehrlinge und deren Ausbilder werden ins Todeslager Auschwitz deportiert.

Für Hans gibt es nach dem Überfall der SA kein Halten mehr. Er will so schnell wie möglich nach Hause. Wie all die anderen Kinder. Am Bahnhofskiosk in Breslau prangt auf den Titelblättern der Zeitungen in großen Lettern das Wort »Reichskristallnacht«, die Vorgabe des Propagandaministers Goebbels für das, was sich reichsweit in der Nacht vom 9. zum 10. November 1938 ereignete. Die Überfälle auf jüdische Geschäfte und Brandanschläge auf Synagogen und karitative Einrichtungen sollen angeblich spontanem »Volkszorn« entsprungen sein. Mitnichten. Es war ein generalstabsmäßig vorbereitetes Pogrom, mit dem das NS-Regime nebenbei die Treue der »Volksgenossen« testen wollte. Tatsächlich verhielt sich die Mehrheit der Deutschen gleichgültig gegenüber den in dieser Nacht gedemütigten und verhafteten jüdischen Mitbürgern, auch wenn sie sich an den Ausschreitungen nicht selbst beteiligten.

Die Pogromnacht hat auch in Breslau sichtbare Spuren hinterlassen. Die SA brandschatzte die Neue Synagoge, die neben jener in der Reichshauptstadt, in der Oranienburger Straße in Berlin, als eines der imposantesten jüdischen Gotteshäuser Deutschlands galt. Auch in Schlesien wurde nicht nur »Kristall« zerschlagen, wie das euphemistische Nazi-Wort suggerierte. Im ganzen »Reich« wurden in dieser Nacht über 400 Menschen umgebracht, an die 30 000 deutsche Juden wurden in die Lager verschleppt.

Endlich wieder in Hannover klingelt Hans mit bangem Herzen an der vertrauten Haustür. Die Mutter öffnet mit traurigem Blick. Hans erfährt, dass auch sein Vater in der Pogromnacht »abgeholt« worden ist. Bernhards Mahnung hat sich bewahrheitet: In einem Land, in dem ein notorischer Judenhasser Reichskanzler ist, kann man nicht länger leben.

»Ich kannte meine Mutter nur als eine ängstliche Frau«, erinnert sich Hans Herzberg. »Bei Einbrechen der Dunkelheit ging sie nie ohne unseren Schäferhund vor die Tür.« Doch jetzt, da ihr Mann verhaftet ist, zeigt Lilly Herzberg Courage. Täglich geht sie zur Gestapozentrale, verlangt Auskunft über den Verbleib ihres Mannes, fordert dessen Freilassung. Er habe nichts verbrochen und im Krieg für Deutschlands Größe und Ruhm gekämpft.

»Meine Mutter hatte zwei gute, nicht jüdische Freundinnen. Die eine war Malerin und sehr links eingestellt, die andere unsere Haushaltshilfe, die meine Mutter von ihrer

Mutter übernommen hatte. Sie haben in diesen schwierigen Tagen zu uns gehalten.« Die beiden helfen Lilly Herzberg, den Kriegsrevolver ihres Mannes zu entsorgen. Die Braunhemden könnten wiederkommen, zur Hausdurchsuchung. Juden dürfen keine Waffen besitzen. Die drei Frauen versenken den Revolver von Rudolf Herzberg des Nachts heimlich im Mittellandkanal. »Dort wird er wohl noch heute liegen«, mutmaßt Hans Herzberg und gesteht: »Ich habe als Kind manchmal damit gespielt, ohne dass Vater davon wusste. Natürlich waren keine Patronen in der Trommel.«

Ob Lilly Herzbergs couragierte Intervention die Freilassung ihres Mannes bewirkt, ist zweifelhaft. Nach sechswöchiger Haft im KZ Buchenwald wird Rudolf Herzberg entlassen – und muss die »Judenabgabe« leisten. Die in der »Reichskristallnacht« Überfallenen, Beraubten und Verschleppten sollen nun auch noch für die Schäden aufkommen, die fanatisierter Mob angerichtet hat. Eine Million Reichsmark wird ihnen abgepresst.

»Als Vater kahlgeschoren und abgemagert zurückkam, habe ich zum ersten Mal erlebt, dass meine Eltern sich küssten«, erinnert sich Hans Herzberg. Ein Weltbild, ihr Deutschlandbild ist zusammengebrochen. Niemals hätten Rudolf und Lilly Herzberg freiwillig die Heimat verlassen, sie liebten Deutschland, fühlten sich als Deutsche. Doch jetzt wollen sie weg, nur noch weg. Als erstes muss Hans ins sichere Ausland gebracht werden.

Im Frühjahr 1939 heißt es für den jüngsten Herzberg erneut Abschied nehmen. Den Eltern ist es gelungen, ihn auf die Liste eines Kindertransportes zu setzen. Die Hilfsaktion, für viele Kinder und Jugendliche Rettung in letzter Minute, wurde nach der furchtbaren Pogromnacht in Deutschland von britischen Juden und Quäkern begründet.

Nachdem die Eltern ihr Herzkind glücklich in England angelangt wissen, bemühen sie sich um ihre eigene Ausreise. Sie würden gern in die USA emigrieren, wo Nanny heimisch geworden ist. Während sich der Vater um die nötigen Papiere bemüht, wird er erneut verhaftet. Er ist denunziert worden. Sein Vergehen: Er hat Gemüse gekauft, was Juden strengstens verboten ist. Darum sitzt er nun wie ein Schwerverbrecher im Zuchthaus Celle. Die Synagoge in dieser niedersächsischen Stadt ist in der Pogromnacht von einem Brandanschlag verschont geblieben, weil die Nazis ein Übergreifen des Feuers auf die leicht brennbaren, mittelalterlichen Fachwerkhäuser befürchtet hatten: Die Unversehrtheit von Immobilien ist ihnen wichtiger als die von Menschen...

Mittlerweile hat das Jahr 1940 begonnen. Rudolf und Lilly Herzberg haben endlich die nötigen Dokumente beisammen. Sie reisen nach Frankreich, mit nur je zehn Reichsmark in der Tasche. Wie weit kommt man da? Es reicht nicht für eine Schiffspassage in die USA. Außerdem nimmt die erste moderne Demokratie der Welt, wie sich die 1776 gegründeten Vereinigten Staaten von Amerika rühmen, keine deutschen Flüchtlinge mehr auf. Die Wehrmacht ist den Herzbergs auf den Fersen. Am 10. Mai fällt sie in die Niederlande und Belgien ein und marschiert durch bis Paris, ohne auf großen Widerstand zu stoßen. Aus dem besetzten Frankreich flüchten Rudolf und Lilly Herzberg weiter nach Spanien und Portugal; sie haben kein Auge für die Schönheit und die Sehenswürdigkeiten der Iberischen Halbinsel. In Madrid und Lissabon sind ebenfalls Faschisten an der Macht. Endlich ergattern sie Tickets für einen Dampfer nach Kuba. »Bei der Überfahrt weigerte sich meine Mutter, eine Schiffskabine mit einer Ostjüdin zu teilen. Dabei waren sie doch eine Schicksalsgemeinschaft.« Die Herzbergs werden den Krieg über auf Kuba ausharren. Sie leben in Havanna in sehr beengten, ärmlichen Verhältnissen. »Vater versuchte mit dem Verkauf von Büchern für sich und Mutti ein kleines Einkommen zu sichern«, erzählt Hans Herzberg.

Erst nach dem Sieg der Alliierten über Nazideutschland wird der Traum von Rudolf und Lilly Herzberg wahr, können sie in die USA übersiedeln. Dort leben sie 25 Jahre in einer kleinen Zweizimmerwohnung in New York. Nach Deutschland wollen sie nicht zurückkehren; nur einmal besuchen sie ihren Jüngsten in der DDR, Anfang der 1950er Jahre. Ihren Lebensabend verbringen Lilly und Rudolf Herzberg bei Sohn Bernhard im südafrikanischen Kapstadt.

Hans Herzberg stand nach dem Krieg mit seinen Geschwistern und Eltern in brieflichem Kontakt. »Ich habe in der DDR keinen Hehl daraus gemacht.« Opportun war dies nicht. Für eine Staats- oder Parteikarriere galt er darob als nicht geeignet. »Ich trachtete aber auch nicht danach«, sagt der pensionierte Journalist, der bei der Nachrichtenagentur ADN und im Rundfunk gearbeitet hat. Als er eines Tages zum Parteisekretär gewählt werden sollte, sei ein Funktionär der Kreisleitung zu ihm gekommen und habe ihm verlegen offenbart: »Entschuldige, Hans, fass das bitte nicht falsch auf. Du warst doch in der westlichen Emigration. Manche Genossen wollen nicht, dass die herausgestellt wird. Du kannst nicht gewählt werden.«

Als ein Opfer der SED sieht sich Hans Herzberg deshalb nicht. Andere Westemigranten und vor allem Politemigranten in der Sowjetunion hätten viel schlimmere Erfahrungen machen müssen, betont er und fügt hinzu: »Die sogenannte unbefleckte Empfängnis ist nicht nur eine katholische Legende. Stalins unbarmherziger Hand sind nicht wenige deutsche Antifaschisten, namentlich Juden, zum Opfer gefallen.«

Rothschilds Gärtner

Hans Herzberg ist in Großbritannien Kommunist geworden. Das ahnt der 17-Jährige freilich nicht, als er erstmals britischen Boden betritt. Ihn treiben zunächst existenzielle Sorgen um. Er ist den vielen uneigennützigen Helfern dankbar, die ihn und die anderen jungen Flüchtlinge aus Nazideutschland betreuen, wertvolle Hinweise zur Orientierung in dem fremden Land geben, wichtige Adressen und ein paar englische Pfund in die Hand drücken. Hans meldet sich wie empfohlen in einem Flüchtlingszentrum in London. Dort wird ihm ein Ort in Südengland genannt, wo er sein Glück versuchen solle: Hampshire. »Ich wurde von Lionel Rothschild als Assistenzgärtner eingestellt.« Die Titulierung amüsiert Hans Herzberg noch heute. Sodann schwärmt er vom herrlichen Rhododendron- und Azaleenpark des Bankiers: »Eine Pracht, einzigartig und weltberühmt.«

Lionel Nathan Rothschild, Banker und konservativer Politiker, ist Schöpfer der Exbury Gardens, die zu den schönsten Gärten Englands und weltweit gehören – mit mehr als einer Million Pflanzen, darunter zahlreiche Eigenzüchtungen des Mannes, der von sich sagte, er sei ein »Hobby-Banker und ein professioneller Gärtner«.

Hans soll sich um das riesige Erdbeerfeld der Rothschilds kümmern. Die körperliche Arbeit macht ihm nichts aus. Auf dem Lehrgut in Groß Breesen hat er einiges gelernt, was er jetzt gut gebrauchen kann. Die Früchte in Rothschilds Garten schmecken ihm. Hat er den Bankier persönlich kennengelernt? »Ja, ich hatte die Ehre. Es war aber eher ein Small Talk.«

Hans Herzberg ist Lionel Rothschild auf ewig dankbar: »Mein Gott, er hat uns das Überleben ermöglicht. Es gab eine Verordnung in Großbritannien, dass kein Emigrant einem Briten Arbeit wegnehmen dürfe. Engländer, die uns einstellten, ob Juden, Christen oder Quäker, mussten für uns pro Nase fünfzig Pfund beim Arbeitsamt hinterlegen. Ein Pfund waren damals umgerechnet zwanzig Reichsmark. Das war ein ganz schöner Batzen Geld.« Lionel Rothschild war selbst kurzzeitig in den Klauen der Nazis gewesen, in Österreich. »Er konnte also mit uns fühlen.« Hans' Bürge stirbt 1942, im Alter von sechzig Jahren.

Zwei Jahren zuvor, zu Pfingsten 1940, ist Hans Herzberg interniert worden. Denn er ist deutscher Nationalität. Und die deutsche Wehrmacht hat soeben das britische Expeditionskorps bei Dünkirchen wortwörtlich in den Kanal getrieben. Es gilt in Großbritannien nunmehr das Kriegsrecht. Das bestimmt Hans Herzberg und tausende andere deutsche Emigranten zu »feindlichen Ausländern«. Natürlich war dies zutiefst kränkend für die aus ihrer Heimat vertriebenen und geflohenen Antifaschisten. Der Krieg nimmt keine Rücksicht auf Gefühle.

Aug' in Aug'

Hans Herzberg landet in einem Internierungslager in Liverpool. Die Flüchtlinge werden in einer »Drill Hall«, einer ehemaligen Exerzierhalle für Soldaten einquartiert. Dort sind fünfhundert Deutsche und Österreicher auf engstem Raum untergebracht; sie müssen sich fünf Toiletten und drei Wasserhähne teilen. Die jungen Leute bilden Cliquen, diskutieren über dies und das. Auch mit ihren Bewachern. »Und da habe ich mir einmal den Mund verbrannt. Ich wusste ja, wie hochgerüstet Deutschland war, und sagte, das Desaster von Dünkirchen und die Kapitulation Frankreichs nach nur drei Wochen sei keine Überraschung. Das nahmen mir die Briten übel, sie verdächtigten mich, ein Nazi zu sein.«

Die Sache geht glimpflich aus. Hans Herzberg versucht die verordnete Langeweile in Liverpool mit eifriger Lektüre zu überbrücken. »Ich habe Dostojewski gelesen und hielt in unserer Gruppe einen Vortrag über sein Werk. Als ich endete, stand ein blonder, blauäugiger Mann auf, Jahre älter als ich. Er fragte mich: ‚Sie kennen die russische Literatur?‘ Ich bejahte selbstbewusst, musste aber dann erkennen, dass ich von Gorki nichts wusste.« Dessen sozialkritische Dramen und Romane wie »Nachtasyl« oder »Die Mutter« kannte er nicht. Hans wird aufgeklärt, auch über Gorkis Kampf gegen das despotische Zarenregime, das Elend der russischen Bauern und Proletarier und die Revolution. Der Mann verwickelt ihn in politische Diskussionen, will von ihm wissen, ob er wisse, warum die Nazis in Deutschland an die Macht kommen konnten. »Er hat gesagt, er sei Arbeiter. Und da dachte ich mir: ›Dann werde ich Primaner dem Arbeiter das mal erklären.‹ Nach fünf Minuten hat er mir bewiesen, dass er vieles erheblich besser wusste als ich.«

Vom Mann aus Oberschlesien namens Helmut Schmidt, vor 1933 kommunistischer Redakteur, erfährt Hans Herzberg: Nicht der Antisemitismus der NSDAP habe Hitler ans Staatsruder gebracht, sondern finanzkräftige Männer der großen Industrie und der alten Eliten, denen die Ideologie und Propaganda der Nazis egal waren – wenn diese nur in ihrem Sinne Deutschland und die Welt erobern und regieren. Der Namensvetter eines späteren Bundeskanzlers ist verantwortlich dafür, dass Hans im britischen Exil der FDJ und der KPD beitritt. Doch ehe es soweit ist, muss der Hannoveraner erneut sein Bündel schnüren und einen britischen Militärtransporter besteigen.

Er schippert über den Großen Teich. Mit Zwischenstopp auf der Isle of Man in der Irischen See geht es nach Kanada. »Den Kanadiern hatten sie gesagt: ›Es kommen ganz rabiate Nazis.‹ Dabei waren wir eine sehr gemischte Gesellschaft, unter uns auch ganz fromme Juden, mit Kippa auf dem Kopf und langen Löckchen an den Schläfen.« Deren Entsetzen ist groß bei der Ankunft im Internierungslager an kanadischer Küste: »Es schallte uns das deutscheste deutsche Lied entgegen: ›Wenn's Judenblut vom Messer spritzt, dann geht's noch mal so gut.‹«

Im Lager waren deutsche Fischer interniert, die in kanadischen Gewässern auf Fang waren, als der Krieg ausbrach. »Das waren alles Nazis. Wir weigerten uns, mit denen in einem Lager eingesperrt zu sein und protestierten mit Sitzstreik.« Tatsächlich laufen alsbald die Drähte zwischen Toronto und London heiß. »Wegen uns gab es sogar Stunk im Unterhaus«, sagt Hans Herzberg. In jenem Monat, in dem er in Kanada anlandete, versenkten deutsche U-Boote die bis dahin höchste Tonnage an britischen Schiffen. Klar, dass einigen Parlamentariern an der Themse die Verzweiflung fremder Deutscher an fernem Gestade ziemlich egal war.

London enttäuscht die deutschen Juden und Politemigranten indes nicht. Die Regierung unter Winston Churchill erlässt ein Gesetz, nach dem die Internierten frei gelassen werden, wenn sie bereit sind, in kriegswichtigen Betrieben, in der Landwirtschaft oder in Krankenhäusern Dienst zu tun. Hans Herzberg ist kurzzeitig wieder in der Landwirtschaft beschäftigt. Er sucht sofort Kontakt zum Kreis deutscher Antifaschisten in England und wird nun Mitglied der Freien Deutschen Jugend. »Ich wurde von Horst Brasch aufgenommen, ein zum Katholizismus und Kommunismus konvertierter Jude, der später in der DDR Chefredakteur der ›Jungen Welt‹ und stellvertretender Kulturminister wurde.«

Die FDJ in England ist von jungen jüdischen Flüchtlingen aus Deutschland, Österreich, Ungarn und der

Tschechoslowakei gegründet worden, berichtet Hans Herzberg. »Ich bin stolz, dabei gewesen zu sein. Die Gemeinsamkeit gab unserem Leben einen neuen Sinn und uns die Zuversicht, den Faschismus zu überleben, ihn zu besiegen.« Etwa 650 Mitglieder habe die FDJ in Großbritannien gezählt, knapp ein Sechstel sei in die britische Armee eingetreten. »So auch ich«, sagt Hans Herzberg.

Als er sich bei der Royal Army meldet, bietet man ihm an, ins Pionierkorps einzutreten, als Spatensoldat. Das will er nicht. »Ich wollte lieber mit der Waffe in der Hand gegen die Faschisten kämpfen.« Er setzt sich durch und wird der Infanterie zugeteilt, absolviert eine Grundausbildung in Glasgow und wird eingekleidet – für den südostasiatischen Kriegsschauplatz. Hans Herzberg soll nach Indien verschifft werden. Wieder protestiert er: »Ich bin nicht in die Armee eingetreten, um irgendwo gegen die Japaner zu kämpfen. Ich will an die Zweite Front.«

Diese ist am 6. Juni 1944 mit der Landung einer gewaltigen Armada US-amerikanischer und britischer Truppen in der Normandie eröffnet worden. Hans will Aug' in Aug' mit jenen kämpfen, die ihm in seiner Kindheit Wunden in die Seele brannten, ihn und seine Geschwister und Eltern gezwungen haben, die Heimat zu verlassen. In die offene Schlacht wird er zwar nicht geschickt, aber sein Wunsch »Aug' in Aug'« wird erfüllt. Er soll in Kriegsgefangenenlagern bei Verhören dolmetschen. Was empfand er dabei? Hass auf jene, die sich zu Hitlers willigen Vollstreckern machen ließen? »Ich fühlte mich auf der Seite der Sieger. Das war ein erhabenes Gefühl. Aber hassen konnte ich sie nicht. Sie waren kaum älter als ich, viele sogar jünger.« Und was entnahm er den Gesprächen mit den Gefangenen? »Das waren nicht alle fanatische Nazis. Und manche begannen nachzudenken.«

Heine und Chaplin

Hans Herzberg stellt sich in den Dienst der Re-Education, der Umerziehung. Es gilt nazistischen Ungeist aus den Köpfen zu treiben. »Im Kriegsgefangenenlager gab es nur Bücher aus Wehrmachtsbeständen, absoluter Schrott.« Also fährt er nach London, kauft dort Bücher, anständige, aufklärende. Als erstes gibt er den Gefangenen die »Harzreise« von Heinrich Heine zu lesen. »Und dann habe ich ihnen gesagt, wer er war.« Ein Jude aus Düsseldorf, der sich sterbenskrank in seiner »Matratzengruft« in Paris nach Deutschland verzehrte. »Sein ›Lied von der Loreley‹ kannten sie, ohne den Verfasser zu kennen.« Hans Herzberg rezitiert Heine:

>»Ich weiß nicht, was soll es bedeuten,
>Dass ich so traurig bin;
>Ein Märchen aus alten Zeiten,
>Das kommt mir nicht aus dem Sinn ...
>Ich glaube, die Wellen verschlingen
>Am Ende Schiffer und Kahn;
>Und das hat mit ihrem Singen
>Die Loreley getan.«

Bei einer nächsten Fahrt in die britische Hauptstadt borgt sich Hans Herzberg bei einer Verleih den Film »Der Große Diktator« aus dem Jahr 1940 aus, »auch wenn die Partei ihn nicht sehr geschätzt hat«. Den meisten kommunistischen Emigranten schien es unangemessen, die Hitlerdiktatur in einer Satire zu verballhornen, zu verniedlichen. Selbst Charlie Chaplin, Regisseur, Drehbuchautor und Hauptdarsteller in einer Person, gesteht später: »Hätte ich von den Schrecken in den deutschen Konzentrationslagern gewusst, ich hätte ›Der große Diktator‹ nicht zustande bringen, hätte mich über den mörderischen Wahnsinn der Nazis nicht lustig machen können.«

Hans Herzberg fasst für die deutschen Kriegsgefangenen die Story vorab kurz zusammen, denn der Film ist nicht synchronisiert. Die Soldaten kennen Chaplin, lieben seine Stummfilme, den Tramp, den Vagabunden, den er mimte. Doch diesen Film, den ihnen nun der Staff Sergeant aus Hannover zeigt, kennen sie nicht. Caplin macht aus dem »Führer«, auf den sie den Eid geschworen haben, für den sie in den Krieg gezogen sind, eine Witzfigur. Die Soldaten starren schweigend auf die Leinwand. »Ab und an wagte es dann jemand zu lachen. Mit der Zeit tauten sie alle auf. Und bei der genialen Szene, als Chaplin alias Adenoid Hynkel mit dem Globus wie irre tanzt, brach befreiendes Gelächter aus.«

Hans Herzberg wird mutiger. Jetzt will er mit »seinen« Gefangenen – wie damals im Internierungslager in Liverpool Helmut Schmidt mit ihm – über die Hintergründe des Machtantritts der Nazis und deren Eroberungskrieg diskutieren. Er beruft einen Bildungsabend ein. Als er ins Lager kommt, wundert er sich. Kein Gefangener läuft ihm über den Weg. Das Lager scheint verwaist. »Ich fragte den Kommandanten, wo die denn alle seien. Da klärte er mich auf: ›Die sitzen im Speisesaal und warten auf dich.‹« Hans Herzberg ist baff. »Tatsächlich. Ich hatte 300 Zuhörer.« Er eröffnet mit einem Kurzvortrag die Diskussion. Es dauert nicht lange und eine heiße Debatte ist im Gang. »Siedend heiß. Mir wurde angst und bange. Wenn die sich jetzt kloppen!« Es bleibt ihm nichts anderes übrig, als die Versammlung aufzulösen: Eine Prügelei im Lager kann er nicht riskieren. »Ich habe alle in ihre Baracken geschickt und ihnen für diesen Abend Sprechverbot erteilt.«

In dieser Nacht drückt Hans Herzberg kein Auge zu – nicht weil sein Söhnchen, sein Erstgeborener, ihn nicht zur

Ruhe kommen lässt. Der Knabe, dem ihn seine frisch angetraute Frau, eine Jüdin aus Berlin, geschenkt hat, schläft friedlich in seinem Bettchen. Hans Herzberg hofft, dass die Nacht im Lager ohne besondere Vorkommnisse verstreicht. Der nächste Morgen bringt erleichternde Gewissheit.

Hans' siebtes Jahr in England bricht an. Alliierte Truppen haben die deutschen Reichsgrenzen überschritten. Es kann nicht mehr lange dauern, bis Nazideutschland besiegt ist. 1945 wird das Jahr der Befreiung, ist Hans Herzberg überzeugt.

Am 8. Mai begibt er sich in die Stadt. Am Tag zuvor haben die Wehrmachtsgeneräle Alfred Jodl und Karl Dönitz die bedingungslose Kapitulation im Hauptquartier der Westalliierten in Reims unterzeichnet. Das wollen die Briten ausgiebig feiern. Die Labour Party von Abergavenny hat zu einer Versammlung geladen. »Ich hörte zu, wie sie über die Zukunft Großbritanniens, über Nachkriegseuropa und Nachkriegsdeutschland debattierten. Es herrschte Aufbruchstimmung. Kein zurück in die Vorkriegsverhältnisse, keine Krisen, keine Arbeitslosigkeit, keine Kriege mehr. Mir wurde klar, dass die Tage des großen Kriegsherrn Churchill gezählt waren.« Der konservative Politiker würde trotz aller Verdienste im Kampf gegen Nazideutschland die erste Nachkriegswahl nicht gewinnen. Plötzlich wird der Deutsche in britischer Uniform gebeten, auch etwas zu sagen. Er ziert sich zunächst. Es sei doch ihr Tag, ihr Victory Day, sagt er den britischen Freunden. Doch die lassen nicht locker, bedrängen ihn. Und schließlich spricht Hans Herzberg: »Wir freien Deutschen wollen, dass von Deutschland nie wieder Krieg ausgeht, dass Deutschland ein friedliches Land wird und bleibt. Ich hoffe, dass ihr Engländer uns dabei unterstützt.« Der 24-jährige German Soldier erntet stürmischen Beifall. Das war der schönste Tag im Leben des Hans Herzberg.

ICH WAR NEUNZEHN

*Warum Erhard Stenzel aus der Wehrmacht desertierte
und wie er Paris mit befreite*

Es ist kurz vor Mitternacht, am 3. Januar 1944 in Rouen, einer alten Hafenstadt und Bischofssitz in Nordfrankreich. Erhard Stenzel ist Streifenführer. Zugeteilt sind ihm zwei frisch aus dem »Reich« gekommene Soldaten, die noch an »Sieg heil!« und den »Endsieg« glauben. Erhard Stenzel ist schon seit einem Jahr dabei, zählt zu den Erfahrenen. Dabei ist er nicht viel älter als die beiden, wird in knapp einem Monat neunzehn. Die drei sind zur Patrouille von 22 Uhr bis zwei Uhr am nächsten Morgen eingeteilt. Es geht im Karree um die Kaserne. Ein stupider Dienst. Für die beiden Neuen jedoch spannend, wenn es auch nicht das Abenteuer ist, das sie sich zu Hause, als sie die Einberufung herbeisehnten, erhofft hatten. Angespannt blicken sie nach rechts und links. Irgendwo im Dunkel der Nacht könnte der Feind lauern. Sie haben schon viel gehört von den »heimtückischen Überfällen« des französischen Widerstandes.

Erhard Stenzel trabt ihnen voraus, seine Gedanken sind andere. Er ringt mit sich. Schaut auf seine Uhr. Kann er, soll er es jetzt wagen? Es ist bereits Mitternacht. Jetzt oder nie. Er stoppt abrupt, dreht sich um und sagt zu seinen Begleitern: »Für mich ist jetzt Schluss. Ich kehre nicht in die Kaserne zurück, ich gehe lieber in die Gefangenschaft. Wenn ihr den Krieg überleben wollt, könnt ihr euch anschließen.« Die beiden schauen ihn perplex an, scheinen nicht verstanden zu haben, was er soeben gesagt hat. Erhard Stenzel hat keine Zeit für langwierige Erklärungen. Er nimmt seine Maschinenpistole von der Schulter, richtet sie auf die begriffsstutzigen Kerle: »Ich will euch nichts tun. Legt eure Karabiner vorsichtig auf das Pflaster. Und dann kehrt ihr ganz langsam zur Kaserne zurück. Wenn ihr losrennt, schieße ich euch in die Kniekehlen.« Erst jetzt scheinen die zwei zu begreifen. Das ernste Gesicht ihres Streifenführers lässt keine Zweifel aufkommen.

»Sie taten, was ich ihnen befahl, trotteten gemächlich davon. Ich aber rannte los, drei, vier Straßenzüge weiter«, erzählt Erhard Stenzel. »Dort wohnte ein Schuster, der mir einige Male meine Stiefel besohlt hatte und mit dem ich ins Gespräch gekommen bin. Ein Deutscher aus Elsass-Lothringen, der eine Französin geheiratet hatte.«

Erhard Stenzel klingelt an der ihm bekannten Ladentür. Es wird ihm geöffnet. Erstaunt fragt der Schuster: »Du? Was willst du hier mitten in der Nacht? Und schwer bewaffnet.« Außer seiner MPi hat er auch die Gewehre seiner Streifenbegleiter mitgenommen. Erhard Stenzel erklärt, er sei soeben aus der Wehrmacht desertiert. Es gäbe für ihn kein Zurück mehr. Und er möchte gegen seine Landsleute in Wehrmachts- und SS-Uniform kämpfen. Der Schuster nimmt ihm die Waffen ab, bittet den Überraschungsgast Platz zu nehmen und eilt sodann zum Telefon. Keine fünf Minuten später hält ein Auto vor dem Laden. Keine fünf Minuten darauf braust es davon – mit dem Fahnenflüchtigen und den Waffen.

Le peuple allemand accuse

»Ich wurde zwei Stunden lang durch Wälder kutschiert«, erinnert sich der Veteran. »Ich hatte überhaupt keine Orientierung, glaube aber, dass es südwärts ging.« Irgendwo, irgendwann stoppt der Wagen. Wie weit reichen Frankreichs Wälder? Erhard Stenzel wird in einen Bunker ge-

Erhard Stenzel nach der Befreiung

führt und dann ausgiebig verhört: »Wer bist du, woher kommst du, was willst du?« Er ist ein »Boche«, wie die Franzosen abfällig die Deutschen seit dem Krieg 1870/71 bezeichnen. Den »Boches« ist nicht zu trauen, schon das dritte Mal in nicht mal einem halben Jahrhundert sind sie ungebeten in ihr geliebtes Land einmarschiert. Was führt der schlaksige, kraushaarige Junge aus Deutschland im Schilde? »Die nahmen natürlich auch nicht die Katze im Sack«, entschuldigt Erhard Stenzel im Nachhinein den unfreundlichen, misstrauischen Empfang der französischen Widerstandskämpfer.

Der Deserteur erzählt aus seinem jungen Leben:

Geboren wurde er am 5. Februar 1925 in Freiberg, einer Bergarbeiterstadt in Sachsen. Seine Mutter ist Textilarbeiterin, sein Vater Metallarbeiter, Gewerkschafter und Kommunist; Franz Stenzel wurde am 2. Mai 1933 verhaftet, an dem Tag, als in Deutschland die Gewerkschaften verboten worden sind. Sein Vater sei in einem Konzentrationslager inhaftiert, lässt er die Franzosen wissen.

Von den schlimmen Zuständen in den deutschen KZs haben sie schon gehört. 1938 erschien in Paris ein Buch »Le peuple allemand accuse« (Das deutsche Volk klagt an). Der Titel griff den berühmten Aufruf von Émile Zolas »J' accuse« (Ich klage an) auf, in dem der Schriftsteller den 1894 unschuldig als Spion verurteilten jüdischen Artilleriehauptmann Alfred Dreyfus verteidigte. In der Vorbemerkung zu der von deutschen Antifaschisten im Exil zusammengetragenen Dokumentation des Terror- und Lagersystems in Hitlerdeutschland hieß es: »Als Émile Zola sein unsterbliches ›J'accuse‹ schrieb, ging es um das Schicksal eines Einzelnen ... Heute geht es um das Schicksal Hunderttausender von Unschuldigen, die in den Bagnos (frz.: Strafanstalten, K. V.) des Dritten Reiches leiden und leiden werden. Es geht um das Schicksal eines Volkes von fünfundsechzig

Millionen, um die Sicherheit Europas, um den Frieden der Welt. Darum musste dieses Buch geschrieben werden.«

Auch wenn die französischen Kämpfer, die Erhard Stenzel verhören, diesen frühen »Tatsachenbericht« – zu dem Romain Rolland ein Vorwort beigesteuert hat – nicht gelesen haben, in ihren Zeitungen ist er besprochen worden. Und deutsche Antifaschisten, die sich ins Exil flüchten konnten, haben die Ungeheuerlichkeiten, die über Nazideutschland zu vernehmen waren, vielfach bestätigt.

Die Geschichte des jungen Deutschen klingt durchaus glaubhaft. Dass sein Vater ein Kommunist und Gewerkschafter wie sie sei, macht ihn sympathisch. Nach stundenlangem Verhör willigen die Franzosen ein: »Gut, wir nehmen dich.« Erhard Stenzel ist nunmehr Mitglied der Résistance. »Ich war neunzehn.«

Vater würde stolz auf ihn sein. Mutter natürlich auch. Sie ist parteilos, aber nicht unpolitisch. Die Nazis hasst sie ebenso wie der Vater. Ihrem ältesten Sohn hat sie klar und deutlich gesagt: »Ins Jungvolk und in die Hitlerjugend gehst du mir nicht. Wenn du da reingehst, kannst du auf der Straße schlafen. Dann fliegst du hier raus.« Das mag hart klingen, aber Erhard versteht und akzeptiert es, auch wenn er in der Schule darob drangsaliert wird. Nur einer in seiner Klasse ist ebenso Außenseiter wie er. Heinz Tränkner, der mit ihm die gleiche Schulbank drückt.

Auch sonnabends ist Unterricht. Alle vierzehn Tage jedoch veranstalten die Pimpfe und die HJ ihre Geländespiele. Das bedeutet schulfrei. Auch für Erhard und Heinz. Sie verbringen den Sonnabend allerdings nicht mit Exerzieren und Salutieren, Tschingderassa und Tam-Tam. »Wir mussten uns früh um sieben Uhr auf dem Obermarkt in Freiberg einfinden. Da stand ein Lkw, der uns und ein paar andere Jugendliche nach Brand-Erbisdorf fuhr, in die nächste Kreisstadt. Da war ein großer Holzstapelplatz.

Und da durften wir dann sägen und hacken. Feuerholz für die Behörden. Bis 17 Uhr. Jeden zweiten Sonnabend. Das war unser Einsatz.« Und die Bestrafung dafür, dass sie nicht in der HJ waren.

Erhard und Heinz verbindet nicht nur das sonnabendliche Ausgeschlossensein:

Der 1. Mai ist auch in Deutschland traditionell als Kampftag der Arbeiterklasse begangen worden. Kaum an der Macht, benannten die Nazis ihn in »Tag der nationalen Arbeit« um, entfremdeten ihn seines ursprünglichen Inhalts. »Den 1. Mai werden wir zu einer grandiosen Demonstration deutschen Volkswillens gestalten. Am 2. Mai werden dann die Gewerkschaftshäuser besetzt«, wies Propagandaminister Goebbels Mitte April 1933 an. So geschieht es. Ab 10 Uhr stürmen am 2. Mai 1933 reichsweit Rollkommandos der SA und SS Gewerkschaftshäuser, zertrümmern Mobiliar und werfen Bücher aus den Fenstern, brechen in die Wohnungen von aktiven Gewerkschaftsmitgliedern ein und verschleppen sie. Bis in den nächsten Morgen hinein werden alle Verbandsvorsitzenden sowie tausende weitere Funktionäre in »Schutzhaft« genommen. Darunter die Väter von Erhard und Heinz. »Das war in der dritten Klasse. Ich war acht.«

Erhard Stenzel kann die Nacht nicht vergessen, in der sie den Vater holten.

Er schreckt aus dem Schlaf auf. Lautes Gepolter im Treppenhaus. Dann hört er sie an der Tür pochen: »Aufmachen! Sofort aufmachen!« Franz Stenzel öffnet und wird brutal an die Wand in der Diele gedrückt. Handschellen klicken. Die Mutter schimpft und wird derb weggeschubst. Erhard beobachtet die beängstigende Szene durch den Türspalt. Er wagt sich nicht aus seinem Zimmer. Fühlt sich hilflos. Tränen schießen ihm in die Augen. Er muss tapfer bleiben, um seinen jüngeren Bruder Rolf, der erst vier ist, nicht noch mehr zu ängstigen. »Und dann haben die Braunhemden Vater die Treppe hinuntergestoßen und unter Schlägen auf die Straße getrieben. Mutter fluchend hinterher«, erzählt Erhard Stenzel.

Der Junge eilt ans Fenster. Auf der Straße stehen drei, vier Lkws. Menschen mit blutüberströmten Gesichtern werden unter Stockhieben auf die Ladefläche geprügelt.

Trotz des nächtlichen Albtraums muss Erhard am nächsten Morgen in die Schule. Statt des Klassenlehrers Herrn Ihle, seines Zeichens SA-Sturmbannführer, kommt eine Lehrerin und sagt: »Ich bin heute die Vertretung. Herr Ihle kommt erst um elf Uhr. Er hatte einen Nachteinsatz.« Erhard und Heinz rufen aus: »Das wissen wir. Der hat heute früh um fünf unsere Väter verhaftet.« Die Klasse erschrickt. Alle Schüler schweigen betroffen. Keiner, der höhnisch lacht. Die Lehrerin ist erleichtert, als die Stunde endlich vorüber ist. Für Erhard und Heinz hat die Sache ein Nachspiel. Sie werden vor den Direktor zitiert und erhalten eine Rüge.

Der Vater von Erhard wird zunächst nach Hohnstein in der Sächsischen Schweiz gebracht. Die dortige mittelalterliche Burg ist von der SA im März 1933 zu einem Konzentrationslager umfunktioniert worden, eines der ersten KZ in Deutschland. Und eines der übelsten. Die Häftlinge sind den Launen sadistischer SA-Männer ausgesetzt, werden gedemütigt, gefoltert, zu Tode geprügelt. Viele brechen bei der schweren Arbeit im Steinbruch des nahe gelegenen Stolpen zusammen. Die Häftlinge werden auch beim Bau des Deutschlandrings, einer neuen Autorennstrecke, eingesetzt. Die Selbstmordrate ist hoch auf Burg Hohnstein, höher als in anderen Lagern. Bis August 1934 sind dort 5600 Nazigegner interniert, dann wird das Lager geschlossen – um fünf Jahre später, nach dem Überfall auf Polen als »Oflag«, als Offizierslager für polnische und sodann niederländische und französische Kriegsgefangene wiedereröffnet zu werden.

Franz Stenzel wird 1934 ins Zuchthaus Bautzen in der Lausitz überwiesen. Es ist nicht besser dort, aber immerhin bleibt ihm kräftezehrende Zwangsarbeit erspart. Zehn Jahre sitzt der Vater von Erhard im wuchtigen Ziegelbau von Bautzen. Im Herbst 1944 wird er nach Buchenwald deportiert. Doch das erfährt sein Sohn erst nach dem Krieg ...

1938 ist für Erhard Schluss mit Lernen. Mehr als acht Jahre Volksschule sind dem Arbeiterjungen nicht vergönnt, obwohl er bildungshungrig ist, nach Wissen giert. Ergo sucht er sich eine Lehrstelle, die ihm geistige Horizonte eröffnen kann – wenn der faschistische Spuk vorbei ist. Erhard lernt Schriftsetzer, in einer kleinen privaten Firma, der Buchdruckerei Mauckich. Als er ausgelernt hat, ist der braune Spuk nicht vorbei. Die Wehrmacht hat halb Europa erobert. Im Sommer 1943 wird auch der Sohn der Antifaschisten Franz und Martha Stenzel einberufen.

Nach drei Monaten Grundausbildung in Beraun, einer Kleinstadt zwischen Prag und Plzeň, wird er nach Norwegen abkommandiert. »Ich musste mich allein nach Narvik, nördlich des Polarkreises, begeben. Ich war ein Ein-Mann-Kommando.«

Warum ist er nicht schon bei dieser Gelegenheit desertiert? »Keine Chance. Ich sah keine Möglichkeit, solange ich mich auf Reichsgebiet befand. Und auch nicht in Norwegen. Die hatten ihre eigenen Faschisten, da herrschte ein Marionettenregime von Hitlers Gnaden, mit Vidkun Quisling an der Spitze.« Der norwegische Vorkriegsverteidigungsminister hatte 1933 nach dem Vorbild der NSDAP die Nasjonal Samling (Nationale Vereinigung) gegründet, die in ihrem Nationalismus und Antikommunismus den Hitler- und Mussolinifaschisten nacheiferte und ganz unpatriotisch die Besetzung ihres Landes durch die deutsche Wehrmacht begrüßte.

Der Einfall in Norwegen war zeitgleich mit dem in Dänemark am 9. April 1940 erfolgt, »Unternehmen Weserübung«. Norwegische Patrioten leisteten sechs Wochen erbitterten Widerstand, waren aber letztlich den Aggressoren unterlegen. Daran konnten auch die ihnen zu Hilfe eilenden Briten nichts ändern. Zwar ging die Royal Navy aus der Schlacht um Narvik als Sieger hervor, doch das britische Expeditionskorps musste Anfang Juni 1940 den norwegischen Kriegsschauplatz wegen des dramatischen Geschehens in Frankreich verlassen.

Als Erhard Stenzel in Narvik anlangt, sieht er die Spuren der deutschen Bombardierung, die Stadt am Ofotfjord ist eine Ruinenlandschaft, nur im Hafen herrscht reges Treiben. »Das rohstoffreiche Norwegen war für die deutsche Kriegswirtschaft wichtig«, erläutert Erhard Stenzel. »Und über Narvik gingen auch die schwedischen Eisenerztransporte.« Obwohl hoch im Norden gelegen, ist der Hafen dank des Golfstromes das ganze Jahr über eisfrei. Narvik bleibt bis zur militärischen Kapitulation des »Dritten Reiches« in deutscher Hand.

Infanterist Erhard Stenzel muss die Augen offen halten, dass kein gegnerischer Kreuzer oder feindliches U-Boot vor Narvik auftaucht. »An der Küste gab es alle fünfzehn Kilometer einen Bunker mit vier Mann Besatzung. Zwei Mann waren auf Posten, haben am Strand Wache geschoben, die beiden anderen hatten inzwischen Ruhepause.« Es passiert nichts, kein Zwischenfall ist zu vermelden, während Erhard in Narvik Dienst tut. »Wir haben uns aus Konserven ernährt. Die Post kam einmal vierteljährlich. Während ich da oben war, habe ich nur ein einziges Mal von Mutter einen Brief empfangen, weil die Post so lange brauchte.« Keinen einzigen Schuss gibt Erhard Stenzel ab.

Der Krieg scheint in Skandinavien vorbei zu sein. Ist er jedoch nicht. Weder dort noch anderswo. Und auch nicht für den Sohn von Franz und Martha Stenzel.

Nach einigen Wochen kommt der Abmarschbefehl. In Erwartung einer Invasion der Westalliierten in Frankreich zieht das Oberkommando der Wehrmacht Divisionen aus Norwegen und Dänemark ab. Das 101. Infanterieregiment von Erhard Stenzel wird nach Rouen beordert. »Im Oktober 1943 sind wir dort angekommen. Und mir war sofort klar: Nordfrankreich ist nicht Norwegen.«

Die Résistance macht den Okkupanten die Hölle heiß. Sie formierte sich sofort nach der schmachvollen Kapitulation Frankreichs. Am 22. Juni 1940 war der Waffenstillstand von den Generälen Wilhelm Keitel und Charles Huntziger bei Compiègne unterzeichnet worden. In eben jenem Salonwagen, in dem knapp zweiundzwanzig Jahre zuvor, am 11. November 1918, nicht deutsche Generäle, sondern der deutsche Politiker Matthias Erzberger die Niederlage des von der Revolution hinweggefegten deutschen Kaiserreichs beurkundete. Dies sollte die von Hindenburg, Ludendorf & Co., der Obersten Heeresleitung, kolportierte Legende von dem »im Felde unbesiegten deutschen Heer« bestärken; nur wegen des »Dolchstoßes vaterlandsloser Gesellen«, Marxisten und Juden, hätte es die Waffen strecken müssen.

Der Salonwagen von Compiègne war eine Attraktion im Armeemuseum im Hôtel des Invalides in Paris, dem schon vom »Sonnenkönig« Ludwig XIV. begründeten Heim für Kriegsinvaliden. Später wurde er auf Initiative des Bürgermeisters von Compiègne an die historische Stätte zurückgeholt und in einem eigens erstellten Museumsgebäude auf der sogenannten »Waffenstillstands-Lichtung« ausgestellt. Als »Revanche« für 1918/19 wünschte Hitler die Unterzeichnung des Waffenstillstands in eben jenem Eisenbahnwaggon. Anschließend ließ er ihn als Triumph- und Beutegut nach Deutschland überführen und im Berliner Dom ausstellen. In den Wirren der letzten Kriegsmonate ist das Museumsstück verschollen.

Es sind nur 125 Kilometer von Rouen bis Compiègne, mit dem Auto zwei Stunden und elf Minuten. Doch das ist nicht die Distanz, die den 18-jährigen Erhard Stenzel interessiert. »Von der Kaserne bis zum Schuster aus dem Elsass waren es exakt zwei Kilometer. Drei Mal war ich bei ihm.« Die Wehrmachtssoldaten nehmen die zivilen Dienste der Franzosen in Anspruch, Schuster, Friseur, Reinigung oder Änderungsschneiderei. Erhard Stenzel erzählt: »Wir haben uns unterhalten. Besser gesagt, der Schuster hat mich ausgefragt: ›Wie gefällt es Dir in Frankreich?‹ Ich sage: ›Wie soll es mir hier gefallen, wenn mein Vater im KZ sitzt.‹ Er fragt: ›Was? Wieso ist dein Vater im KZ?‹ Er wurde stutzig. Und ich erzählte.«

Als Erhard Stenzel kurz vor Weihnachten zum zweiten Mal seine Stiefel zum Besohlen wegbringt, bietet ihm der Schuster an: »Wenn du mal Probleme hast, kannst du dich vertrauensvoll an mich wenden.« Und fügt hinzu: »Darüber aber kein Wort zu deinen Kameraden. Du bringst mich in Gefahr, wenn du irgendjemandem etwas über unsere Unterhaltung erzählst.« Erhard Stenzel kapiert. »Der Rest war Schweigen.«

Am 3. Januar 1944 ist es soweit. Der frisch gekürte Gefreite Stenzel weiß seit zwei Tagen, seit der neuen Wocheneinteilung für den Streifendienst: »Das ist meine Chance, um stiften zu gehen. Jetzt oder nie.« In der Stille der Nacht soll es geschehen, an einer kleinen Kreuzung, wenige Nebenstraßen vom Geschäft des Schusters entfernt.

Nachdem seine beiden Streifenbegleiter ohne ihn und ohne Waffen in die Kaserne zurückgekehrt sind, wird Erhard Stenzel zur Fahndung ausgeschrieben. Nicht nur in Rouen. Auch in seiner Heimatstadt Freiberg in Sachsen werden Steckbriefe ausgehangen, im Rathaus und in der Post. Martha Stenzel wird von der Gestapo verhaftet und tagelang verhört. Man will ihr nicht glauben, nichts von den Absichten ihres Sohnes gewusst zu haben. Man bezichtigt sie, ihren Sohn zur »Fahnenflucht« aufgehetzt zu haben. »Vier Monate war sie schuldlos inhaftiert.« Das wird Erhard Stenzel von ihr erst nach dem Krieg erfahren. »Briefe konnten wir uns ja keine mehr schreiben. Sie wusste nicht, wo ich war und dass ich mich einer Widerstandsgruppe in Frankreich angeschlossen habe. Abgesehen davon, dass es gegen das Gebot der Illegalität verstoßen hätte, wenn ich ihr aus den Wäldern eine Nachricht zukommen lassen hätte – es wäre das Blödeste gewesen, was ich hätte tun können. Ich hätte sie und meinen Bruder gefährdet. Sie wären in Sippenhaft gekommen. So aber mussten sie meine Mutter dann doch wieder laufen lassen.« Erst nach der Kapitulation Nazideutschlands im Mai 1945 wird Erhard Stenzel aus Belgien einen ersten Brief nach Hause schicken.

Aufgenommen in der Résistance, muss der junge Deutsche zunächst einen Ausbildungskurs absolvieren. Drei Wochen lang. »Das war hart. Von früh um sieben Uhr bis abends 19 Uhr, zwölf Stunden hintereinander, nur eine kurze Mittagspause.« Erhard wird an Pistole und Maschinenpistole, an französischem und amerikanischem Maschinengewehr ausgebildet, übt Zielwerfen mit Stiel- und Eierhandgranaten, lernt Schlingen knüpfen, sich geräuschlos an einen »Posten« anzuschleichen und ihn ohne einen Mucks zu beseitigen, trainiert sich im Nahkampf mit Dolch.

Dann wird Erhard Stenzel einer Fünfziger-Kampfgruppe zugeteilt. Eine bunte Truppe aus Luxemburgern, Österreichern, Schweizern, Spaniern, Portugiesen und Franzosen, darunter ehemalige Interbrigadisten und Angehörige

der republikanischen Armee der Madrider Volksfrontregierung, die 1939 der übermächtigen Allianz von Franco-,
Hitler- und Mussolinifaschisten unterlegen waren. »Die
Interbrigadisten hatten Kampferfahrungen, von denen wir
profitierten«, erzählt Erhard Stenzel. Zwei Deutsche gehören der Fünfziger-Einheit an: »Heinz Henker aus Dresden
und ich. Wir sprengten Brücken und Munitionsdepots,
überfielen Wehrmachtstransporte und piesackten die Okkupanten, wo wir nur konnten.«

Ihr Quartier wechseln sie alle vier bis sechs Wochen.
Denn nach jedem erfolgreichen Einsatz durchkämmen
Wehrmachtseinheiten und Waffen-SS, unterstützt von der
kollaborierenden französischen Gendarmerie, die Gegend.
Im neuen Waldstück, in das die Résistancekämpfer wech-
seln, sind vorausschauend Bunker ausgehoben worden.
»Dafür war eine Spezialabteilung verantwortlich.« Die
Bunker sind notdürftig mit harten Holzpritschen ausge-
stattet. Und mit einer »eisernen Reserve«, einer exakt ab-
gezählten Ration an Lebensmitteln. »So haben wir gehaust.
Das hat mir aber nichts ausgemacht.«

Sieben auf einem Streich

Dass ihm bei jedem Einsatz der Tod im Nacken sitzt, verdrängt Erhard Stenzel. Der Veteran berichtet, wie die
Sprengung eines Munitionszuges vonstatten ging. »Die
Vorbereitung war enorm. Es musste erst einmal erkundet
werden, wo und wann der Anschlag am sichersten gelingt.« Als Tatort wird eine große Eisenbahnbrücke auser-
koren, etwa fünfzig Kilometer von Rouen entfernt, schätzt
Erhard Stenzel.

Die Brücke wird von Wehrmachtssoldaten bewacht.
»Die waren zunächst lautlos zu beseitigen.« Die Informa-

tion über die Zahl der Waggons und die Fracht des aus Deutschland zu erwartenden Militärtransportes haben die Kämpfer von einem Eisenbahner erhalten, der auch zum Widerstand gehört.

Erhard Stenzel liegt auf der Lauer. Er ist dem Trupp zugeteilt, der das Vorkommando absichern soll. »Die sind lautlos wie die Katzen an die Bewacher der Brücke rangeschlichen. Falls irgendwas schief läuft, es ihnen nicht gelingen sollte, die Posten auszuschalten, sollten wir auf die Soldaten schießen. Ich bin nicht zum Schuss gekommen.« Es klingt erleichtert, wie Erhard Stenzel das heute, beim Gespräch in seinem Häuschen in Falkensee bei Berlin, sagt.

Das dritte Kommando ist für die Sprengungen zuständig. Auch dieser Gruppe gilt es Rückendeckung zu geben. »Sie haben die Sprengladung unten angesetzt an der Brücke.« Kurz vor Mitternacht kommt der Zug angedampft, der Lokführer lässt ein Signal ertönen, um die Posten auf der Brücke zu informieren, die jedoch bereits verschwunden sind. Als der Zug die Mitte der Brücke erreicht, drückt das Sprengkommando den Auslöser. »Da flog alles in die Luft. Es gab eine gewaltige Detonation. Und immer wieder neue Explosionen. Das war das schönste Feuerwerk, das ich je erlebte.«

Eine andere Aktion, an der Erhard Stenzel beteiligt ist, erweist sich als wesentlich gefährlicher. »Uns wurde mitgeteilt, dass sieben Funktionäre der französischen KP aufgeflogen sind und im Zentralgefängnis in Rouen gefangen gehalten werden. Sie sollten nun aber nach Deutschland in ein KZ gebracht werden.« Die Genossen müssen befreit werden. Denn in Deutschland wartet der Tod auf sie. »Das war eigentlich die größte Aktion, bei der ich dabei war«, erinnert sich Erhard Stenzel.

Das Datum der Deportation ist der Résistance bekannt. »Es gab zivile Angestellte im Gefängnis und im Gerichtsgebäude von Rouen: Bürokräfte, Küchenangestellte, Reinemachfrauen – und einen Hausmeister. Der gehörte zur Résistance. Er nannte uns Tag und Uhrzeit. Er wusste, dass die Genossen mit drei oder vier Autos in Kolonne, vorneweg und hinterher ein Krad, fortgefahren werden. Er konnte die ungefähre Stärke der Bewachung durchgeben. Und er kannte auch die Route durch die Stadt. Er hat solche Gefangenentransporte schon einige Male miterlebt.«

Auf fünf Uhr ist die Abfahrt terminiert. Zivile Informanten der Résistance in Rouen bitten am Vorabend die Bürger in der für die Befreiungsaktion ausgewählten Straße, ab vier Uhr früh die Haustüren offen zu lassen, nicht abzuschließen. Es gäbe hierfür einen guten Grund, mehr müssten sie nicht wissen.

Ein dutzend Résistancekämpfer, sechs Franzosen und sechs Deutsche, ausgerüstet mit Maschinenpistolen und Eierhandgranaten, schleichen sich des Nachts in die Stadt und postieren sich in dreier Gruppen in den Hauseingängen. »Dann hörten wir die Fahrzeugkolonne anrollen. Auf ein Signal hin stürmten wir auf die Straße.«

Die Granaten zwingen die Kradfahrer zum Halten, gezielte Schüsse in die Reifen bringen den Gefängniswagen zum Stehen. Der ganze Konvoi stoppt. »Und wir haben losgeballert.« Auch Erhard Stenzel lässt seine Maschinenpistole kräftig Blei spucken. Es ist das erste Mal, dass er auf seine Landsleute schießt. »Die Kradfahrer waren sofort erledigt. Auch die Gestapoleute im Pkw. Die waren so überrascht, dass sie nicht einmal mehr ihre Pistolen ziehen konnten. Mit den Männern im hinteren Pkw haben wir uns allerdings noch ein heftiges Gefecht geliefert.«

Die Résistancekämpfer zwingen den Fahrer des Kastenwagens, ihnen den Schlüssel für die Hintertür auszuhändigen. Was dieser auch bereitwillig tut. »Der hat nur gewinselt.« Nicht so der Beifahrer, er wehrt sich und bezahlt dafür mit seinem Leben. Der Kastenwagen hat zwar einige Kugeln abbekommen, doch die Gefangenen drinnen sind unverletzt. Aus zwei Seitenstraßen biegen ein Lkw und zwei Pkws Marke Renault ein. Die sieben Befreiten und ihre Befreier springen auf, die Wagen brausen in verschiedene Richtungen von dannen. »Die ganze Aktion hat höchstens fünf oder sechs Minuten gedauert. Ein voller Erfolg. Und wir hatten diesmal keinen einzigen Verlust«, ist Erhard Stenzel zufrieden.

Oradour-sur-Glane

Die Zeit verrinnt schnell in Frankreichs Wäldern. Am 3. Januar 1944 ist Erhard Stenzel desertiert. Fünf Monate und drei Tage später landen die Alliierten in der Normandie, der von den Résistancekämpfern lang ersehnte Tag ist endlich gekommen. »Nach dem D-Day wurden wir einer Einheit der US-Army zugeteilt. Und da haben wir die SS-Panzerdivisionen ›Das Reich‹ und ›Hitlerjugend‹ vor uns hergetrieben. Da habe ich dann erst richtig die ganze Grausamkeit des Krieges kennengelernt. Wir kamen zwei Tage zu spät nach Oradour.«

Am 12. Juni 1944 marschieren Erhard Stenzel und Genossen in das Dorf, dreißig Kilometer nordwestlich von Limoges entfernt, ein. »Erschossene auf der Straße. Die Kirche eine Ruine. Eine Scheune qualmte noch. Der Gestank der Leichen nahm uns den Atem. Die verstümmelten, verbrannten Körper von Frauen, Kindern, Greisen – es war entsetzlich.« Blutige Spur der 2. SS-Panzerdivision »Das Reich«. Als »Vergeltungsaktion« für einen Überfall des Maquis, einer der schlagkräftigsten Gruppierungen des französischen Untergrundes, auf deutsche Soldaten am

Tag zuvor. Die Täter werden später behaupten, das Dorf sei ein Unterschlupf des Maquis gewesen.

Was am 10. Juni 1944 in Oradour-sur-Glane genau geschah, wird Erhard Stenzel erst nach dem Krieg erfahren:

Adolf Diekmann, Kommandeur des 1. Bataillons des Panzergrenadierregiments »Der Führer«, hat an jenem Tag seinen Männern befohlen, alle Dorfbewohner auf dem Marktplatz zusammenzutreiben und sodann die Männer von den Frauen und Kindern zu trennen. Letztere wurden in die Kirche des Dorfes getrieben. Nachdem deren Pforten verriegelt worden sind, legte die SS Feuer. 400 Frauen und Kinder verbrannten qualvoll bei lebendigem Leib. Die Männer sperrte die SS in Scheunen und Garagen, die anschließend mit Maschinengewehrsalven durchsiebt wurden. 642 Menschen starben in Oradour, nur sechs Dorfbewohner überlebten.

Erst 1953 sollte es in Frankreich, in Bordeaux, zu einem Prozess gegen 21 am Massaker beteiligte SS-Männer kommen. Er endet mit zwei Todesurteilen und mehrjährigen Gefängnisstrafen. In der Bundesrepublik werden zwar Ermittlungsverfahren eingeleitet, jedoch ohne Ergebnis. In der DDR spürt die Staatssicherheit Heinz Barth in Gransee auf. Der einstige SS-Obersturmbannführer wird 1983 wegen der Erschießung von 20 Männern in Oradour angeklagt und zu lebenslänglicher Haft verurteilt, im wiedervereinigten Deutschland jedoch entlassen; er kommt gar noch in den Genuss einer »Kriegsversehrtenrente«, die ihm erst nach energischen Protesten wieder entzogen wird. Der Mörder lebt bis 2007, überlebt seine Opfer um mehr als sechzig Jahre. SS-Bataillonskommandeur Diekmann hatte noch Ende Juni 44 in Frankreich die gerechte Strafe ereilt, er starb bei einem Gefecht in der Normandie.

Hat Erhard Stenzel sich an jenem Junitag 1944 in Oradour geschämt, ein Deutscher zu sein? »Ja. Aber ich habe mir auch gesagt: Wir sind die Deutschen, die Deutschlands Ehre retten müssen. Dieser Gedanke hat mich ermutigt und angespornt, als wir weitermarschiert sind.«

Parade der Sieger

Paris ist das nächste Ziel. Die Franzosen wollen ihre Hauptstadt aus eigener Kraft befreien. Das gebietet ihr Stolz. Das soll ihnen Genugtuung sein für vier Jahre nationaler Demütigung, für millionenfaches Leid, für die unzähligen Opfer.

Am 10. August 1944 legt ein Generalstreik in Paris das öffentliche Leben lahm. Unter den Augen und Bajonetten der Besatzer streiken Eisenbahner und Polizisten. Neun Tage später bricht der Aufstand aus. Die Forces françaises de l'intérieur, von den Franzosen liebevoll »Fifi« genannt, greifen 22 000 Mann der Wehrmacht und Waffen-SS mit offenem Visier an. Ihr Kommandeur ist Colonel Henri Rol-Tanguy, vor dem Krieg Metallarbeiter, Gewerkschafter und Kommunist wie der Vater von Erhard Stenzel.

Die Deutschen antworten wie üblich mit Gewaltexzessen. »SS und Gestapo ermordeten noch in den letzten Stunden vor der Befreiung Hunderte Franzosen«, klagt Erhard Stenzel. Am 23. August erreicht seine Einheit einen Vorort von Paris. Zwei Tage später kämpft sie im Zentrum der Stadt. Am Mittag des 25. August weht die Trikolore auf dem Arc de Triomphe und dem Eiffelturm. Um 14.45 Uhr unterzeichnet der deutsche Stadtkommandant General Dietrich von Choltitz in seinem Hauptquartier, im »Hôtel Le Meurice«, im Beisein von Rol-Tanguy und dem Befehlshaber der 2. französischen Panzerarmee Jacques-Philippe Leclerc die Kapitulationsurkunde – unter Missachtung eines ausdrücklichen Befehls Hitlers: »Paris darf nicht oder nur als Trümmerfeld in die Hand des Feindes fallen.«

Was hat den deutschen Oberkommandierenden zur Befehlsverweigerung bewogen? In seinen Memoiren wird der Wehrmachtsgeneral, den im Osten bei Sewastopol keine Skrupel und Gewissensbisse geplagt hatten, schreiben, er habe es aus Liebe zu der von ihm bewunderten Stadt der Lichter getan. Erhard Stenzel glaubt, der schwedische Konsul Nordling habe den deutschen Militär in einem Vier-Augen-Gespräch zu überreden vermocht: »Paris zu zerstören wäre ein Verbrechen, das die Geschichte niemals verzeihen würde.« Eine andere Version besagt, die Résistance hätte vom Befehl Hitlers erfahren und die Alliierten gebeten, über ihre Mittelsmänner Choltitz zu drohen, im Falle einer Zerstörung von Paris werde er nach dem Krieg vor Gericht gestellt. Fakt ist, auch dieser Wehrmachtsgeneral blieb – wie viele seinesgleichen – bis zu seinem Tod 1966 strafrechtlich unbelangt.

Am 26. August 1944 feiert Paris seine Befreiung. Die schweren bronzenen Glocken der Kathedrale Notre-Dame auf der Seine-Insel Île de la Cité und der Kirche Sacre-Coeur auf dem Montmartre läuten die Freiheit ein, alle 150 Kirchenglocken von Paris schließen sich an. Die großen Boulevards und Plätze säumen Menschenmassen, die den vorbeimarschierenden und vorbeifahrenden, bewaffneten Kämpfern zujubeln, ihnen Blumen zuwerfen. Die Menschen umarmen und küssen sich, tanzen auf dem Champs-Élysées, schwenken Fahnen. »Auch ich stand mit Heinz im Spalier. Wir hatten Tränen in den Augen. General de Gaulle sah ich nicht. Er soll an diesem Tag zwar in Paris eingetroffen sein und auch eine Rede gehalten haben, mit der er aber die Forces françaises de l'intérieur, die kommunistische Résistance im Land, brüskierte. Weil er deren maßgebliches Verdienst an der Befreiung unterschlug.« Charles de Gaulle war Oberkommandierender der im britischen Exil aufgestellten Forces francaises libres (Freie Französische

Streitkräfte), die sich mehrheitlich aus ehemaligen Armee-angehörigen rekrutierte. »Er hat sich garantiert nicht auf die offene Straße gewagt. Denn es gab noch heftige Schießereien und Detonationen.«

Die SS leistete in einigen Stadtvierteln und Vororten noch fanatischen Widerstand. Die Schüsse und Granateinschläge sind in der Innenstadt zu hören, trotz der laut und vielstimmig ausgerufenen Siegesparolen und des Gesangs der »Marseillaise« aus Hunderttausend Kehlen. Auch taucht in den nächsten Tagen immer wieder mal Görings Luftwaffe am Himmel von Paris auf und klinkt Bomben aus. Doch Paris ist frei und bleibt frei. Zehntausend Wehrmachtssoldaten treten den Marsch in die Gefangenschaft an. Hoch ist der Preis für die Befreiung von Paris aus eigener Kraft. Tausende Résistancekämpfer sind in den letzten Tagen gefallen.

»Wir mussten bald weiter«, berichtet Erhard Stenzel. »Am 31. August befreiten wir Rouen, die Stadt, in der ich aus der Wehrmacht desertiert bin. Und am 12. September Le Havre.« In zügigem Tempo geht es durch Belgien. An der deutschen Reichsgrenze angelangt, an der Eifel, dankt der Kommandeur Erhard Stenzel und Heinz Henker und schickt sie zu den rückwärtigen Diensten. »Sicher nicht, weil er uns misstraute, sondern weil er uns schützen wollte. Wenn wir auf deutschem Gebiet in einen Hinterhalt geraten und der SS oder Gestapo in die Hände gefallen wären, hätten die uns als Deserteure am nächsten Baum oder Laternenpfahl aufgeknüpft.«

Vielleicht wollte der französische Kommandeur sie auch deshalb schonen, damit seine beiden Deutschen, die keine »Boches« waren, nach dem Sieg über Nazideutschland ein anderes, neues Deutschland mit aufbauen. Er sollte sich in beiden jedenfalls nicht täuschen. Nach dem Krieg engagiert sich Erhard Stenzel für einen antifaschistischen, sozialistischen Staat. Im wieder vereinigten Deutschland ist er ein unermüdlicher Streiter wider Neonazismus und Rassismus. Der langjährige Stadtverordnete und Alterspräsident des Stadtparlaments spricht auf Kundgebungen und Demonstrationen; er ist stolz, dass Falkensee im Gegensatz zu anderen brandenburgischen Regionen nazifrei ist. Und bekümmert, dass in Frankreich die Rechten heute so stark sind. Er wünschte sich, gegen diese würden ebenso viele protestieren, wie gegen islamistischen Terror. Erhard Stenzel hat die Liveübertragung aus Paris am Fernseher verfolgt, als anderthalb Millionen gegen den feigen Mord an den Karikaturisten von »Charlie Hebdo« demonstrierten.

Doch zurück in die Geschichte:

Erhard Stenzel und Heinz Henker verrichten also nun Dienst auf Bahnhöfen, helfen beim Entladen von Munitionszügen und Lebensmitteltransporten, die aus Frankreich anrollen. Die für die kämpfende Truppe so wichtige Fracht kommt vor allem aus Großbritannien und den USA. »Ich habe sie nicht gezählt, die Kisten, die wir schleppten, aus großen Gütertransporten ausgeladen und auf Lkws oder Sattelschlepper umgeladen haben. Uniformen, Medikamente – alles, was an der Front gebraucht wurde, ging durch unsere Hände.«

War der rückwärtige Dienst nicht frustrierend für den deutschen Résistancekämpfer, der bis dato mit der Waffe in der Hand gekämpft, Paris, Rouen und Le Havre mit befreit hat? »Nein. Wir wussten, wie wichtig der Nachschub ist. Dass man aufgeschmissen ist, wenn man keine Munition mehr hat, die Kleidung zerfetzt ist und der Magen knurrt.« Bis Anfang Mai sorgt Erhard Stenzel mit dafür, dass es den von Woche zu Woche, Tag um Tag tiefer ins »Dritte Reich« vorstoßenden Kameraden an nichts fehlt.

Wie Erhard Stenzel eine Abwertung der rückwärtigen Dienste gegenüber der kämpfenden Truppe ablehnt, so

der Veteran auch eine Hierarchisierung der Widerstandskämpfer und Opfer, »die es leider auch in der DDR gab«.
Erhard Stenzel füllt nach 1945 viele verschiedene Jobs aus,
in Druckerei- und Verlagswesen, bei der Reichsbahn und
beim Freien Deutschen Gewerkschaftsbund. »Ich durfte
aber immer nur Stellviertreter sein. Wer auf westalliierter
Seite kämpfte, war suspekt.« Erst 1990 wird Erhard Stenzel ein »Vorsitzender« – und zwar der Kreisorganisation
der Deutsch-Sowjetischen Freundschaft in Falkensee, »ein
Ehrenamt, das keiner mehr wollte«. Zum 45. Jahrestag der
Befreiung vom Hitlerfaschismus empfängt er Veteranen
der Roten Armee, die von Stalingrad bis nach Berlin durch-
marschiert sind. »Towarischtsch Stenzel«, freut sich einer
der Rotarmisten, »du bist einer von uns. Du hast bei unseren Alliierten gekämpft.« Die Allianz zerbrach nach dem
Sieg allzu schnell. Und heute? »Das Verhältnis zwischen
Russland und dem Westen ist eisiger als in der kältesten
Zeit des Kalten Krieges. Das ist schlimm. Ich hoffe, dass es
nicht wieder Krieg in Europa gibt.« Denn Erhard Stenzel
weiß, was Krieg bedeutet.

Im Frühjahr 1945 ereilt den Zwanzigjährigen der Ruf, zu
seiner alten Einheit zurückzukehren. Den 8. Mai erlebt er
in Rouen. Jetzt endlich kann er ausgiebig mit den französischen Freunden den Sieg feiern. Sie sind erschöpft, müde,
kaputt. Doch keiner denkt daran, sich zu Ruhe zu begeben.
»Wir leerten ein paar Flaschen Bordeaux und Cidre.«

Am Vortag haben die deutschen Generäle Alfred Jodl
und Karl Dönitz im Hauptquartier der westalliierten Streitkräfte in Reims die bedingungslose Kapitulation signiert.
Von der Unterzeichnung der Kapitulationsurkunde am
8. Mai, Punkt 23.01 Uhr, im Hauptquartier der Sowjetarmee
in Berlin-Karlshorst durch Generalfeldmarschall Wilhelm
Keitel erfahren Stenzel und Genossen erst am folgenden
Tag über Rundfunk. »Zeitungen haben wir damals nicht

gelesen. Ich weiß gar nicht, wann ich das letzte Mal eine Zeitung in der Hand hielt.«

Erhard Stenzel nächtigt in der Kaserne, in der er auch als Besatzungssoldat untergebracht war. In den folgenden Tagen nutzt er jede freie Stunde, um gemeinsam mit Heinz Henker die Stadt zu erkunden. Dafür hatte er im Krieg keine Zeit. »Wir besichtigten die große Kathedrale, ein imposanter Bau, Krone der Gotik. Und den Turm der Jeanne d'Arc, wo sie hochpeinlich verhört worden ist.« Es zieht Erhard Stenzel auch zum Justizpalast, zum Zentralgefängnis und zum ehemaligen Sitz der Gestapo. Er findet die Straße wieder, in der sie im Jahr zuvor die sieben KP-Funktionäre aus den Klauen der Gestapo befreit hatten.

Überraschend erhalten Erhard Stenzel und Heinz Henker im August 1945, zum ersten Jahrestag der Befreiung von Paris, eine Einladung in die Hauptstadt. Die Sieben, die sie vor dem sicheren Tod in Nazideutschland bewahrt hatten und die anschließend auf diversen Routen nach Südfrankreich, Spanien, Nordafrika in Sicherheit gebracht worden waren, sind in die Heimat zurückgekehrt. »Zu diesem Anlass gab es einen großen Empfang. Sie haben sich bei uns persönlich bedankt. Ein General der französischen Armee und ein Vertreter der Regierung hielten feierliche Reden. Wir waren alle in neue, schmucke Uniformen gekleidet. Dann wurde Salut geschossen. Es war sehr bewegend.«

Zwei Wochen Aufenthalt sind Erhard Stenzel, Heinz Henker und Genossen in Paris genehmigt. »Wir wurden in die erstklassigsten Hotels eingewiesen. Wir schliefen in breiten, sauberen, weichen Betten.« Ein wohltuender Luxus nach Monaten des Nächtigens in Kasernen, auf kaltem Waldboden oder harten Pritschen in Bunkern und Zelten. Und jeden Tag gibt es eine Besichtigungstour, das kann auch anstrengend sein: Eiffelturm, Louvre, Tuilerien und Jardin du Luxembourg, die Comédie-française und die Opéra, Montparnasse und Montmartre ...

Und dann die vielen Feten! »Wir wurden um 21 Uhr im Hotel abgeholt. Man sagte uns: ›Heute Abend keine Übernachtung im Hotel, es geht erst in der Frühe zurück, ihr könnt tagsüber ausschlafen.‹ Wohin ging es wohl in diesen Pariser Nächten? Ins Moulin Rouge und zum Pigalle, ›die größte Mausefalle von Paris‹, wie ein Nachkriegsschlager trällern wird. So viel Sex wie in diesen vierzehn Tagen in Paris hatte ich weder zuvor noch danach«, sagt der Veteran schmunzelnd. »Es war lustig. Wir haben mit den Mädels geflachst – wegen der verschiedenen Stellungen, die sie uns anboten. Wir sagten denen: ›Nee, lieber nicht, wir kommen gerade aus dem Stellungskrieg.‹«

Heimkehr

Irgendwann ist Schluss mit lustig. Es geht endlich nach Haus. Mit der Bahn. Bei der Fahrt durch Deutschland kommt Erhard Stenzel an vielen zerstörten Städten vorbei, eine schlimmer als die andere getroffen. »Ich war erschüttert, als ich die Trümmerwüste Berlin sah und dann das zerbombte Dresden. Und auch Chemnitz zerstört.« Umso überraschter ist Erhard Stenzel, als er in Freiberg ankommt. Der Krieg scheint um seine Heimatstadt einen Bogen gemacht zu haben. »Nur in die Berufsschule sind zwei Bomben eingeschlagen. Die hat wohl ein alliierter Pilot bei seinem Rückflug von Dresden oder Chemnitz noch schnell abgelegt, die musste er wohl noch loswerden.«

Mit klopfendem Herzen marschiert Erhard Stenzel durch die ihm wohlbekannten Straßen. Er hat das Datum seiner Heimkehr nicht postalisch angekündigt. Er will die Seinen überraschen. Rolf öffnet und erkennt den älteren

Bruder fast nicht wieder. Dann kommt seine Mutter an die Tür und fällt ihrem Ältesten um den Hals. »Komm rein, Junge, setz dich. Ich muss dir etwas sagen, ich konnte es dir nicht schreiben.« Dann kann sie die Tränen nicht mehr zurückhalten: »Vater ist tot. Sie haben ihn in Buchenwald ermordet. Im Oktober '44.«

IM MORGENGRAUEN WAR'S
NICHT STILL

*Die »Wiederauferstehung« eines Totgeglaubten – Der lange
Weg des Wolfgang Hahn aus der Sächsischen Schweiz in die
Ukraine und zurück*

Es werden immer weniger, die den großen Krieg miterlebt
haben, der am 22. Juni 1941 begann. Wolfgang Hahn, Jg.
1924, gehört zu ihnen. Nach dem Sieg über den Faschismus
war der promovierte Jurist persönlicher Referent des
Dresdner Polizeipräsidenten und vormaligen Sachsenhau-
sen-Häftlings Max Opitz, danach 15 Jahre Mitglied in der
Kontrollgruppe des Nationalen Verteidigungsrates der
DDR und die letzten acht Jahre vor der Pensionierung Leiter des Dokumentationszentrums der Staatlichen Archiv-
verwaltung der DDR, das sich mit der Erfassung von
NS-Verbrechern und der Aufspürung von Nazi- und
Kriegsverbrechen befasst hatte.

Er liegt auf mehreren Ballen Stroh und schaut neugierig
durch die Ritze der Scheunenbretter gen Osten. Der Morgen graut, die nächtlichen Nebelschwaden verziehen sich.
Da sieht er sie kommen: Infanteristen und Panzer der Roten Armee. Geschützdonner grollt, Maschinengewehre
knattern, Granaten pflügen das Feld. »Der Angriff kam mit
Wucht. Ich war so aufgeregt, dass ich meinen Karabiner
losließ. Er verschwand in einem Spalt zwischen Stroh und
Scheunenwand«, erinnert sich Wolfgang Hahn. »Ich sah,
wie die Leute meiner Kompanie flitzten.« Rette sich, wer
kann. »Da bin ich die Strohballen runtergerutscht.«

Der Soldat, der immer nur lächelte

In diesem Moment geht das Scheunentor auf. »Ich schlitterte den Sowjets direkt in die Beine: einem Leutnant und drei Soldaten.« Der Offizier brüllt ihn an. Wolfgang Hahn versteht kein Wort Russisch, weiß nicht, was der Mann von ihm will. »Da hat er mir mit seiner Pistole eine runtergehauen. Ich blutete am Kopf. Doch das habe ich zuerst gar nicht bemerkt.« Der Leutnant lässt schließlich von ihm ab, er bleibt mit einem Bewacher zurück, »einem alten Soldaten, der immer nur lächelte«.

Der Rotarmist setzt sich auf einen Ballen und bedeutet Wolfgang Hahn mit Zeichensprache, neben ihm Platz zu nehmen. Dann schnürt der Russe seinen Rucksack auf, holt ein Tuch heraus und breitet es gemächlich auf dem Boden aus. Als nächstes »zaubert« er aus seinem Rucksack ein Brettchen sowie Brot und Speck. Er teilt das karge Mahl mit einem Messer gemächlich in zwei Portionen und nickt Wolfgang Hahn auffordernd zu. Der lässt sich nicht zwei Mal bitten, nicht weil er hungrig ist. Er will den netten Soldaten nicht brüskieren. »Und da haben wir gesessen und gegessen, in aller Seelenruhe. Während draußen seine Kameraden meiner Kompanie hinterher jagten.«

Plötzlich tippt der Rotarmist mit dem Finger auf die noch blutende Wunde an Wolfgangs Stirn und greift zu seiner Maschinenpistole. »Er wollte mir klarmachen, warum der Leutnant so wütend war und mich geschlagen hat. Er wollte wissen, wo meine Waffe ist. Dann hat der alte Soldat mit den Händen eine Frauensilhouette in die Luft gemalt und auf seinen Ehering gezeigt.« Wolfgang Hahn versteht. Der Rotarmist meint: »Bis du heiratest, ist das wieder verheilt.«

Dann erhebt sich der Soldat, weist mit seiner Maschinenpistole zum Scheunentor: »Nu paschli!« Soll heißen:

Wolfgang Hahn in Wehrmachtsuniform

Los, auf geht's. »Dann sind wir losmarschiert. Ungefähr zwei Stunden Fußmarsch.«

Wolfgang Hahn wird zu einem Sammelpunkt für deutsche Kriegsgefangene gebracht. Eine Kirche im nächsten Dorf ist dafür entsprechend umgerüstet worden. Den Sohn aus antifaschistischem Elternhaus drängt es, sich zu erklären. Nicht aus Angst hat er sich in der Scheune versteckt, sondern um zu desertieren. So wie es ihm sein Vater und dessen Freunde – Antifaschisten aus Pirna – geraten haben. Er will wieder an die Front, mit der Roten Armee gegen die faschistische Wehrmacht kämpfen. Er muss unbedingt mit dem Kommandanten sprechen. Tatsächlich wird er diesem vorgeführt. Ein Leutnant, der aber nicht versteht, was der junge Deutsche von ihm will. Er will den nervenden Neuzugang abweisen, doch der insistiert. Da lässt er einen Feldwebel rufen, der Polnisch spricht. Der dolmetscht, was Wolfgang hastig erzählt:

Seine Eltern und deren Freunde, deutschen Antifaschisten, hätten heimlich den Sender des Nationalkomitees »Freies Deutschland« gehört. Der Feldwebel übersetzt: »Nationalni Komitet Swobodnoi Germanii.« Der russische Leutnant schüttelt den Kopf: »Nje snaju.« Kenne ich nicht. Aber offenbar kennt der Feldwebel die am 12./13. Juli 1943 in Krasnogorsk bei Moskau von Wehrmachtsoffizieren und Kommunisten gegründete Frontorganisation. Er klärt den Leutnant der Roten Armee auf. Doch der sagt nur: »Nu budjet, wsjo budjet.« Nur die Ruhe bewahren, es wird sich alles regeln.

Wolfgang Hahn ist enttäuscht, er will nicht warten. Er hat es seinem Vater versprochen, mit den Russen gegen die verfluchten Faschisten zu kämpfen.

Johannes Hahn hatte als Schriftsetzer bei der »Dresdner Volkszeitung« gearbeitet und ist Anfang Mai 1933, mit dem Verbot der SPD und all ihrer Zeitungen, arbeitslos geworden. »Mein Vater war in der Weimarer Republik an allen Demonstrationen und Kundgebungen in Dresden gegen die Nazis dabei. Als sie dann an die Macht gekommen sind, hatte mein Vater eine unheimliche Wut auf die Führung der SPD, weil sie sich nicht energisch genug gegen Hitler gestellt hat. Und er trat aus der Partei aus.«

Johannes Hahn hatte als Schriftsetzer gut verdient. Die Familie konnten in der Sächsischen Schweiz, in Struppen, einen großen Garten, 3700 Quadratmeter, kaufen. »Darauf stand ein Gartenhaus. Nachdem Vater arbeitslos geworden ist, sind wir dorthin umgezogen.« Die Großstädter werden Dörfler. Im nahegelegenen Pirna hat sich eine Widerstandsorganisation formiert. Einer ihrer Zellen schließt sich Wolfgangs Vater an, eine Vierergruppe, bestehend aus zwei Kommunisten und zwei parteilosen Antifaschisten. Auf dem Grundstück der Familie Hahn finden die konspirativen Treffen statt. »Da wurde ich zum Antifaschisten erzogen«, erinnert sich Wolfgang Hahn. Die Freunde des Vaters erklären dem Jungen, was Antisemitismus bedeutet und dass die Juden schon im Mittelalter verfolgt worden sind, ihnen bestimmte Berufe verwehrt waren und sie sich daher vielfach auf Handel und Geldgeschäfte verlegen mussten. Die Freunde des Vaters fragen ihn, was er denn einmal werden möchte. Wolfgang antwortet selbstbewusst: Tierarzt oder Förster. »Da haben sie gelacht. Dein Vater ist ohne Einkommen, der kann dir die Ausbildung nicht bezahlen.«

Wolfgang Hahn ist ein guter Schüler, bringt immer beste Noten nach Haus. Und so sucht eines Tages der Leiter der Dorfschule die Eltern auf. »Das war ein fanatischer Faschist.« Der weiß indes nichts von der politischen Einstellung der Eltern seines Musterschülers. Seine Offerte überrascht: Das Land Sachsen habe einen großen Mangel an Volksschullehrern. Klar, die sind vielfach zur Wehrmacht eingezogen worden. Er habe den Auftrag, sich nach geeigneten Schülern umzusehen, die ein Lehrerstudium absolvieren könnten. Vier Jahre würde es dauern. Für die Unterbringung sei gesorgt, in einem Heim. Es würde die Eltern nichts kosten. Der Vater bittet um Bedenkzeit, das müsse im Familienkreis beraten werden. Die Diskussion bleibt nicht auf die Familie beschränkt, die Freunde beratschlagen mit. Die Meinungen prallen aufeinander. Während die einen raten, das Angebot abzulehnen, denn Wolfgang werde dort nur zum Faschisten erzogen, sind sich die anderen einig: Nein, der Wolfgang wird nimmer zum Faschisten.

Natürlich wird auch der, den es betrifft, gefragt. Wolfgang würde sehr gern studieren. Das Angebot ist verlockend. Er würde Englisch und Latein lernen, in griechische und römische Geschichte eingeführt, Grundlagen der Physik, Chemie und höheren Mathematik studieren. »Da sagten die Freunde schließlich zu meinen Eltern: ›Das könntet ihr eurem Jungen nie bieten. Und wenn Hitler gestürzt und der Krieg beendet ist, brauchen wir gut ausgebildete junge Menschen, die nicht von der faschistischen Ideologie verblendet sind.‹«

Wolfgang Hahn studiert also, in Zschopau – aber nur drei Jahre. Dann wird sein Jahrgang eingezogen, – zum »Reichsarbeitsdienst«. 1935 war für alle Jugendlichen eine sechsmonatige Arbeitspflicht in Industrie oder Landwirtschaft, beim Straßen- oder Siedlungsbau eingeführt worden, zu der später auch eine sechswöchige militärische Grundausbildung gehört. »Ich landete im Generalgouvernement«, erinnert sich Wolfgang Hahn. So nannten die Nazis das von ihnen seit 1939 okkupierte, aber – im Gegensatz zu den Reichsgauen Wartheland und Danzig-Schlesien – nicht ins »Reich« eingegliederte polnische Territorium.

Im Generalgouvernement befinden sich die meisten Ghettos und allein vier Vernichtungslager: Belzec, Sobibór, Treblinka und Majdanek. Von Generalgouverneur Hans Frank ist nach einem Jahr deutscher Okkupation die zynische, menschenverachtende Bemerkung überliefert: »Ich habe freilich in einem Jahr weder sämtliche Läuse noch sämtliche Juden beseitigen können. Aber im Laufe der Zeit ... wird sich das schon erreichen lassen.« Der Judenmörder und Kriegsverbrecher wird 1946 vom Nürnberger Tribunal der Alliierten zum Tode verurteilt und hingerichtet.

Auch Wolfgangs »Kameraden« beim Arbeitsdienst reden verächtlich und abfällig über Polen und Juden. Sie seien »rassisch minderwertig« und »auszurotten«, plappern sie Goebbelssche Propaganda nach. Es schmerzt den Jungen von Johannes und Anna Hahn. Er hofft, das halbe Jahr würde er schnell hinter sich bringen. Er irrt. Sein Fehler: Er ist zu klug, zu belesen und lässt sich in den Pausen zwischen den militärischen Übungen in literarische Dispute ein. Der stellvertretende Kompaniechef seiner Einheit wird auf ihn aufmerksam, ist begeistert von seinen Kenntnissen und lädt ihn ein, allabendlich mit ins Casino zu kommen, in dem die Ausbilder es sich bei Cognac, Likör, Sardinen und Pralinen gut sein lassen im geknechteten, blutenden Land der Polen. Natürlich greift Wolfgang Hahn zu, genießt ebenso die im Casino angebotenen Köstlichkeiten. Warum soll er, dessen Vater in Nazideutschland Berufsverbot hat und in dessen Haus seither Schmalhans Küchenmeister ist, nicht zugreifen? Er sieht es zudem als eine Belohnung für seine literarischen Vorträge an. Der Pferdefuß: Als Wolfgangs Dienstzeit um ist, eröffnet ihm sein Truppführer: »Wir sind laut Verordnung des Reichsarbeitsdienstes berechtigt, geeignete Arbeitsmänner noch ein halbes Jahr weiter zu beschäftigen und als Arbeitsdienst-Führer auszubilden. Das ist schon in deinem Wehrpass eingetragen.« Wolfgang ist entsetzt, protestiert. Es hilft nichts.

Er wird zur Ausbildung nach Leitmeritz (Litoměřice)

in Böhmen geschickt. Die Lehrgangsteilnehmer sind alle älter als er und verheiratet. »Ich war der Jüngste, erst 19. Die anderen haben laufend geschimpft, nicht auf den Faschismus, sondern auf die harte militärische Ausbildung.«

Vom »Reichsarbeitsdienst« wird Wolfgang Hahn nahtlos in die Wehrmacht überführt. Es geht an die Ostfront, in den Raum um Kiew. Auch in seiner Wehrmachtskompanie ist er der Jüngste. Er wird als Melder eingeteilt und untersteht direkt dem Kompaniechef. »Außerdem war ich ›Gasriecher‹. Ich hatte ein Gerät, das ich immer mit mir rumschleppen musste. Es schlug bei einem Gasangriff aus.«

Am 14. März 1944 bezieht seine Kompanie Stellung in einem verlassenen Dorf bei Tschitomir. Es wird ein Angriff der Roten Armee erwartet. »Wir sollten Schützengräben ausheben. Aber die Erde war gefroren. Also verschanzten wir uns in den Katen.« Es vergehen Stunden. Die Nacht bricht herein. »Da nichts geschah, haben wir uns zum Schlafen hingelegt.«

Die Nachtruhe ist kurz. Im Morgengrauen schlägt der Wachdienst Alarm. Wolfgang springt auf, reibt sich die Augen, spitzt die Ohren. »Wir hörten Motorengeräusche, die von Minute zu Minute lauter wurden. Mein Kompaniechef stand am Fenster und blickte durchs Fernglas, sah aber nichts. Es war noch zu dunkel. Doch dann entdeckten wir schemenhafte Gestalten, die sich auf uns zu bewegten, begleitet von Panzern.« Und schon schlagen die ersten Granaten ein. Ohrenbetäubende Detonationen. Der Kompaniechef brüllt Befehle, scheucht alle irgendwohin. Wolfgang Hahn sieht die nackte Angst in den Augen der Soldaten. »Sie dachten jetzt bestimmt alle an ihre Familien daheim und ob sie die je wiedersehen. Ich bekam den Auftrag, eine Meldung an den Bataillonskommandeur zu überbringen. Unser Kompaniechef zeigte mir auf der Karte, in welche Richtung ich mich durchschlagen sollte.«

Flugblätter von Wolfgang Hahn und seinen
Mitstreitern

Wolfgang Hahn flitzt los, wie ihm befohlen. Am Ende des Dorfes steht eine große Feldscheune. Sie ist nicht verschlossen. Er stemmt das Tor auf. Die Scheune ist bis unters Dach gefüllt mit Strohballen. Rasch klettert er auf einen Stapel ...

Nun ja, seine erste leibhaftige Begegnung mit Rotarmisten hat er sich etwas anders vorgestellt.»Klar, dass die mich erst einmal durchsucht haben. Aber dass ich dabei meine Uhr und meine Bücher los wurde, hat mich doch verletzt.« In Gefechtspausen las er gern in Lessings »Nathan der Weise« oder Goethes »Faust«. Ein älterer Wehrmachtssoldat hatte ihm zudem den Tipp gegeben, die Brusttasche der Uniformjacke mit Papier auszustopfen, um das Herz vor Kugeln und Granatsplittern zu schützen.

Als Wolfgang mit dem Soldaten, »der immer nur lächelte«, nach etwa einer halben Stunde aufbricht, hinaus in die kalte, rauchgeschwängerte Morgenluft tritt, bemerkt er die plötzliche Stille. Kein Geschrei und Geballere mehr ...

1972 kommt ein sowjetischer Spielfilm in die Kinos der DDR: »Im Morgengrauen ist es noch still«. Ein berührender Antikriegsstreifen, gedreht nach einer gleichnamigen Erzählung von Boris Wassiljew aus der Zeit des Großen Vaterländischen Krieges, wie der Kampf gegen die deutsch-faschistischen Aggressoren in der Sowjetunion genannt wurde und auch im heutigen Russland noch heißt. »Als ich im Morgengrauen des 15. März 1944 desertiert bin, war es nicht still. Erst als alles vorüber war«, kommentiert der Veteran.

Zwei Tage verbringt Wolfgang Hahn in der Auffangstelle für Kriegsgefangene. Dann kommt ein Lkw. Er soll aufsteigen. »Wir fuhren nach Tschitomir, das von der 1. Ukrainischen Front befreit worden ist.« Dort ist soeben auch eine Antifa-Schule eröffnet worden. Etwa fünfzig ehemalige Wehrmachtssoldaten sollen hier nun politisch umgeschult

Deutsches Volk – steh auf!

Am 8. Dezember 1944 erliessen in Moskau 50 kriegsgefangene deutsche Generale, an ihrer Spitze Generalfeldmarschall P a u l u s und General der Art. v. S e y d l i t z, einen Aufruf an Volk und Wehrmacht. Unsere Generale haben ihre Stimme erhoben, weil es in Anbetracht der Verbrecherpolitik eines Hitlers unverantwortlich wäre, länger zu schweigen. Der Aufruf soll den Vernichtungsplänen der Naziclique Einhalt gebieten, soll verhindern, dass unser Volk weiter sinnlos verblutet.

Die Generale sprechen nicht nur in ihrem eigenen, sondern gleichzeitig im Namen hunderttausender Soldaten und Offiziere, die in russischer Kriegsgefangenschaft, in banger Sorge den Leidensweg unseres Volkes verfolgen. Sie alle haben die tödliche Gefahr erkannt, die die Weiterführung des verlorenen Krieges für Deutschland bedeutet. Hitler versucht unserem Volke Angst und Schrecken vor dem angeblichen Bolschewisten-Terror einzuimpfen. Im Zusammenhang damit heisst es im Aufruf der Generale:

„Wohl werden die Sieger Sühne fordern für das ihren Völkern zugefügte Unrecht, aber nur diejenigen werden vor ein Gericht gestellt werden, die sich vor den Gesetzen der Kultur und Menschlichkeit als Verbrecher schuldig gemacht haben."

Flugblatt des NKFD

und für einen Einsatz an der Front vorbereitet werden. Die erste Antifaschistische Frontschule ist 1942 in Oranki eröffnet worden, noch bevor sich das NKFD konstituierte. Es sollten viele folgen, auch in Kriegsgefangenenlagern. Geschätzt wird, dass 8000 Deutsche eine Antifa-Schule besuchten.

»Einer unser Lehrer war Horst Viedt, vom Nationalkomitee ›Freies Deutschland‹, ein wunderbarer Mensch. Er wurde beim Kampf um Breslau, am 6. Mai 1945, von der SS erschossen«, erinnert sich Wolfgang Hahn. Viedt hatte gehofft, die Kapitulation der zur Festung erklärten Stadt zu erreichen. Doch er kam nicht weit mit seinem Übergabeangebot: »Mein Name ist Horst Viedt, ich bin Beauftragter des Nationalkomitees ›Freies Deutschland‹.« Schüsse fielen. Viedt und sein Begleiter waren auf der Stelle tot. In der DDR wird eine Oberschule in Berlin-Hellersdorf nach Viedt benannt – und nach der deutschen Vereinigung wieder umbenannt.

Zu jenen, die den jungen Wolfgang Hahn auf seinen Agitationseinsatz an der Front vorbereiten, gehört auch Luitpold Steidle, ehemaliger Regimentskommandeur der Wehrmacht und einer von denen, die Ende Januar 1943 in Stalingrad Generalfeldmarschall Friedrich Paulus zur Kapitulation überredeten. Nach dem Krieg wird er Minister für Gesundheit, anschließend Oberbürgermeister von Weimar und lädt als erster den Vater der von den Nazis ermordeten Geschwister Hans und Sophie Scholl aus München in die DDR ein.

Als Steidles Kommen angekündigt wird, übt der Leiter der Antifa-Schule mit seinen Zöglingen, wie der angesehene, vielfach dekorierte deutsche Offizier zu empfangen sei: Sobald er den Saal betrete, sollten sie aufspringen, stramme Haltung annehmen und den hohen Gast grüßen: »Guten Tag, Kamerad Oberst.« Drei Mal müssen sie die Begrüßung üben, ehe der Schulleiter einigermaßen zufrieden ist. Die Verwunderung ist groß, als dann Steidle erscheint und seinerseits ganz unmilitärisch »Grüß Gott, Jungs!« ausruft. Steidle ist Bayer. Und ein eigenartiger Kauz, befindet Wolfgang Hahn. »An einem Ärmel seiner Wehrmachtsuniform trug er die Binde des Nationalkomitees und um den Hals das Band mit dem Ritterkreuz.«

Als Steidle seinen Vortrag beendet hat und keiner auf seine Aufforderung hin Fragen stellt, meldet sich Wolfgang Hahn. Er will wissen, warum Steidle die faschistische Auszeichnung trage. Das sei doch absolut unpassend. Der vorwitzige Antifa-Schüler wird belehrt: »Mein lieber junger Freund, das Ritterkreuz hat mit dem Faschismus überhaupt nichts zu tun. Das ist die höchste militärische Auszeichnung für Tapferkeit. Haben Sie das verstanden?« Die Wege der beiden werden sich später noch einige Male kreuzen. Und jedes Mal fragt einer den anderen: »Weißt du noch, damals...?«

Mit der »Bulldogge« zu Breschnew

Eines Tages werden Wolfgang Hahn und ein weiterer Antifa-Schüler aus dem Unterricht geholt. Sie sollen zum Schulleiter kommen. Dessen Zimmer befindet sich eine Etage höher, über dem Seminarraum. Während die beiden die Treppe hochsteigen, sehen sie zwei Sowjetoffiziere. »Uns war sofort klar, die holen uns ab. Es ist soweit, wir werden endlich eingesetzt.« Der eine Offizier ist stämmig und groß, mit wuchtigem Schädel und grimmigem Gesichtsausdruck. Wolfgang Hahn flüstert seinem Mitschüler zu: »Zu der Bulldogge möchte ich nicht.« Natürlich wird er ausgerechnet jenem zugewiesen, nachdem sie vom Schulleiter verabschiedet worden sind und ihren Eid auf die Sowjetfahne geleistet haben.

Die »Bulldogge« setzt sich auf den Beifahrersitz des vor dem Schulgebäude wartenden Geländewagens, Wolfgang wird auf die hintere Bank verwiesen. »Bevor wir losfuhren, drehte sich der Offizier nach mir um und fragte im akzentfreien Deutsch: ,Sagen Sie mal, warum wollten Sie eigentlich nicht zu mir?' Mann, war mir das peinlich. Ich antwortete mit einer Gegenfrage: ›Sagen Sie mal, wieso sprechen Sie so gut Deutsch?‹ Da sagte er: ›Kunststück, ich bin Deutscher mit sowjetischer Staatsangehörigkeit. Meine Familie lebt in Riga.‹ Und dann sind wir losgefahren.«

Die Fahrt endet beim Stab der 18. Sowjetischen Armee der 1. Ukrainischen Front. Wolfgang Hahn wird in den Raum des Leiters der Polit-Abteilung geführt. Ein Major empfängt ihn, auch er spricht perfekt Deutsch. Der Chef sei unterwegs, erfährt Wolfgang Hahn. Man wisse nicht, wann er wiederkehre. Sobald er da sei, werde dieser ihn einweisen und ihm seine Aufgaben erläutern. Er könne sich ja schon mal umschauen. Zwei Tage später wird Wolfgang Hahn gerufen und dem Polit-Leiter vorgestellt: Oberst Leonid Breschnew. »Der konnte auch ein bisschen Deutsch.«

Der spätere Generalsekretär der KPdSU, der Kommunistischen Partei der Sowjetunion, eröffnet dem jungen Antifa-Schüler, dass es jetzt für ihn ernst wird und welche Aufgaben ihn erwarten: Er soll Flugblätter im Namen des Nationalkomitees wie auch der sowjetischen Armee verfassen und nachts mit dem Lautsprecherwagen an die vorderste Front fahren. Um den Krieg zu verkürzen und Leben zu retten, sollen Wehrmachtsangehörige zum Überlaufen aufgerufen werden. Darauf ist Wolfgang Hahn vorbereitet, das ist nichts Neues für ihn.

Dann erklärt Breschnew, es gäbe schon einen Deutschen in seiner Abteilung, er sei aber nicht so glücklich mit dessen Agitation. Wolfgang hat Georg Schnauber bereits kennengelernt, ein sympathischer Mann aus Eisenach, vor 1933 Mitglied der KPD-Bezirksleitung. Ein echter Haudegen, wie Wolfgang später erfährt. In Deutschland sei er nachts allein durch die Straßen seiner Heimatstadt gezogen, habe Nazi-Plakate von den Wänden gerissen und Hakenkreuzfahnen entfernt. Wofür ihn die Genossen rügten; er begebe sich derart unnötig in tödliche Gefahr und gefährde auch sie.

Was nun Breschnew über dessen Überredungskünste an der Front berichtet, amüsiert Wolfgang. Es fällt ihm schwer, das Lachen zu unterdrücken. Doch er muss dem »Towarischtsch Polkownik«, dem Genossen Oberst, Recht geben. »Ergebt euch, ihr verfluchten Hunde«, klingt nicht gerade einladend. Ein andermal habe Georg Schnauber durch den Lautsprecher den vor ihnen liegenden Wehrmachtssoldaten zugerufen: »So, und jetzt hört ihr noch die Stimme eures geliebten Volksaufklärungsministers Goebbels.« Worauf das ängstliche Quieken eines Ferkels zu hören war. Nein, so geht das nicht. Die Worte müssen mit Bedacht gewählt werden.

Anfänglich redigiert Wolfgang Hahn lediglich die Texte von Georg Schnauber, bis dieser von der Polit-Abteilung mit einer neuen, wichtigen Aufgabe betraut wird. Nun arbeitet Wolfgang in eigener Verantwortung. Das erfüllt ihn mit Stolz. Wenn Mutter und Vater dies wüssten ... Der junge Agitator bedient sich bei den Klassikern, bei Lessing, dem Aufklärer, und beim Dichterfürsten Goethe. Und er verfasst sogar selbst Gedichte. Eines kennt der Neunzigjährige noch auswendig. Er rezitiert mit fester Stimme:

»Zu spät. Die Klingel gellt,
wer kommt zur späten Stunde.
Frau Schmidt steht auf und geht geschwinde
zur Tür: ›Ei, Pfarrer Schröder, herzlich seid willkommen.
Was wollt Ihr denn? Was bringt Ihr heute mir? So spät.‹
Der Pfarrer nimmt ein schwarz umrändert Schreiben
und gibt es stumm der Frau in ihre Hand.
Die schreit laut auf: ›Mein Bruno, ach mein Bruno.‹
Sie hält sich fest, wird bleich wie eine Wand.
Zu spät.
Grell weint sie auf und drückt mit zittrig Händen
das Bild des Mannes an ihr zuckend Herz.

Dann wirft sie sich vom Leide überwältigt
hin auf ihr Bett vor übergroßem Schmerz.
Zu spät.
Doch plötzlich springt sie auf
und wie von Sinnen reißt sie das Hitlerbild
von der Kommode:
›Du hast's getan‹, schreit sie in wildem Zorne
›nur du bist schuld an seinem jungen Tode.‹
Zu spät.«

Ein Kunstmaler aus Rostow am Don hat zu den Versen von
»Wolodja«, wie Wolfgang nunmehr heißt, einen Linol-
schnitt gefertigt, das die beschriebene Szene getreu wieder-
gibt. »Ich weiß bis heute noch nicht, warum wir dieses
Flugblatt nicht gedruckt haben.« Wolfgang Hahn hat außer
dem Kunstmaler noch zwei weitere Mitstreiter: einen
Schriftsetzer und einen Drucker. Den beiden wurde jeweils
ein kleiner, umgebauter Bus zur Verfügung gestellt, in dem
die Setz- respektive die Druckmaschine untergebracht
sind.

Im Herbst 1944 teilt sich die Ukrainische Heeresgruppe. Während die 1. Ukrainische Front unter Marschall
Iwan Konjew auf schnellstem Wege westwärts in Rich-
tung Lemberg (polnisch: Lwów, ukrainisch: Lwiw) und
Krakau vorstößt und am 27. Januar 1945 das Konzentra-
tions- und Vernichtungslager Auschwitz befreit, bewegt
sich die 4. Ukrainische Front nach Süden. Ihr wird die 18.
Armee, in der Wolfgang Hahn dient, eingegliedert. »Unser
Nachbar war das 1. Tschechoslowakische Korps, das in der
Sowjetunion aufgestellt worden ist. Leider begann der Slowakische Nationalaufstand zu früh«, bedauert Wolfgang
Hahn. Der sowjetische Generalstab habe mit der Führung
des slowakischen Widerstands Kontakt aufgenommen, um
gemeinsam gegen die SS-Divisionen loszuschlagen. »Aber

wir kamen nicht so schnell über die Karpaten mit dem ganzen Kriegsmaterial. Da wurde der Termin verschoben. Doch auch den konnten die Sowjets nicht einhalten. Die SS beherrschte die Pässe. Die Slowaken beschlossen, auf eigene Faust loszuschlagen.«

Die Partisanen konnten nicht länger warten, da die Wehrmacht in die Slowakei einmarschiert ist, um das Kollaborationsregime unter Jozef Tiso gegen die anrückende Sowjetarmee zu unterstützen. Der slowakische Nationalaufstand, der später in den Geschichtsbüchern neben dem Warschauer Aufstand als die größte nationale Erhebung gegen das deutsch-faschistische Okkupationsregime beschrieben wird, bricht am 29. August 1944 los – nicht nur von slowakischen Patrioten, sondern auch von Freiwilligen aus dreißig Nationen getragen. Obwohl die Aufständischen mit dem Mut der Verzweifelten kämpfen und sowjetische Flugzeuge Waffen, Munition und Medikamente über die Aufstandsgebiete abwerfen, obsiegen die Okkupanten. Am 27. Oktober kapituliert das Aufstandszentrum Banská Bystrica vor den zahlenmäßig und waffentechnisch überlegenen SS- und Wehrmachtsverbänden. Etwa 20 000 Aufständische und slowakische Bürger bezahlen mit ihrem Leben. Die slowakischen Überlebenden ziehen sich in die Wälder und Berge ihrer Heimat zurück. Die Waffen strecken sie nicht.

Wolodjas Rückkehr

Als die deutschen Waffen endlich schweigen, Bratislava und Prag befreit sind und schließlich in Reims und Berlin Wehrmachtsgeneräle die Kapitulationsurkunden unterzeichnet haben, werden die beiden deutschen Rotarmisten in Stab der 1. Ukrainischen Front, Wolfgang Hahn und

Georg Schnauber, verabschiedet. »Breschnew hielt eine Dankesrede.« Es fällt nicht leicht, Abschied zu nehmen von seinen Freunden, mit denen er in den letzten zwei Jahren so viel erlebt und durchgemacht hat. Wolfgang alias »Wolodja« fragt Mischa, seinen Schriftsetzer, wohin er nun gehe. »Ne snaju«, antwortet dieser. Und Wolfgang erfährt von seinem jüdischen Freund, dass die »Njemzi« seine ganze Familie ermordet haben.

Georg Schnauber und Wolfgang Hahn werden zu einem Sammelpunkt für deutsche Antifaschisten gebracht, die an diversen Frontabschnitten mit der Roten Armee gekämpft haben. »Da warteten etwa achtzig Mann. Mit jedem wurde ein ausführliches persönliches Gespräch geführt. Uns wurde gesagt, dass nur zehn nach Hause fahren würden, die anderen siebzig benötige man noch als Dolmetscher in Kriegsgefangenenlagern.« Wolfgang hofft, zu den zehn zu gehören, die nach Deutschland zurückkehren dürfen. Am nächsten Tag in aller Frühe müssen alle antreten. Dann werden die Namen jener verlesen, auf die noch ein zweiter Einsatz wartet. Wolfgang Hahn atmet auf, er zählt zu den glücklichen Heimkehrern.

Von Prag geht es in einem Güterzug nach Dresden. Seine Geburtsstadt liegt in Trümmern. Die Brücken sind eingestürzt. Man muss mit einer Fähre über die Elbe. Und weiter geht es mit der Bahn nach Rüdersdorf bei Berlin. »Dort hielt uns Walter Ulbricht einen Vortrag.« Der spätere erste Mann im Staat DDR ist bereits Ende April 1945 aus Moskau nach Deutschland zurückgekehrt. Die sogenannte »Gruppe Ulbricht« sollte die Politische Hauptverwaltung der 1. Belorussischen Front bei der Neuorganisierung des öffentlichen Lebens in Berlin und Umgebung sowie bei der Wieder- und Neugründung der politischen Parteien und Gewerkschaften unterstützen. Ulbricht spricht von der schweren Schuld, die das deutsche Volk auf sich geladen hatte und der Chance zu einem Neuanfang. »Anschließend wurden wir zehn wieder nach Dresden zurückgefahren und zu Hermann Matern geführt.«

Der Kommunist und Leiter der Zentralen Antifa-Schule in Krasnogorsk ist am 1. Mai 45 mit der Gruppe um Anton Ackermann in Sachsen eingetroffen. »Wir sollten Polizeifunktionen übernehmen und wurden zu Max Opitz geschickt. Der kam aus Sachsenhausen, ist von der Roten Armee auf dem Todesmarsch bei Zechlin befreit worden.« Wolfgang Hahn will erst einmal sein unterbrochenes Lehrerstudium beenden. Doch Opitz, der wenig später offiziell zum Polizeipräsidenten von Dresden ernannt wird, gebietet kategorisch: »Dafür ist später noch Zeit. Jetzt müssen wir erst für Sicherheit sorgen.« Wolfgang Hahn fügt sich, bittet nur darum, endlich seine Familie aufsuchen zu dürfen. Die Bitte wird ihm gewährt.

Seine erste Anlaufstelle ist das Haus seiner Tante in Dresden. Er ist erleichtert. Es steht noch. Im Hof hängt eine Frau gerade Wäsche auf. Als sie den jungen Mann kommen sieht, rafft sie alle Kleidungsstücke und rennt wie von Sinnen von dannen. Wolfgang steckt noch in Rotarmistenuniform. Er drückt die Klingel neben dem ihm bekannten Namensschild. »Die Tür ging auf. Meine Tante schaute mich entgeistert an, schrie auf und knallte die Tür wieder zu. Ich klingelte noch einmal. Da standen Tante, Onkel und Cousine vor mir, zitternd: ›Aber Du bist doch tot, Wolfgang!‹ Und dann: ›Komm rein.‹«

Die drei reden auf ihn ein: Den Eltern müsse die Nachricht schonend beigebracht werden. Zwei Jahre zuvor hätten sie vom Wehrmeldeamt Pirna ein Schreiben erhalten, dass ihr Sohn »in treuester Pflichterfüllung den dem Führer geschworenen Eid mit seinem Tod besiegelt« habe. Auch von Wolfgangs ehemaligem Kompanieführer sei eine Kondolenz bei Johannes und Anna Hahn eingetroffen: »Es tut mir leid, Ihnen mitteilen zu müssen, dass Ihr Sohn Wolfgang am 15. März 1943 im Kampf gegen die Bolschewisten unfern des Ortes Lawrow, südlich des Lug, gefallen ist.« Fantasievoll hieß es weiter in diesem Schreiben: »Ein Granatsplitter verletzte ihn so schwer, dass der Tod auf der Stelle eintrat. Er ist schmerzlos verschieden und war ohne jede Verstümmelung. Infolge der Unübersichtlichkeit des Kampfes konnte er nicht geborgen werden, daher ist uns sein Grab unbekannt. Ihr Schmerz ist mir verständlich und ich spreche Ihnen zugleich im Namen seiner Kameraden mein tiefstes Mitgefühl aus. Die Einheit verliert in ihm einen guten Kameraden, der stets nur den geraden Weg der Schlacht kannte ... Er war bei seinen Kameraden und Vorgesetzten beliebt und geachtet.« Die üblichen Stanzen.

Wegen dieser Todesmeldungen, so beschwören Tante, Onkel und Cousine Wolfgang eindringlich, könne er nicht überraschend bei seinen Eltern auftauchen. Er ist doch ihr einziges Kind gewesen. Die plötzliche Wiederauferstehung des Totgeglaubten könnte einen Schock mit unkalkulierbaren Folgen auslösen.

Die Sorge der Verwandten väterlicherseits ist unnötig. Johannes und Anna Hahn sind fest davon überzeugt, dass ihr Sohn ihren Rat befolgte, übergelaufen ist und lebt. Die Gewissheit wurde bestärkt, als sie von ihm drei Briefe erhielten. Sie trafen kurz vor Kriegsende ein. Fünfzig Briefe hat der Rotarmist »Wolodja« heimlich verfasst. »Breschnew durfte davon nichts wissen.« Die Kuverts fertigte er selbst an, klebte sie mit Mehlkleister zu und schmuggelte sie zwischen die Flugblätter, die zu Bündeln geschnürt dann mit der Artillerie abgeschossen oder aus Flugzeugen abgeworfen über den feindlichen Linien herabregneten. 25 Briefe adressierte er an eine Schulfreundin, die gleiche Anzahl an seine Eltern, um sie von peinigender Ungewissheit zu befreien.

War das nicht zu riskant? Gefährdete er derart nicht seine Familie und die Freundin? Er konnte doch nicht sicher sein, dass die Wehrmachtsangehörigen, die seine Briefe zwischen den Flugblättern entdeckten, sie in die Feldpost geben und nicht dem Sicherheitsdienst. Wolfgang Hahn hat jedoch stets nur einen unverfänglichen Gruß geschrieben:»Wie geht es euch? Mir geht es gut.« Mehr nicht.

Dennoch wurde der Vater eines Tages von der Gestapo abgeholt. Offenbar sind einige Briefe den Schnüfflern der Geheimen Staatspolizei zugekommen.»Man wollte meinem Vater eine Erklärung abpressen, dass es sich bei den Briefen um Feindpropaganda handele.« Er sollte bezeugen, dass die Schrift nicht die seines Sohnes sei. Doch Johannes Hahn entgegnete:»Ich bin Schriftsetzer. Und ich werde doch die Schrift meines Sohnes erkennen. Wenn das bolschewistische Propaganda ist, dann ist es aber eine gute Fälschung.«

Wolfgang Hahn hat das Verhörprotokoll seines Vaters in einem Archiv gefunden. Da waren zunächst bürokratisch-exakt die Personalien aufgenommen worden:»Johannes Hahn, geboren am 14. Januar 1891 in Dresden, Schriftsetzer, jetzt Kammerarbeiter im Teillazarett Struppen, wohnhaft Struppen, Hohe Straße 66. Seit 15. Mai 1915 mit Anna, geboren am 22.4.1894 in Dresden, verheiratet. Kinder: Sohn Wolfgang, geboren am 26.9.1924 in Dresden. Familie ist am 12.9.1933 von Dresden kommend in Struppen zugezogen. Hahn ist Besitzer des Grundstückes Hohe Straße 66 und lebt in wirtschaftlich geordneten Verhältnissen. Der Sohn Wolfgang war Schulamtskandidat. Durch seine Begabung ist ihm das Studium zum Lehrerberuf auf dem Lehrerseminar in Zschopau durch die Partei ermöglicht worden.«

Sodann folgte die Einschätzung der Gestapoleute und deren Spitzel. Sie urteilten über den ehemaligen Sozialdemokraten und nunmehrigen parteilosen Antifaschisten:

»Johannes Hahn ist heute noch als 100-prozentig kommunistisch eingestellt anzusehen. Er biegt wohl seine Einstellung äußerlich ab, aber wer mit ihm näher ins Gespräch kommt, kann sich des Eindrucks nicht erwehren, dass dieser Mann weder nationalsozialistisch denkt noch fühlt. Durch seine Gesprächsäußerungen über das heutige Weltgeschehen merkt man eine innerliche Genugtuung über das Absetzen unserer Truppen an den verschiedenen Fronten heraus. Äußerungen wie: ›Wenn die Russen hereinkommen, kann es uns nicht schlechter als jetzt ergehen‹, sind keine Seltenheiten.« Desweiteren wurde penibel in der Gestapoakte vermerkt: »Dem Volkssturm gehört Hahn nicht an ... An Spenden beteiligt sich Hahn nicht.« Bei der persönlichen Überbringung der Nachricht vom Tod seines Sohns Wolfgang am 18. März 1944 »durch die parteiamtlichen Herren Rektor Grimm und Kaufmann Grahl« habe ein Mann auf dem Sofa im Wohnzimmer der Hahns gelegen und sich uninteressiert gezeigt. Auf Nachfrage, ob er der Vater des Gefallenen sei, habe jener nicht reagiert. Erst als die »parteiamtlichen Herren« Anna Hahn fragten, ob der Mann auf dem Sofa ihr Gatte sei, »gebärdete sich dieser wie wild, schrie die Überbringer der Nachricht mit den Worten: ›Raus, macht, dass Ihr rauskommt‹ an.« Grimm und Grahl haben getreulich rapportiert.

»Der größte Lump im ganzen Land, das ist und bleibt der Denunziant«, hatte dereinst August Heinrich Hoffmann von Fallersleben gedichtet, der das »Lied der Deutschen« schrieb, als es noch kein Deutschland gab. Es wurde die Nationalhymne der ersten deutschen Demokratie, der 1919 gegründeten Weimarer Republik. Es wurde aber auch von den Nazis gesungen; sie grölten allerdings nur die erste Strophe: »Deutschland, Deutschland, über alles, über alles in der Welt...« Die dritte, »Einigkeit und Recht und Freiheit«, passte nicht zu ihnen und ihrem Terrorregime.

Das nach zwei von Deutschland entfesselten Weltkriegen höchst umstrittene »Deutschlandlied« wurde 1952 Nationalhymne der drei Jahre zuvor gegründeten Bundesrepublik Deutschland – nachdem der erste Bundeskanzler Konrad Adenauer bei einem Besuch in Chicago von einer US-amerikanischen Kapelle mit dem Köllschen Karnevalshit »Heidewitzka, Herr Kapitän« begrüßt worden ist. Und es ist, auf die dritte Strophe gestutzt, auch das Nationallied des »wiedervereinigten« Deutschland, obwohl sich Hunderttausende Ost- und Westdeutsche die »Kinderhymne« von Bertolt Brecht hierfür gewünscht hatten.

Brechts Lied hätten auch sein Vater und seine Mutter favorisiert, ist sich Wolfgang Hahn sicher.

> »Anmut sparet nicht noch Mühe,
> Leidenschaft nicht noch Verstand
> Daß ein gutes Deutschland blühe
> Wie ein andres gutes Land ...
>
> Dass die Völker nicht erbleichen
> Wie vor einer Räuberin
> Sondern ihre Hände reichen
> Uns wie andern Völker hin.
>
> Und nicht über und nicht unter
> Andern Völker wolln wir sein ...«

Ja, dafür haben seine Eltern, dafür hat er gekämpft. Es betrübt den Veteranen, dass in der Ukraine Krieg ist, ein blutiger Bruderkrieg tobt. Er hätte es sich auch nicht träumen lassen, dass in Kiew eines Tages wieder Faschisten den Ton angeben, Plätze in ukrainischen Städten und Posten in der neuen Regierung besetzen. »Dafür sind die unzähligen Soldaten und Offiziere der Ukrainischen Front nicht gestorben. Sie würden sich im Grab umdrehen, wüssten sie, was in ihrer Heimat heute geschieht.«

Im Mai 1945 ist die Freude im Hause Hahn in Struppen in der Sächsischen Schweiz groß. Johannes und Anna Hahn umarmen ihren nicht tot geglaubten Sohn. Und sie staunen, was er ihnen alles zu erzählen hat.

DAS SIEBTE KIND

Die Odyssee des Rabbinersohns Theodor Bergmann
und seiner Brüder

Berlin, 7. März 1933, sieben Uhr: Bereits in früher Morgen-
stunde herrscht auf dem Anhalter Bahnhof emsige Betriebsamkeit. Eisenbahner koppeln Waggons ab, Gepäckwagen
werden entladen, Menschen eilen hin- und her, hektische
Betriebsamkeit. Wie in einem Ameisenhaufen. »Vorsicht
an der Bahnsteigkante«, tönt es aus dem Lautsprecher.
Wieder rollt ein Zug in den Kopfbahnhof ein, den die Berliner kurz »Anhalter« nennen. Er verbindet die Hauptstadt
mit den Metropolen der Welt: Wien, Budapest, Rom,
Athen ... Vom »Tor des Südens« starten Geschäftsleute,
Abenteurer und Touristen ihre Reise nach Triest und Nea-
pel, von wo es per Schiff nach Alexandria, Kairo und Khar-
tum weitergeht. Theodor Bergmann führt nicht Vergnügen, nicht Entdeckerlust, kein lukratives, lockendes Geschäft hinaus in die Welt.

Der Junge hat nur leichtes Gepäck. Die Mutter hat ihm
ein paar Stullen eingepackt, für die weite Reise. Theo ver-
sichert, auf sich aufzupassen. Sie beteuert: »Sobald wir
können, kommen wir nach.« Umarmung, Kuss. Der Junge
steigt in den Zug. Schon ertönt das Abfahrtssignal, und der
Zug rollt hinaus. Theo winkt der Mutter aus dem Fenster –
bis er sie nicht mehr sieht.

Von dem trutzigen Terrakottabau des Bahnhofes steht
heute nur noch die Ruine des Portals. Im Februar 1945 von
Bomben schwer getroffen, stürzte die wuchtige Hallen-
konstruktion aus Stahl und Glas ein. In den ersten Nach-
kriegsjahren fahren vom notdürftig in Betrieb genomme-
nen Bahnhof wieder Züge, die Spaltung der Stadt lässt den

»Anhalter« jedoch alsbald verwaisen. Die 1961 errichtete Berliner Mauer zerschneidet die Gleise, der Bahnhof ist Geschichte. Seit 2008 erinnert vor der Portalsruine eine Stele an die Judendeportationen, die ab Juni 1942 auch von hier gen Osten gingen.

Am 2. März 1933 hat Theo seine Reifeprüfung abgeschlossen. Es ist keine Zeit zum Feiern. Die Reichstagswahlen stehen an, und die Gebrüder Bergmann sind im Wahlkampf. Am Sonntag, den 5. März, wird gewählt. Theo darf nicht an die Urne schreiten, er ist noch nicht volljährig. Seine älteren Brüder wählen die Sozialdemokraten oder Kommunisten. »Für die KPD stimmten fast fünf Millionen, 81 der gewählten Kandidaten waren jedoch bereits verhaftet, ermordet oder emigriert.« Das trübt die Freude über den Wahlsieg. Doch nicht nur darob ist Trauer im Hause Bergmann. Die Großmutter ist gestorben. Sie soll auf dem jüdischen Friedhof in Berlin-Weißensee beerdigt werden.

Am Dienstag, den 7. März, früh um fünf Uhr, wummert es an der schweren Eichentür der Bergmanns in der Uhlandstraße in Charlottenburg. SA-Männer fordern laut Einlass. Theos Mutter antwortet geistesgegenwärtig: »Wir haben heute Beerdigung. Kommen Sie doch bitte morgen wieder.« Tatsächlich marschiert die SA ab. Für die Eltern steht fest: »Theo muss raus. Und zwar sofort.«

Er ist ihr zweitjüngstes, ihr siebtes Kind. Die Kinderschar der Bergmanns zählt sechs Jungen und zwei Mädchen. Sieben ist die Glückszahl im Judentum: Die Thora berichtet, dass Gott die Welt in sieben Tagen schuf. Sabbat ist am siebten Tag der Woche. Die Menora, der heilige Leuchter, hat sieben Arme. Glück ist wandelbar, trägt das Unglück in sich, mit sich: Sieben fetten Jahren folgen sieben magere. »Und Theodor bedeutet im Griechischen Gottesgeschenk.«

Kaum dass die SA verschwunden ist, wird eilig ein Rucksack gepackt. Schweren Herzens begleitet Hedwig Bergmann ihren Sohn an dessen 17. Geburtstag zum Bahnhof. »Widerspruch hätte keinen Sinn gehabt, meine Mutter war eine resolute Frau«, sagt der Veteran. Und ergänzt: »Niemand wollte weggehen. Und viele haben geglaubt, dass Hitler nicht lange Kanzler bleibt.«

Mit elf Jahren ist Theo dem Jungspartakusbund und dem Sozialistischen Schülerbund beigetreten, 1927. Seit zwei Jahren ist er Schüler am Mommsen-Gymnasium, das sich als eine humanistische Einrichtung preist. Zuvor war er an der jüdischen Volksschule in der Fasanenstraße, wo die Synagoge steht, an der sein Vater Julius Bergmann der Rabbi ist. Von Humanismus ist an der Schule mit dem Namen des großen deutschen Geschichtsschreibers Theodor Mommsen nicht viel zu spüren. »Nach dem Ersten Weltkrieg sind viele neue Lehrer eingestellt worden, die 1914 begeistert für Kaiser, Volk und Vaterland gegen den Erzfeind Frankreich und den Zaren gezogen sind und schwer beschädigt zurückkamen«, erläutert Theodor Bergmann. »Diese sturen Frontkämpfer ließ man in der Weimarer Republik auf die Jugend los. Sie hatten wenig pädagogische und fachliche Kenntnisse, umso stärker ausgeprägt war bei ihnen ein engstirniger Nationalismus, Revanchismus und manchmal auch Antisemitismus.«

Theo schweigt nicht, als der Lehrer vor der Klasse verkündet: »Die Juden sind schuld daran, dass wir den Krieg verloren haben.« Er widerspricht: »Das stimmt nicht, Herr Lehrer!« Und er gibt munter wieder, was er von seinen Brüdern über den Krieg und die verratene Revolution im November 1918 erfahren hat.

Kurz vor Vollendung seines 13. Lebensjahres wird Theo vom Mommsen-Gymnasium hinter dem KADeWe, dem Kaufhaus des Westens, verwiesen. Nicht nur, weil er dem judenhassenden Lehrer ins Wort gefallen ist. Mit seinem Bruder Josef hat er zu einer Schülerdemonstration aufgerufen, die es in die Schlagzeilen aller Berliner Zeitungen brachte. Der neue Rektor Mackensen war auf die famose Idee gekommen, während der Examen den Prüflingen das Aufsuchen der Toiletten zu verbieten, damit sie nicht Spickzettel austauschen; die Schüler sollten ihre Notdurft auf einem Nachttopf im Klassenzimmer verrichten. Was Theo und seine Freunde als Diskriminierung empfinden. Und wogegen sie protestieren – ebenso offen und unerschrocken, wie sie in ihrer Monatsschrift »Schulkampf« die Macken des Rektors Mackensen aufspießen, eines Mitglieds der berühmten uralten, preußischen Adels- und Offiziersfamilie. »Das war ein ganz strammer Reaktionär.« Auch die Relegierung der aufmüpfigen Schüler wird in Berliner Blättern vermeldet.

»Mein Bruder Arthur, der schon berufstätig war, ein aktiver linker Sozialdemokrat, half Josef und mir, eine neue Schule zu finden. Er kannte den Rektor des Köllnischen Gymnasiums, der auch die drei Berliner Aufbauschulen mitgegründet hatte, auf denen Arbeiterkinder in sechs Jahren das Gleiche lernten wie Gymnasiasten in neun. So konnte ich noch 1933 das Abitur machen.« In letzter Minute. Bald wird Judenkindern auch das Reifezeugnis verwehrt.

Wohltuend ist die Atmosphäre an der Schule von Siegfried Kawerau. Keine hirnlose Paukerei, kein Drill. »Wir mussten nicht die Daten von Dynastien und Kriegen auswendig lernen, unsere Lehrer berichteten uns von großen Künstlern und Wissenschaftlern. Und wir diskutierten aktuelle politische Ereignisse.« Theos Mitschüler sind alle älter und auch organisiert, links orientiert. »Es gab allerdings einen Nazi in meiner Klasse«, erinnert sich Theodor Bergmann. »Ende 1931 kam er einmal in SA-Uniform in die Schule. Da erhielt er von uns eine tüchtige Tracht Prügel. Wir schickten ihn nach Hause, zum Kleiderwechsel.«

An Theos Schule dozieren bekannte Kommunisten, so Arthur Rosenberg und Fritz Ausländer, Abgeordnete des Reichstages und Preußischen Landtages, auch der Anarchist Hermann Borchardt. Sie werden alsbald in die Emigration gezwungen. Denn nach dem »Gesetz zur Wiederherstellung des Berufsbeamtentums«, am 7. April 1933 von der Hitlerregierung erlassen, sind linke und jüdische Lehrer im Schuldienst nicht mehr geduldet und werden durch Nazis ersetzt. Schulreformer Kawerau wird schon im Februar '33 verhaftet und schwer gefoltert. Drei Jahre später stirbt er an den Folgen der Misshandlungen.

Im Bahnhof von Saarbrücken muss Theo den Zug verlassen. Bis Mai harrt er in der Stadt aus, bis er endlich das für die Weiterreise nötige Dokument in den Händen hält: das britische Zertifikat für die Einreise nach Palästina.

Ankunft im »Gelobten Land«

Nach stundenlanger, ermüdender Fahrt endlich in der südfranzösischen Metropole Marseille angekommen, bleibt keine Zeit für eine Besichtigungstour der von griechischen Kolonisten im siebenten Jahrhundert vor unserer Zeitrechnung gegründeten Stadt. Theo eilt schnurstracks zum Hafen. Der Dampfer »Champollion« ist bereits überfüllt. »Ein buntes Völkchen, Arme und Reiche, erkennbar an ihren Kleidern und der Anzahl der Koffer, aber dennoch irgendwie zusammengehörig.« Theo beneidet die Familien an Bord. Er ist allein. »Und ich wusste nicht, was mich erwartet. Ich kannte Palästina nur aus den Geschichten der Bibel. Und aus den Erzählungen meines Vaters, der einmal, 1928, dort war und viele kluge Bücher über das Gelobte Land geschrieben hat. Er war ein Zionist, aber kein konservativer.«

Vor Jaffa, einer ebenfalls bereits in der Antike gegründeten Hafenstadt, wird Anker geworfen. Etwa hundertfünfzig Meter trennen die Flüchtlinge von Eretz Israel, dem »Heiligen Land«. Die Matrosen lassen Hängeleitern an der Bordwand hinunter. Kleine, zerbrechlich wirkende Boote umringen den Dampfer, schmiegen sich an. Araber rudern die Juden zügig an die Küste. Dort heißt es erst einmal warten. Lange Schlangen bilden sich vor den Einreisebüros. Die Engländer sind sehr korrekt, studieren akribisch die Papiere der Neuankömmlinge. »Die britische Einwanderungspolitik war sehr rigide. Sie ließen in ihr Mandatsgebiet jährlich nicht mehr als 25 000 Neusiedler.« Lange jedoch können sie diese Restriktion nicht aufrecht erhalten, der Zustrom bedrängter Juden aus Euopa ist nicht mehr zu stoppen.

»Manche wurden von Familienangehörigen oder Freunden begrüßt, ich nicht«, sagt Theodor Bergmann. Die Eltern haben ihm die Adresse entfernter Verwandter in Tel Aviv mitgegeben. »Die Stadt sah ganz anders aus als heute. Für einen, der aus Deutschland kam, wirkte alles sehr bescheiden, ärmlich.« Die Stadt am Mittelmeer wird rasch anwachsen, ein Zentrum der jüdischen Immigration.

Zwei Tage lebt Theo bei seinen Verwandten, die ihm fremd sind und bleiben. Sein »Zimmer« ist der Balkon eines zweistöckigen Backsteinhauses. Er schreibt sich in der Landwirtschaftschule ein, die 1870 von französischen Juden gegründet worden ist – lange bevor der Wiener Journalist Theodor Herzl sein Buch »Judenstaat« schrieb, das als Geburtsurkunde des Zionismus gilt.

In diesem steht der bedenkenswerte Satz: »Die Judenfrage ist eine nationale Frage, um sie zu lösen, müssen wir sie vor allem zu einer Weltfrage machen, die im Rate der Kulturvölker zu lösen sein wird.« Nach den unendlichen, ewigen Verfolgungserfahrungen der Juden, ob im Zarenreich oder in der französischen Republik, wollte er eine »Heimstatt« für das jüdische Volk in Palästina, die aber nicht mit dem Schwert erobert, sondern in einvernehmlicher Nachbarschaft mit den Arabern gewonnen werden sollte. Kurz bevor er 1904 verstarb, mahnte Herzl »seine« Zionisten eindringlich: »Machet keine Dummheiten, während ich todt bin.«

Theo ist nicht lange Student der Agrikultur, er kann das Studium nicht bezahlen, muss die Schule verlassen. Erneut schnürt er seinen Rucksack, macht sich auf den Weg in einen Kibbuz im Jesreel-Tal. »In Geva habe ich das erste Haus mit aufgebaut. In jedem neuem Kibbuz war das erste steinerne Gebäude ein Haus für die Kinder. Sie bekamen als erste ein Dach über den Kopf.« Die ursprüngliche Idee der Kibbuzim gefällt dem Jungkommunisten aus Berlin. Gemeineigentum, eine freie Assoziation Gleicher und getreu Karl Marx: »Jeder nach seinen Fähigkeiten, jedem nach seinen Bedürfnissen!« Das ist es, was die ersten Kibbuzniki wollten, die dreißig Jahre vor Theodor Bergmann in Palästina einwanderten, vornehmlich aus dem russischen Zarenreich.

Die Kibbuzniki in Geva sind alle gleichgestellt, es gibt keine Rangordnung. Sie arbeiten und speisen gemeinsam. »Professoren misteten den Hühnerstall aus und zählten die Eier.« Theo hilft bei der Traubenernte, eine schmackhafte Arbeit. Der schmächtige Bergmann-Sohn muss anderntags aber mit einer Spitzhacke aus umliegenden Felsen Basalt für den Hausbau brechen. Er beklagt sich nicht. Allein die Einsamkeit, getrennt von Eltern und Geschwistern, bedrückt das Herz. Es jauchzt auf, als ein Brief von Felix eintrifft. Sein drittältester Bruder, Medizinabsolvent der Friedrich-Wilhelm-Universität in Berlin, ist in Rehovot gelandet. Chaim Weizmann, Chemieprofessor und später erster Präsident des Staates Israel, gründet dort 1934 ein wissenschaftliches Institut, zu dem heute ein attraktiver, stark besuchter Scientific Park gehört.

Theo macht sich erneut auf den Weg. Jetzt ist er nicht mehr allein, Felix ist bei ihm. In Rehovot hilft Theo bei der Bewässerung von Zitruspflanzen – bis die Nachricht von Vater und Mutter eintrifft, sie seien glücklich in Tel Aviv angekommen.

Für Theo gibt es kein Halten mehr. Er reist zurück in die Stadt, in der er erstmals palästinensischen Boden betrat. Das Wiedersehen wird ausgiebig gefeiert. Die Mutter klärt auf: »Die spielen verrückt in Berlin. Da kann man nicht mehr leben.« Julius Bergmann bleibt es erspart, mitzuerleben, wie seine Synagoge in Berlin im Novemberpogrom 1938 Opfer der Flammen wird. 1943 wird sie von Bomben getroffen, die Ruine Ende der fünfziger Jahre abgerissen und an ihrer Stelle ein neues Jüdisches Gemeindehaus erbaut. Auf dessen Hof steht seit 1987 ein Denkmal, eine zerbrochene Thorarolle, an deren oberem Ende ein Vers aus dem 4. Buch Moses eingraviert ist: »Eine Weisung und ein Recht gelte für euch und den Fremdling der unter euch weilt.« (Kap. 15, 16) An der Wand dahinter sind die Namen der Ghettos, Konzentrations- und Vernichtungslager zu lesen, in denen 60 000 Berliner Juden ermordet wurden. Julius Bergmann wäre gewiss zufrieden mit dieser mahnenden Erinnerung.

Für die Familie muss in Palästina erst einmal eine feste Bleibe gesucht werden. »Mutter managte alles«, erinnert sich Theodor Bergmann. Wenig später kommt Bruder Ernst nach Tel Aviv. Der junge Chemiker, der ebenfalls an der Berliner Alma mater studiert und promoviert hat, genießt in seiner Zunft bereits einen guten Ruf. Im Jahr vor Hitlers Ernennung zum Reichskanzler hatte er mit seinem Doktorvater Wilhelm Schlenk ein Lehrbuch über Organische Chemie veröffentlicht. Als die Nazis dann die hauptstädtische Universität von Juden und Marxisten »reinigten«, ging er nach London. Seine Ankunft in Palästina verdankte er einer hochrangigen Rekommandation: Chaim Weizmann wünscht sich den vielversprechenden Deutschen Ernst David Bergmann in sein Forscherteam.

Theos Bruder assistiert Weizmann bei der Einrichtung seines Instituts in Rehovot, befasst sich später mit Waffentechnologie und wird am Bau der israelischen Atombombe beteiligt sein. Denn er ist wie Israels Gründungsväter und Staatenlenker David Ben-Gurion, Schimon Peres und andere der Ansicht: Nie wieder sollen Juden schutzlos sein, sich nicht verteidigen können. »Das war seine Lehre aus dem millionenfachen Mord an den europäischen Juden«, kommentiert Theodor Bergmann, der selbst Spaten und Schaufel in die Hand genommen hat, um Weizmanns Institut mit aus dem Boden zu stampfen. »Dabei bin ich dem Präsidenten der Zionistischen Weltorganisation persönlich begegnet. Mein Bruder stellte uns vor.«

Unter unorthodoxen Kommunisten

Theo ist zwar nicht mehr einsam, aber auch nicht glücklich. »Mich zog es wieder nach Europa. Zu meinen Genossen. Wir hofften damals ja noch, dass Hitler vom deutschen Volk gestürzt wird. Und da wollte ich dabei sein.« Beim Abschied segnet der Vater den Sohn, für den alle Religion Opium für das Volk ist. Denn Theo ist Kommunist. Seit seiner Gymnasiastenzeit. Seinen älteren Brüdern Alfred und Josef folgend, war er der Kommunistischen Partei Deutschlands beigetreten – und zwar jener, die den Beinamen »Opposition« trug, gegründet an der Jahreswende 1928/29 von August Thalheimer und Heinrich Brandler. »Ende der 1920er ist die KPD immer radikaler und konfrontativer geworden. ›Wer hat uns verraten – die Sozialdemokraten. Wer macht uns wieder frei – die Kommunistische Partei.‹ Diese Losung war verheerend angesichts des Massenzulaufs, den die Nazis erhielten.«

Theodor Bergmann kann sich noch gut an den unseligen Bruderkampf in den späten Weimarer Jahren erinnern. »Es gab Prügeleien und sogar Messerstecherei. Die einen schrien ›Sozialfaschisten‹, die anderen ›Kommunazis‹. Es hat auch Gewalt von KPD-Genossen gegen unsere von der Opposition gegeben. Immer mehr Lumpenproletarier spülte es zur Zeit der Weltwirtschaftskrise in die KPD; sie wurden von der Führung gegen kritische Geister aufgestachelt. Das hat dem gemeinsamen Kampf gegen die Faschisten, für den wir mit der Einheitsfront-Losung früher als alle anderen eingetreten sind, sehr geschadet. Daraus müssen wir lernen. Wir müssen zusammen und gemeinsam die Neonazis von der Straße und aus den Parlamenten jagen.«

Die undogmatischen Kommunisten August Thalheimer und Heinrich Brandler lernte Theo im bescheidenen Domizil der Reichsleitung der KPD (O) kennen, in dem auch die Redaktion der Zeitschrift »Gegen den Strom« untergebracht war. Im großen Eingangsbereich einer Wohnung im Haus in der Wilhelmstraße 135 im Herzen Berlins stand ein langer, massiver Arbeitstisch, an dem die Redaktionssitzungen stattfanden und Rundschreiben vervielfältigt und verpackt wurden. »Ich half an manchen Nachmittagen nach der Schule aus. Und wenn ich eine Frage hatte, konnte ich zu August gehen. Er hörte mir stets geduldig zu. Sein Arbeitszimmer verließ ich immer ein wenig klüger.« Theo darf dem Chefredakteur sogar beim Verfassen von Leitartikeln über die Schultern schauen. »Seine Sprache war klar, sein Stil beeindruckend, seine Faschismusanalysen brillant. Während die KPD noch die fatale Sozialfaschismusthese wiederkäute und die Sozialdemokraten die Kommunisten ›rot lackierte Faschisten‹ nannten, forderte er die Einheit der Arbeiter gegen Hitler. Er warnte früh, der Faschismus in Deutschland wird viel schlimmer als der in Italien.«

Der Aufruf zum Generalstreik gegen die Ernennung Hitlers Ende Januar 1933 war eine der letzten Aktionen der oppositionellen Kommunisten. Thalheimer und Brandler emigrieren später nach Paris und von dort nach Kuba. »Ich habe August nicht mehr wiedergesehen«, bedauert Theodor Bergmann. Bis zu dessen Tod stand er jedoch mit seinem politischen Ziehvater in brieflichem Kontakt. »Er starb 1948 in Havanna, kurz vor der geplanten Rückkehr nach Deutschland.« Von den politischen Diskussionen, die er damals in der Wilhelmstraße mit Thalheimer und Brandler, Robert Siewert und Jacob Walcher führte, alles große Namen der kommunistischen Bewegung in Deutschland, zehrt Theodor Bergmann noch Jahrzehnte danach.

Sommer 1936. Theo ist glücklich, er ist wieder in Europa, in der Tschechoslowakei. Er immatrikuliert sich an der Landwirtschaftlichen Fakultät der Deutschen Technischen Hochschule in Tetschen-Liebwerd (Děčín), 120 Kilometer von Prag entfernt. Fast jedes Wochenende fährt er in die Moldaumetropole, zu seinen Genossen. Die Emigranten sammeln Informationen aus dem »Reich«, schreiben Artikel für antifaschistische Zeitungen, fertigen Flugblätter an, die über die Grenze nach Deutschland geschmuggelt werden.

Einige hundert Kilometer entfernt ist im gleichen Sinne sein Bruder Alfred aktiv. Er hat in Basel sein 1933 in Berlin zwangsabgebrochenes Medizinstudium beendet. Die SA-Männer, die Hedwig Bergmann am 7. März 1933 couragiert abgewimmelt hatte, sind zwei Tage darauf wieder gekommen, haben Alfred Bergmann verhaftet und ins

KZ Esterwegen im Emsland verschleppt. »Er kam dank der Hartnäckigkeit meines Bruders Arthur und dank eines klugen Anwalts Ende des Jahres wieder frei.« Alfred Bergmann geht in die Schweiz, studiert, promoviert und praktiziert als Arzt in verschiedenen Spitälern, vor allem in solchen, in denen die Schweizer Kollegen nicht arbeiten wollen. Sie wissen nichts von seinen antifaschistischen Aktivitäten. Mit seiner Lebensgefährtin Clara Schmalz, Lehrerin in einer Berner Schule für behinderte Kinder, organisiert er die Grenzarbeit der KPD (O). »Sie schrieben mit Milch Nachrichten auf Packpapier, in das sie Schokolade oder andere Schweizer Leckereien einwickelten, die sie dann als Geschenke nach Berlin schickten. Die Genossen dort konnten mit Jodtinktur die unsichtbaren Zeichen lesbar machen. Das war eine sehr primitive Methode. Und die Gestapo kam dann auch darauf, was es mit den vermehrten Paketsendungen aus der Schweiz auf sich hatte.«

Das deutsche Generalkonsulat in Basel verlangt die Auslieferung des Arztes Alfred Bergmann. Die Schweizer Fremdenpolizei kommt dem »Ersuchen« nach. »Am 20. April 1940 wurde mein Bruder im Hospital verhaftet, an die Grenze gefahren und von der angeblich neutralen Schweiz der Gestapo übergegeben. Alfred wurde nach Berlin gebracht und sofort ermordet. Ja, so war das. Das ging damals ganz schnell.« Theodor Bergmann hält inne. Die Gefühle übermannen ihn.

Ein letztes Mal traf er seinen Bruder mit dessen Lebensgefährtin im Sommer 1938 in einem slowakischen Dorf, in dem eine Tante wohnte. »Wir wanderten gemeinsam durch die Hohe Tatra, zu den Seen im Hochgebirge bei Poprad und Starý Smokovec und besuchten Käsmark, wo es noch eine Talmud-Schule gab, in der Jungen mit Schläfenlöckchen alte jüdische Gesetze diskutierten«, erinnert sich Theodor Bergmann.

An den Arzt Alfred Bergmann erinnert heute in Berlin-Charlottenburg ein Stolperstein. Anderen, in Theresienstadt und Auschwitz umgebrachten Angehörigen der weit verzweigten Familie Bergmann wird in Yad Vashem gedacht.

Als am 18. Juli 1936 spanische Generäle gegen die Volksfrontregierung in Madrid putschen, will Theo sich sofort wieder auf den Weg machen, bemüht sich um Papiere. »In Spanien werden wir den Faschismus schlagen, hofften wir. Oder wenigstens eindämmen.« In seinem Bemühen um Dokumente wird Theo aufgeschreckt, durch beunruhigende Nachrichten aus Spanien. Im Mai 1937 kämpfen in Barcelona Anarchisten und Kommunisten gegeneinander, statt gegen die Franco-Putschisten, Hitlers und Mussolinis Legionäre. Bruder Alfred warnt Theo: »Wenn du jetzt nach Spanien gehst, verschwindest du gleich in einem Gefängnis.«

Doch auch in Tschechien kann Theo nicht länger bleiben. Am 29. September 1938 signieren Neville Chamberlain und Édouard Daladier ein Abkommen, das Hitlers Appetit auf weitere Eroberungen nur vergrößert. Der britische Premier irrt, als er glaubt, mit seiner und seines französischen Kollegen Unterschrift unter dem Pakt, der das Sudetenland ans »Deutsche Reich« angliedert, »peace for our time«, den Frieden für unsere Zeit gesichert zu haben. Chamberlain ist dem Diktator in Berlin auf den Leim gegangen. Drei Tage vor dem Treffen in München hatte Hitler bei einer Rede im Berliner Sportpalast suggeriert: »Es ist die letzte territoriale Forderung, die ich in Europa zu stellen habe, aber es ist die Forderung, von der ich nicht abgehe!« Am 15. März 1939 rollen Panzer der faschistischen Wehrmacht in Prag ein; der Nachbarstaat wird zerschlagen. Die Slowakei wird ein Vasallenstaat von Hitlers Gnaden, Böhmen und Mähren werden deutsches »Protektorat«.

Theo Bergmann ist da bereits in Schweden. Er und Genossen haben kommen sehen, was der seit Jahren betriebenen Appeasement-Politik der Westmächte folgen wird.

Mit 200 Kronen in der Tasche fährt Theo im Herbst 1938 über Zebrzydowice durch Danzig nach Polen. Die angeblich »Freie Stadt« ist mit Hakenkreuzfahnen übersät. Nach dem Ersten Weltkrieg von Deutschland abgetrennt, steht Danzig unter Aufsicht des Völkerbundes, der jedoch nichts gegen das Erstarken der Faschisten in der Stadt an der polnischen Ostseeküste unternimmt. Mit Kanonenschüssen vom dienstältesten deutschen Kriegsschiff »Schleswig-Holstein« auf die Westerplatte am 1. September 1939, 4.47 Uhr abgefeuert, wird der Zweite Weltkrieg entfacht.

Er sitzt in einem plombierten Zug Richtung Gdynia. Mit einem Frachter reist er weiter nach Kopenhagen. Er ist der einzige Passagier an Bord. Von der dänischen Hauptstadt will er mit der Fähre nach Oslo übersetzen. Dänische Grenzer verwehren ihm jedoch den Zutritt, obwohl er in Besitz eines gültigen Transitpapiers ist. Sie wollen den Deutschen nach Deutschland schicken. Theo protestiert heftig und hat »Erfolg«: Er wird zunächst in einem Polizeigefängnis interniert, »mit Aussicht auf den Großen Belt«. Bevor hinter ihm die Zellentür ins Schloss fällt, werden ihm Rasierklingen und Taschenmesser abgenommen, um einen Selbstmord vorzubeugen. An Suizid denkt Theo natürlich nicht. Er hat doch nicht den weiten Weg von Berlin nach Tel Aviv und über Prag nach Kopenhagen mit allen erdenklichen Entbehrungen auf sich genommen, um sich in der dänischen Hauptstadt zu entleiben.

»Nach vielleicht acht oder zehn Tagen kamen die beiden Polizisten, die mich verhaftet haben, gaben mir Rasierklingen und Taschenmesser zurück und führten mich zum Hafen.« Unter ihren wachsamen Augen muss er ein Schiff der American Scantic Line besteigen, das ihn nach

Gdynia zurückbringen soll, von wo er gerade gekommen ist. »Ich war wieder der einzige Passagier an Bord. Es war eine schöne Fahrt, wolkenloser Himmel, strahlender Sonnenschein, ruhige See. Ein wunderschöner Herbsttag. Der Kapitän, ein litauischer Jude, lud mich zum besten Essen aller Zeiten ein.«

Als das Schiff in Gdynia anlegt, ist die Tinte unter dem Münchener Abkommen noch nicht getrocknet. »Ich durfte und musste auf dem Schiff bleiben. Ein freundlicher Vertreter der Reederei kam und fragte nach meinen Wünschen.« Theo wünscht sich, mit dessen Schiff weiterfahren zu dürfen und übergibt dem Mann seine ganze Barschaft. Sodann bittet er ihn, ein Telegramm in die Schweiz abzusetzen, in dem der nächste Zielhafen angegeben ist.

Als nächstes wird vor Stockholm Anker gelassen. Erneut sucht ein Abgesandter der American Scantic Line Theo auf, er überreicht ihm eine telegrafische Anweisung von 300 Schweizer Franken. »Clara Schmalz, Alfreds Freundin, hat ihr ganzes gerade erhaltenes Monatsgehalt überwiesen«, erinnert sich Theodor Bergmann dankbar.

Der Landwirtschaftsstudent verdingt sich bei einem Bauern unweit von Stockholm. »Es gab in Schweden viele Flüchtlinge aus Deutschland, Österreich und der Tschechoslowakei. Sie verrichteten Arbeiten, die kein Schwede freiwillig machte. Ich habe im Kuhstall gearbeitet. Einmal kam der Nachbar zu meinem Arbeitgeber, klopfte ihm auf die Schulter und sagte: ›Joel, deine Kühe waren noch nie so sauber wie jetzt bei dem Deutschen.‹«

An Wochenenden trifft sich Theo mit Bruder Josef, der über Paris nach Stockholm emigriert und in der Landesgruppe deutscher Gewerkschafter in Schweden aktiv ist. Die beiden geben »Politische Briefe« heraus, in denen sie ihre Ideen für ein sozialistisch-demokratisches Nachkriegsdeutschland artikulieren.

Zwei Deutschländer auf einem Kahn

Josef und Theo sind die einzigen der acht Bergmann-Kinder, die in die alte Heimat zurückkehren. »Im März 1946 konnten wir endlich zurück in die Heimat fahren.« Auf dem Schiff der Holmen-Linie waren dreißig deutsche Sozialisten und Kommunisten und dreißig ranghohe Nazis. »Zwei Deutschländer auf einem Kahn.«

Das Schiff legt am 1. April im Hafen von Lübeck an. Nach dreizehn Jahren ist Theos Odyssee beendet. Nicht so die seines Bruders Josef. Er wird von der britischen Besatzungsmacht mit den Nazis ins vormalige KZ und nunmehrige Internierungslager Neuengamme gebracht. Ein halbes Jahr lang wird dem Juden und Kommunisten Josef Bergmann tägliche Gegenwart seiner ärgsten Feinde zugemutet. Theodor Bergmann vermutet, dass einer der Nazis an Bord des Schiffes, mit dem sie von Stockholm übersetzten, ihn bei den Briten als »Komintern-Agenten« denunziert hat. Nach seiner Entlassung wird Josef Bergmann Neulehrer, später arbeitet er als Drucker. Er bleibt an der Küste, in Hamburg, während es Bruder Theodor ins »Ländle«, nach Baden-Württemberg verschlägt; dort wird er Professor für vergleichende Agrarpolitik an der Universität Hohenheim.

Warum sind diese beiden Bergmann-Brüder im Gegensatz zu ihren Geschwistern nach Deutschland zurückgekehrt? »Ich wollte meine Heimat nicht denjenigen überlassen, die einen Hitler erst stark und den Holocaust möglich gemacht haben«, sagt Theodor Bergmann.

Mit Bruder Josef versucht er in den 1950er Jahren die KPD (O) wiederzubeleben. Sie gründen die Gruppe »Arbeiterpolitik« und geben eine gleichnamige Zeitschrift heraus. Heinrich Brandler ist mit von der Partie. »Er ist 1949 aus dem Exil zurückgekehrt. Wir standen allen Besatzungsmächten kritisch gegenüber, waren gegen die Demontagen

142

und wollten die Gewerkschaften zu einer klassenkämpferischen Politik animieren.« Doch die Kräfteverhältnisse in der restaurativen Bundesrepublik geben dem Unternehmen keine Chance.

Auch das, was sich in der sowjetischen Besatzungszone und der jungen DDR unter der Fuchtel Stalins entwickelt, können Theo und Genossen nicht gutheißen. Dafür werden sie von anderen Linken in Westdeutschland angegriffen: »Ihr habt ja eigentlich recht, aber in Ostdeutschland bauen sie den Sozialismus auf und da ist es nicht gut, Kritik öffentlich auszusprechen.« Das lässt der unorthodoxe Kommunist nicht gelten.

»Einige in Ostdeutschland sahen das genauso wie wir und sind eingesperrt worden, so mein Freund Alfred Schmidt.« Er war in der Weimarer Zeit preußischer Landtagsabgeordneter der KPD, ist der KPD (O) beigetreten und geriet nach dem Krieg in das Räderwerk der Verfolgung antistalinistischer Marxisten. Schmidt wurde von einem sowjetischen Militärgericht zum Tode verurteilt. Das Todesurteil hat man dann in 25 Jahre Zwangsarbeit umgewandelt; erst nach dem XX. Parteitag der KPDSU wurde er aus dem Gulag entlassen. Theodor Bergmann zählt weitere Fälle auf: Erwin Lenz wurde 1955 als Werkdirektor abgesetzt und wegen angeblicher »Agententätigkeit« verhaftet, der eigentliche Grund: Er war Mitglied der KPD (O) gewesen. Robert Siewert, sächsischer Landtagsabgeordneter, von den Nazis ins KZ Buchenwald eingewiesen, wurde zu einem »Sündenbekenntnis« gezwungen. »Und viele andere aufrechte, erfahrene Kommunisten. Das geschah auf Geheiß Stalins, als er seinen Streit mit Tito ausfocht.«

Theodor Bergmann ist über diese ungeheuerlichen Geschehnisse noch heute empört. Ganz zu schweigen, oder besser nicht zu schweigen, über den Stalinschen Terror in den 1930er Jahren in der Sowjetunion, die Schauprozesse und willkürlichen Verhaftungen. »Die Tschistka, die sogenannte Große Säuberung – was für ein menschenverachtendes Wort ... Sie traf die deutsche Arbeiterbewegung besonders hart.« Theodor Bergmann nennt Hugo Eberlein, den Mitbegründer der KPD, 1941 in Moskau erschossen, den Nationalökonomen Nathan Steinberger, der 18 Jahre in sowjetischen Gefängnissen und Lagern saß, und Ernst Fabisch, der als Ingenieur am großen Aufbauwerk in der Sowjetunion mittun wollte, von Stalin 1938 an Nazideutschland ausgeliefert und in Auschwitz umgebracht worden ist ...

Der staatlich organisierte Sozialismus hat sich von der Weltbühne verabschiedet. Empfindet Theodor Bergmann dies als eine Niederlage? »Friedrich Engels schrieb 1850, die Niederlage der Revolution sei ›die größte Katastrophe unserer Geschichte‹. Es hat danach mehrere und größere Katastrophen gegeben. Und deshalb bin ich gelassen. Aus Niederlagen gewinnt man neue Kraft. Wir Linken müssen zusammenhalten, west- und ostdeutsche Erfahrungen zusammenbringen – gegen die faktische Einheitsfront von CDU und SPD. Wir müssen aus den Erfahrungen der kommunistischen Bewegung lernen, den guten und den schlechten«, sagt das heutige Mitglied der Linkspartei.

Theodor Bergmann bleibt seinen Idealen treu. »Natürlich steht der Kommunismus bei uns nicht auf der Tagesordnung – aber dass es mit dem Kapitalismus so nicht weitergeht, muss jedem klar sein.« Er träumt nicht von einem Wolkenkuckucksheim, das schon Karl Marx und Friedrich Engels in der »Deutschen Ideologie« zerfetzten, sondern von einer Gesellschaft ohne Kapitalisten, Militaristen, Faschisten und mit wirklicher Gleichheit für alle Menschen.

Obwohl er auf die hundert zumarschiert, ist Theodor Bergmann publizistisch weiterhin aktiv. Seine Bücher füllen allein ein ganzes Regal: »Ketzer im Kommunismus«,

»Gegen den Strom«, »Im Jahrhundert der Katastrophen«, »Die Thalheimers«, »Rotes China«, »Internationalismus im 21. Jahrhundert«, »Weggefährten«, »Der Hundertjährige Krieg um Israel« usw. Er ist auch noch immer unterwegs, quer durch Deutschland. Ob bei einer Demonstration gegen Sozialabbau oder Neonazis, auf Kundgebungen gegen Kriegseinsätze oder bei Tagungen, auf denen Sackgassen und Irrwege der Geschichte und gesellschaftliche Alternativen debattiert werden – er ist dabei, zu erkennen an Jägerhütchen und Rucksack.

Sogar ins ferne China reist er noch hin und wieder. Aber es ist nicht mehr die Freude dabei, die er früher empfand, als ihn seine Frau Gretel, geborene Steinhilber, begleitete. Studienreisen haben die beiden rund um den Globus geführt, von Venezuela bis nach Neuseeland. Sie stammte aus Stuttgart, aus einer ebenfalls kinderreichen Familie; die Steinhilbers hatten acht Kinder, wie die Bergmanns, Mutter und Vater waren Sozialdemokraten. Die drei jüngsten Töchter, Kommunistinnen, gingen nach Hitlers Machtantritt in den Widerstand, wurden verhaftet und vor Gericht gestellt; Gretel wurde freigesprochen, blieb aber unter Gestapoaufsicht. Als sie 1994 starb, verlor er eine tapfere Genossin, seine liebste Genossin, sagt Theodor Bergmann.

Nach dem Geheimnis seines Elans auch noch im hohen Alter gefragt, antwortet er im Stakkato: »Sechs Uhr aufstehen, turnen, frühstücken, Zeitung lesen. Ab acht Uhr am Arbeitstisch. Elf Uhr Essen kochen, essen und Geschirr abwaschen. Dann eine halbe Stunde Schlaf und wieder arbeiten. Halb vier Kaffee trinken. Achtzehn Uhr dreißig eine halbe Stunde spazieren gehen – ganz wichtig, egal bei welchem Wetter. Neunzehn Uhr Abendbrot, Nachrichten hören, ein schönes Buch lesen. Halb elf ist Feierabend.«

Und das hilft? Offenbar. Theodor Bergmann ist dafür der quicklebendigste Beweis.

EIN LETZTER DIENST

Kurt Gutmann, Zeuge im Demjanjuk-Prozess,
über schmerzende Erinnerungen und
enttäuschte Hoffnung auf Gerechtigkeit

Was geht in einem vor, was fühlt, was denkt man, wenn man dem Mörder seiner Mutter und seines Bruders gegenübersitzt? Aug' in Aug'. Nur fünf bis sechs Meter trennen Kurt Gutmann vom gebürtigen Ukrainer Ivan »John« Demjanjuk, der sich vor dem Münchener Landgericht für die Beihilfe beim Massenmord an Juden verantworten muss. »Ich konnte ihm nicht in die Augen schauen«, sagt Kurt Gutmann. »Das war nicht möglich. Denn er hielt den Kopf stets gesenkt. Ich dachte immer nur: Er ist der Letzte, der meine Mutter und meinen Bruder Hans lebend gesehen hat.«

Die Himmelfahrtstraße

Lange Zeit glaubte Kurt Gutmann, die beiden wären in Auschwitz ermordet worden. Erst 1996 erfuhr er, dass seine Mutter und sein Bruder 1942 von Düsseldorf nach Izbica im deutsch besetzten Polen deportiert worden sind. Das Schtetl in der Nähe von Lublin, in dem vor dem Krieg 95 Prozent der Bevölkerung jüdisch waren, diente den Nazis als »Umschlagplatz« für die Transporte in die Vernichtungslager, vor allem nach Sobibór.

Es gibt keine Todeskarteien von dieser Stätte des Grauens. So weiß Kurt Gutmann nicht, an welchem Tag die Seinen starben. Das Lager, das sich in die Annalen jüdischen Widerstands eingeschrieben hat, war lange Zeit vergessen, auch von Holocaustforschern kaum beachtet – trotz des heldenhaften Aufstandes der Häftlinge am 14. Oktober 1943. Zwölf SS-Männer wurden getötet, über 300 Häftlinge konnten fliehen, wurden jedoch von Wehrmacht-, SS- und Polizeieinheiten in den folgenden Wochen wieder eingefangen und auf der Stelle erschossen. Nur 50 Häftlingen gelang es, sich in den umliegenden Wäldern zu verstecken und sich polnischen Partisanen oder der Untergrundarmee anzuschließen. Der Schock ist den Judenmördern in die Glieder gefahren; sie brachten alle im Lager verbliebenen Häftlinge um, vernichteten alle Unterlagen, vor allem die Todeslisten, und machten das KZ dem Erdboden gleich. Nichts sollte an den heroischen Akt jüdischen Widerstands erinnern. Sie forsteten die Todesstätte auf. »Die Kiefern ragen heute in den Himmel«, erzählt Kurt Gutmann. »Durch den Wald wurde nach dem Krieg eine Schneise geschlagen – an der Stelle, wo einst der Weg von der Rampe zu den Gaskammern führte.« 150 Meter lang und drei Meter breit. Die »Himmelfahrtstraße«, wie sie bei den Häftlingen genannt wurde.

Kurt Gutmann ist knapp mit einem der letzten Kindertransporte über Holland nach Großbritannien den deutschen Antisemiten entkommen; nur zehntausend deutsch-jüdische Kinder hatten das Glück. Sein Bruder Hans ist schon zu alt, muss in Deutschland bleiben; seine Elektrikerlehre kann er nicht beenden, weil Juden im »Reich« eine Berufsausbildung nicht mehr gestattet ist.

Zum ersten Mal ist Kurt auf Reise, und ganz allein. Nun, im Zug sind viele andere Kinder. Als sie über die holländische Grenze rollen, singen sie »Nun ade, du mein lieb Heimatland ...« Abenteuerlich ist die Schiffahrt übers Meer. Während Kurt das sich hinter dem Schiff kräuselnde, von der Schiffsschraube aufgewirbelte Wasser beobachtet, verfliegt für einen Moment das Heimweh, das sich seiner

Kurt Gutmann als schottischer Highlander

bereits wenige Minute nach dem Abschied von Mutter und Bruder bemächtigt hat.

Kurt kommt in ein jüdisches Waisenhaus in Glasgow in Schottland, in dem bereits sein älterer Bruder Fritz lebt. »Er war ein sehr guter Schüler. Und da in Deutschland Juden nicht mehr das Abitur machen und nicht studieren durften, ist er schon vor mir nach England gefahren.«

Sie waren ihrer drei: Hans-Josef, der Älteste, Fritz und Kurt, der am 27. Februar 1927 in Krefeld geboren wurde.

»Mein Vater war Samt- und Seidenhändler, war erst als Verkäufer angestellt und hat dann seinen eigenen Laden aufgemacht, ist aber schon vor der Weltwirtschaftskrise pleite gegangen und starb 1928. Er war zu gutmütig, hat nicht genug Druck auf seine Kunden ausgeübt, die anschreiben ließen. Die Schulden haben ihn in den Tod getrieben.«

Nach dem frühen Tod des Vaters musste sich die Mutter zur Aufbesserung der kargen Witwenrente eine Arbeit suchen. »Sie hatte geschickte Hände und einen feinen Geschmack.« Die Mutter von Kurt Gutmann fertigt aus Seidenfäden kunstvolle Tischdecken mit Mustern. »Tag und Nacht war sie am Stricken. Diese Decken waren damals sehr begehrt. Es war aber eine sehr aufwendige Arbeit, viel Geld kam nicht rein. Ich habe leider keine solche Tischdecke. Ich hätte gern eine solche. Zur Erinnerung an meine Mutter«, seufzt Kurt Gutmann.

Gegenständliche Erinnerungen sind rar. Das Fotoalbum, das die Mutter ihm auf die Reise nach Schottland mitgegeben hatte, ist ihm im Waisenhaus abgenommen worden. Die Frauen meinten es gut mit ihm. Das Album sollte nicht Wehmut und Sehnsucht nähren. Bruder Fritz hatte zum Glück noch einige Fotos.

Zwölf Jahre ist Kurt, als er von der Mutter Abschied nehmen muss – am 29. Juni 1939. Die Trennung fällt dem Jüngsten schwer. »Ich war ein Muttersöhnchen.« Fritz kann ihm in England nicht die fehlende Liebe der Mutter ersetzen. Im Gegenteil, sein Bruder ist im Heim für Disziplin verantwortlich und zu Kurt besonders streng, damit ihm keiner vorwirft, ihn zu bevorzugen. Er schickt Kurt gar eine halbe Stunde früher zur Nachtruhe, schimpft mit ihm, weil er angeblich die Hausaufgaben nicht ordentlich erledigt hat.

Nach der »Wende« in der DDR besucht Kurt Gutmann seinen Bruder in England; Fritz wollte nach dem Krieg nicht zurück in die Heimat, ist in Großbritannien heimisch geworden. »Beim letzten Mal gab er mir einen Kuss zum Abschied – was mir 1939 so sehr gefehlt hatte. Ein wenig Innigkeit.«

Im jüdischen Heim wird morgens und abends gebetet. Kurt muss Hebräisch lernen und ganze Passagen aus der Thora auswendig rezitieren. »Zu Hause haben wir uns nicht streng an die Bräuche und Gebote gehalten. Zu Chanukka wurde der Leuchter angezündet, aber wir gingen nicht oft in die Synagoge. Mutter kochte köstliche jüdische Gerichte, besonders gut schmeckte mir ›Himmel und Erde‹, ein Gericht aus Kartoffelbrei und Apfelmus. Aber es gab bei uns auch saftiges Schweinefleisch.«

Granaten drehen in Glasgow

So richtig glücklich ist Kurt nicht im Heim. Nestwärme erfährt er erst in Annan wieder, einem kleinen schottischen Fischerdorf, in das die Heimkinder mit Beginn des Zweiten Weltkrieges im September 1939 evakuiert werden. Dort kommen sie in verschiedene Familien, Kurt in die eines Bäckers, der nebenbei auch Fischfang betreibt. »James und seine Frau waren sehr anständige Menschen. Sie hätten mich auch gern adoptiert, obwohl sie selbst schon zwei Kinder hatten.« Die Leitung des jüdisch-orthodoxen Waisenheims erlaubt es nicht, weil sie keine Juden sind. Eine eigenartige Entscheidung, befindet Kurt Gutmann.

James Chalmers, wie sein zeitweiliger Pflegevater hieß, verunglückt in den 1960er Jahren beim Fischfang auf hoher See. Auch dessen Familie hat Kurt Gutmann in den 1990er Jahren aufgesucht. Das war ein freudiges Wiedersehen mit der Pflegemutter, deren Kindern und Nachbarn. »Kurt comes home«, titelte damals eine schottische Zeitung.

Noch einmal muss Kurt seine sieben Sachen packen, nicht zum letzten Mal. 1942 werden die Heimkinder nach Greenock umgesiedelt. Auch hier werden sie von ausschließlich jüdischen Lehrern unterrichtet. Zu Kurts Entsetzen entpuppt sich einer als Faschist. »Er kam aus Ungarn und meinte, am Faschismus sei nur der Antisemitismus schlecht.« Deshalb will Kurt auch so schnell wie möglich weg. Er beschließt, nach der 10. Klasse seiner Wege zu ziehen. Er will zurück nach Glasgow, in einem Rüstungsbetrieb arbeiten. »Um die Beendigung des Krieges zu beschleunigen. Damit ich recht bald zu meiner Mutter und meinem Bruder Hans zurückkehren könnte.« Das Waisenheim besorgt ihm jedoch nur eine Lehrstelle für Maßschneiderei.

Eine Emigrantenfamilie in Glasgow hilft ihm. Walter Gerhold arbeitet als Werkzeugmacher und bringt Kurt in seinem Betrieb unter, in dem Teile für Geschosse gefertigt werden. Während sein Bruder Fritz Mathematik studiert und Lehrer wird, hilft er, das britische Königreich im Kampf gegen das »Dritte Reich« zu stärken.

In Glasgow schließt sich Kurt einer Gruppe der Freien Deutschen Jugend an. Ab April 1939 sind in mehreren britischen Städten von jungen Emigranten FDJ-Gruppen gebildet worden. Ihren Vorläufer hatten sie in Prag vor dem Einmarsch der deutschen Wehrmacht. Es sind vor allem jüdische Jugendliche, die mit einem Kindertransport aus Deutschland, Österreich oder der okkupierten Tschechoslowakei nach Großbritannien kamen, die den politischen Zusammenschluss suchen, der auch gemeinsame kulturelle Erlebnisse einschließt.

Die größte schottische Stadt Glasgow ist eine Industriemetropole, Kohle, Eisen, Stahl, und hat eine starke selbstbewusste Arbeiterklasse; 1936 entsandte sie ein ganzes Bataillon zur Unterstützung der Spanischen Volksfrontrepublik. Kurt tritt dem FDJ-Chor in Glasgow bei, den Erwin Jacoby, der Sohn eines jüdischen Berliner Kantors, leitet. »Er war 15 oder sogar 20 Jahre älter als ich. In der DDR war er Kulturleiter in den Berliner Gaswerken und später Rundfunksprecher.« Der 15-köpfige Chor singt deutsche Volksweisen, Arbeiterlieder und sowjetrussische wie etwa »Partisanen vom Amur«. Sie treten in Genossenschaftsklubs und auf Gewerkschaftsversammlungen auf. Das musikalische Talent hat Kurt von der Mutter geerbt. »Sie sang während ihrer Strickerei am liebsten ›Sah ein Knab' ein Röslein steh'n …‹« Heute ist Kurt Gutmann Mitglied des Ernst-Busch-Chors in Berlin.

»Die FDJ in Glasgow zählte 35 Mitglieder«, erinnert sich der Veteran. »Die wenigsten sind nach Deutschland zurückgegangen.« Und jenen, die zurückgingen, wurde mitunter böse mitgespielt. »Zu uns gehörte auch eine Wienerin, die hat einen Deutschen geheiratet hat, einen Halbjuden … Ich kann das Wort eigentlich gar nicht aussprechen. Volljude, Halbjude, Vierteljude – so haben uns die Nazis eingeteilt und selektiert. Jedenfalls war ihr Mann später Chefarchitekt in Rostock, hat die Stadt wieder aufgebaut. Und den haben sie dann rausgeschmissen, auf Grund einer Intrige. Irgendein Strolch, der sich in die Partei eingeschlichen hat, hat ihn verleumdet.«

Doch zurück zur Insel:

Kurt will nicht nur Granaten gegen Hitler drehen und antifaschistische Lieder singen, sondern auch mit der Waffe in der Hand gegen die Faschisten kämpfen. Als das britische Parlament 1943 beschließt, jüdische und deutsche Antifaschisten dürften in die Royal Army eintreten, meldet er sich sofort – wie viele andere FDJler auch. »Gegen Nazideutschland in den Krieg zu ziehen, empfand ich als meine Pflicht.« Kurt ist gerade einmal siebzehneinhalb. Und wird dennoch genommen. »Ich gehörte nun dem 5. Royal

Highland Bataillon an, der ›Black Watch‹, der Schwarzen Garde, die noch heute eine schottische Elitetruppe ist.« Der gebürtige Krefelder erhält nicht nur einen khakifarbenen Battledress, Kampfanzug, sondern auch ein Schottenröckchen, blau-grün kariert. »Das gehörte zur Paradeuniform.«

Als seine militärische Ausbildung endet, ist auch der Krieg aus. Doch Kurt wird sehr wohl noch gebraucht. Man bestellt ihn ins Kriegsministerium. Er wird als Dolmetscher für den Einsatz in Kriegsgefangenenlagern geprüft. Der Corporal ist jedoch zu anständig und freundlich gegenüber den Gefangenen, meinen zumindest seine Vorgesetzten, degradieren ihn zum »Private«, dem niedrigsten Mannschaftsrang, und betrauen ihn mit anderen Aufgaben, vornehmlich mit Wache schieben. »Ich war ja kein Deutschenhasser. Ich hasste die Naziverbrecher. In den Kriegsgefangenenlagern waren viele kleine Jüngelchen, die denen auf den Leim gegangen sind, die es nicht besser gewusst haben. Warum sollte ich die schikanieren?« Sie waren im gleichen Alter wie er oder nicht viel älter.

Ernüchternde Erlebnisse

Zwei Jahre nach dem Krieg wird Kurt Gutmann in die Stadt geschickt, in der er die letzten Jahre seiner Kindheit in Deutschland verbrachte: Mülheim an der Ruhr. Nach dem Tod des Vaters war die Mutter mit ihren drei Söhnen von Krefeld dorthin, zur Großmutter gezogen, die ein kleines Häuschen ihr Eigen nannte. Kurt wird von Erinnerungen heimgesucht, die er vergessen glaubte. Er kennt hier jedes Haus, jeden Weg und Steg. Er steht vor der Schule, die er damals jeden Morgen mit Bauchschmerzen betreten hat: Was wird ihn heute für eine Schikane erwarten? Er weiß noch genau, als wäre es gestern gewesen: Die Lehrer verprügelten den Judenjungen mit dem Rohrstock, die Mitschüler droschen mit den Fäusten auf ihn ein. Der Rektor der Schule stand ihnen nicht nach. Eines Tages wurde Kurt zu ihm zitiert, er grüßt brav: »Guten Morgen!« Der Rektor blafft ihn an: »Wie grüßt ein deutscher Junge?« Kurt beißt sich auf die Lippen. Der Rektor weiß doch ganz genau, dass ihm, einem Juden, der deutsche Gruß »Heil Hitler« verboten ist. Kurts Schweigen wird mit zehn heftigen Stockschlägen quittiert.

Es jagt Kurt Gutmann einen Schauer über den Rücken, wenn er an Mühlheim unterm Hakenkreuz zurückdenkt. Braunhemden zogen mit Schildern durch die Straßen des Städtchens: »Juda verrecke!« Plaketten an Parkbänken mahnten: »Für Juden verboten!« Sie durften nicht mehr ins Kino, nicht in Konzerte, keine Schwimmbäder aufsuchen und auch keine Radioempfänger besitzen. Ein Cousin der Mutter, Rechtsanwalt in Düsseldorf, wurde in der Pogromnacht 1938 von der SA aus dem Fenster seiner Wohnung geworfen; er verstarb an seinen Verletzungen.

Nun ist Kurt in die Stadt einstiger Demütigung als Besatzungssoldat zurückgekehrt. Eine typische deutsche Kleinstadt, trügerische Idylle. Die Bürger gehen ihren Geschäften nach, als wäre nichts geschehen. Sie vergnügen sich, als hätte es keinen Krieg und keinen Mord an Millionen Juden gegeben. Kurt Gutmann weiß nicht, was er davon halten soll. Doch es soll noch schlimmer kommen: Eines Abends, er ist auf Patrouille, glaubt er seinen Ohren nicht zu trauen. Drei Männer stolpern aus einem Lokal und grölen laut: »Wir werden weiter marschieren, wenn alles in Scherben fällt. Denn heute gehört uns Deutschland, und morgen die ganze Welt.« Kurt Gutmann ist empört, ruft laut: »Halt! Stehen bleiben!« Doch die drei marschieren brüllend weiter. »Da habe ich in die Luft geballert. Erst dann hielten sie inne.« Private Gutmann bringt die drei auf die Wache. »Sie kamen vor ein Militärgericht, wurden aber nur zu vierzehn Tagen Bau verurteilt. Das war 1947, da haben sich die Briten und Amerikaner nicht mehr groß für die alten Nazis interessiert.«

Das nächste ernüchternde Erlebnis im Nachkriegsdeutschland lässt nicht lange auf sich warten. »Ich war mit zwei Mädels in einem Tanzlokal. Da muss mich einer von früher, aus der Kindheit, erkannt haben. In einer Tanzpause sprach er die beiden Mädchen an: ›Was ihr da macht, ist potenzielle Rassenschande.‹« Kurts charmante Begleiterinnen lassen sich jedoch nicht von einem Ewiggestrigen einschüchtern; sie sind Mitglieder der FDJ wie ihr Tanzpartner. Der Bekannte aus Kindheitstagen lässt aber nicht ab und brüllt Kurt an: »Man hätte euch alle vergasen sollen.«

Im Jahr darauf wird Kurt Gutmann demobilisiert. Er scheidet 1948 »auf eigenem Betreiben« aus. Er arbeitet weiter als Dolmetscher, zunächst für eine chinesische Nachrichtenagentur, dann für Intertext der DDR. Kurt Gutmann studiert Außenhandel, darf aber nicht ins NSW, ins »Nichtsozialistische Wirtschaftsgebiet«, reisen – weil er Westemigrant war und weil sein Bruder in England geblieben ist. Kurt Gutmann kann das nicht verstehen, fragt eines Tages den Kaderleiter: »Hätte sich auch mein Bruder von den Nazis umbringen lassen müssen, damit ihr mir vertraut?« Seine Widerworte werden als »parteischädigendes Verhalten« aktennotorisch.

Seine Enttäuschung ob des mangelnden Vertrauens machen die vielen Begegnungen mit interessanten, internationalen Persönlichkeiten wett, so mit Claude Lightfoot von der KP der USA. »Wenn er in der DDR war, bestand er darauf, dass ich ihn als Dolmetscher begleite.« Der afro-amerikanische Bürgerrechtler, der mit seinen Schriften wie »The Negro Question in the U. S. A.«, »Negro Liberation« oder »The Path to Negro Freedom« das Apartheidsystem in den Vereinigten Staaten von Amerika mit zum Einsturz gebracht hatte, nannte Kurt Gutmann stets seinen deutsch-jüdischen Bruder.

Der Aufstand von Sobibór

»Es ist eine kleine KZ-Gedenkstätte, aber die berührendste«, meint Kurt Gutmann zu Sobibór. Die »Straße der Erinnerung«, wie der einstmals beidseitig von Stacheldraht eingezäunte Sandweg heute heißt, über den die SS eine Viertel Million Menschen in den Gastod getrieben hatte, ist heute von Findlingen gesäumt. Sie tragen Tafeln mit den Namen der Ermordeten, einer die von Jeanette und Hans Gutmann. »Ich habe auch einen Stein für eine ermordete polnische Familie gestiftet, von denen es keine überlebenden Angehörigen gab«, sagt Kurt Gutmann. Dem Museum von Sobibór schenkte er Fotografien seiner Mutter und seines Bruders.

Das Vernichtungslager, fünf Kilometer vom kleinen polnischen Dorf Sobibór und dem einstigen Grenzfluss Bug entfernt, hatten die deutschen Okkupanten Anfang 1942 von Zwangsarbeitern auf feuchtem, morastischem Waldboden errichten lassen. Begrenzt war es von zwei Meter fünfzig hohen Stacheldrahtzäunen. Zunächst umspannte das Lager zwölf Hektar, bald wurde es ausgebaut und erstreckte sich über sechzig Hektar. Es gab verschiedene, voneinander abgetrennte Lagerbereiche: einen, in dem die SS-Garnision untergebracht war, einen für die Arbeitssklaven, die den Lageralltag und die Todesmaschinerie in Gang halten sollten, sowie als dritten Bereich jenen mit den Gaskammern. Was im Lager III geschah, blieb nicht lange geheim. Im Sommer verströmten die Leichen verstärkt Verwesungsgase. Der Gestank, der sich meilenweit ausbreitete, war unerträglich, erinnerten sich Zeugen. Sogar das Wasser im Bug trug den Geruch des Todes mit sich.

Die SS hatte zunächst die Leichen der Vergasten in Gräben bis zu acht Meter tief verscharren lassen. Doch bei der hohen Mordrate im Lager wurde diese Art der Beseitigung der sterblichen Überreste »uneffektiv«. Im Spätsommer 1942 wurde nach dem »Vorbild« des Vernichtungslager Chelmo eine Verbrennungsanlage eingerichtet, zu der man die Toten in Loren einer Schmalspurbahn karrte. Zwei- bis dreitausend Leichen wurden im Krematorium von Sobibór zeitgleich verbrannt.

Am 12. Februar 1943 besichtigte Heinrich Himmler das Lager. Da gerade kein neuer Transport angekommen war, ließ die Lagerverwaltung eiligst hundert Frauen aus dem nahen Lublin kommen, um dem »Reichsführer SS« die Funktionstüchtigkeit der Todesfabrik zu demonstrieren.

Der Aufstand von Sobibór am 14. Oktober des Jahres erfolgte auf Initiative und nach dem Plan sowjetischer Kriegsgefangener jüdischer Herkunft; die Anführer waren Alexander Petscherski, ein Rotarmist, der bereits ein deutsches Kriegsgefangenenlager in Smolensk und das Ghetto von Minsk durchlitten hatte, sowie Leon Feldhendler, Sohn eines polnischen Rabbiners. Die katastrophale Niederlage der deutschen Wehrmacht bei Stalingrad im Februar des Jahres und der Aufstand im Warschauer Ghetto im April hatten die Sobibór-Häftlinge ermutigt, den Ausbruch zu wagen.

Petscherski gelang es mit seiner Gruppe, sich nach Brest-Litowsk durchzuschlagen, wo er sich einer Partisaneneinheit anschloss; später kämpfte er wieder in der Roten Armee. Nach dem Krieg arbeitete er als Musiklehrer und an seinen Erinnerungen. Da er zu diesem Zweck mit ehemaligen Mithäftlingen im westlichen Ausland korrespondierte, wurde er 1948 – wegen »Kontakten zu Imperialisten« – aus dem Schuldienst entlassen und erst nach Stalins Tod rehabilitiert und wieder eingestellt. Er war 1963 Hauptzeuge der Anklage im Prozess gegen zehn ukrainische Wächter in Sobibór; neun wurden zum Tode verurteilt, einer zu 15 Jahren Haft. Petscherski starb 1990 in Rostow am Don.

Unglaublich tragisch das Ende seines Mitstreiters Feldhendler. Es gelang ihm zwar, sich in Lublin vor den Verfolgern zu verstecken, am 2. April 1945 wurde er jedoch von einem Soldaten der polnischen Heimatarmee, der Armija Krajowa, erschossen; die der polnischen Exilregierung in London unterstehende Untergrundarmee rekrutierte sich vornehmlich aus bürgerlichen und bäuerlichen Kräften, unter denen es einen latenten Antisemitismus gab.

Es fanden mehrere Sobibór-Prozesse statt, in der Sowjetunion bereits unmittelbar nach dem Krieg gegen ukrainische Wachleute, die mehrheitlich mit der Todesstrafe endeten. Vor deutschen Gerichten wurden die ersten in den 1950er Jahren in Berlin und Frankfurt am Main eröffnet, darunter gegen den »Gasmeister« Erich Bauer, verantwortlich für die Vergasungen im Lager III; er wurde zu lebenslänglicher Haft verurteilt. Im Prozess vor dem Landgericht Hagen 1963, in dem Petscherski aussagte, war Karl Frenzel, Leiter des jüdischen Arbeitskommandos, angeklagt; er erhielt für »gemeinschaftlichen Mord an mindestens 150 000 Juden« ebenfalls lebenslänglich. 1970 wurde in Düsseldorf Lagerkommandant Franz Stangl, der zuvor in den »Pflege- und Heilanstalten« Hartheim und Bernburg am Euthanasie-Mordprogramm der Nazis beteiligt war, der sogenannten Aktion T4, zu lebenslanger Haft verurteilt; er starb, bevor das Urteil rechtskräftig wurde.

Kurt Gutmann hat all diese Prozesse nicht besucht, »denn ich wusste damals ja noch nicht, dass meine Mutter und mein Bruder in Sobibór ermordet worden sind«. Seit er es weiß, liest er alles, was es über Sobibór gibt.

Nach München, zum Demjanjuk-Prozess reist er mehrmals: zur Eröffnung, als Nebenkläger, der einzige Deutsche unter den über dreißig, und als Prozessbeobachter. In seinem Plädoyer ans Hohe Gericht klagt er deutsche Talarträger an: »Zu Beginn des Verfahrens hat die Verteidigung gemeint, dass unter den Nebenklägern ›Trittbrettfahrer‹ seien. Ein solcher Vorwurf hat mich tief verletzt. Es ist für mich nicht einmal vorstellbar, dass es Menschen geben könnte, die auf so grausame Weise getötete Angehörige erfinden, nur um als Nebenkläger am Prozess teilnehmen zu können.«

Kurt Gutmann hält es für nachgewiesen, dass Demjanjuk in Sobibór war und erwartet, dass das Gericht ihn schuldig spricht. Er glaubt nicht an das Herzleiden, das der Delinquent vorgibt. Gutmann selbst hat drei Bypässe, er weiß, wie es ist, wenn man herzkrank ist. »Der simulierte doch nur. Demjanjuk ließ sich in einem Rollstuhl in den Gerichtssaal fahren und warf sich dann auf ein Bett, machte auf furchtbar leidend.« Ein junger Mann berichtete ihm in München, er wisse vom Arzt, der Demjanjuk in der Klinik in Stadelheim behandelt habe, dass jener dort einen sehr munteren Eindruck machte. »In seiner Krankenzelle hatte er ein großes Kreuz hängen. Er hoffte offenbar auf christliche Gnade«, vermutet Kurt Gutmann.

Demjanjuk ist bereits in den 1980er Jahren in Israel angeklagt worden – als »Iwan der Schreckliche« aus Treblinka. Seine Identität konnte man nicht zweifelsfrei nachweisen. Was Kurt Gutmann verwundert: »Sein Gesicht hat doch eine einzigartige Physionomie, den kann man nicht verwechseln. Und das Foto auf dem SS-Ausweis Nummer 1393 zeigt eindeutig und unzweifelhaft Demjanjuk Für mich jedenfalls stand es fest: Das ist er, der Mörder meiner Mutter und meines Bruders.« Kurz vor dem Prozess in München aufgefundene und vom US-Sachverständigen

Larry Stewart für echt erklärte Dokumente bestätigten Gutmanns Überzeugung.

Ivan Demjanjuk war Soldat der Roten Armee und in deutscher Kriegsgefangenschaft als »Hilfswilliger« rekrutiert worden, auch »Trawniki« genannt. Diese Bezeichnung leitete sich von einem gleichnamigen Ausbildungslager der Totenkopf-SS ab, vierzig Kilometer von Lublin entfernt in einer alten, stillgelegten Zuckerfabrik. Die Trawniki, vornehmlich Ukrainer, aber auch Letten, Esten, Litauer und Polen, übernahmen Wachaufgaben in Konzentrations- und Vernichtungslager, wurden bei der Räumung der Ghettos, den sogenannten »Umsiedlungen«, bei Massenerschießungen und in der Partisanenbekämpfung eingesetzt. Sie waren nicht weniger schuldig als ihre deutschen Befehlsgeber.

Beim Prozess in München lernt Kurt Gutmann einen Sobibór-Überlebenden kennen: Thomas »Toivi« Blatt, geboren in Izbica, in jener Stadt, in die seine Mutter und sein Bruder verschleppt worden sind, bevor sie ins Vernichtungslager deportiert wurden. Mit 15 Jahren kam »Toivi« mit seiner Familie nach Sobibór, erfährt Kurt Gutmann. Der Befehl eines SS-Mannes – »Komm raus, du, Kleiner!« – trennte ihn von Vater, Mutter und Bruder, rettete ihn vor dem sofortigen Gastod, nicht aber vor Leid, Schmerz, Sklavendasein.

Kurt Gutmann hat »Toivis« Erinnerungen gelesen. »Nur die Schatten bleiben« lautet die deutsche Übersetzung des zuerst in den USA erschienenen Buches »The Ashes of Sobibór«. Thomas Blatt ist nach dem Krieg US-amerikanischer Staatsbürger geworden. Er ist einer der letzten noch lebenden Aufständischen von Sobibór – und noch heute entsetzt über das fehlende Unrechtsbewusstsein der Täter:

Franz Stangl, Lagerkommandant nicht nur in Sobibór, sondern auch in Treblinka, sagte nach seiner Auslieferung von Brasilien an die Bundesrepublik in einem Interview mit der britischen Journalistin Gitta Sereny, er sei nie Antisemit und vor dem Krieg sogar mit Juden befreundet gewesen. SS-Oberscharführer Karl Frenzel gab sich liebenswürdig, als Thomas Blatt mit ihm Anfang der 1980er Jahre sprach, eines der ersten öffentlich gemachten Gespräche zwischen einem Judenmörder und einem Shoah-Überlebenden. »Was passierte, passierte. Wir können es nicht mehr ändern«, so der eiskalte Kommentar des Täters, als das Opfer über seine ermordete Familie sprach. Auch Ivan »John« Demjanjuk wurde von Bekannten und Arbeitskollegen in den USA, wo er nach dem Krieg untergetaucht war, als zuvorkommend, hilfsbereit und freundlich beschrieben. Die Mörder – alle liebenswürdig und kultiviert, fromm und nett? Thomas Blatt und Kurt Gutmann wissen es besser, sie lassen sich nicht täuschen. Aber sie werden enttäuscht – von der deutschen Justiz.

Kurt Gutmann fährt, so schwer es ihm fällt, auch zur Urteilsverkündigung in die Hauptstadt Bayerns. »Das war ich meiner Mutter und meinem Bruder schuldig.« Ein letzter Dienst an die beiden, von denen er 1940 das letzte Lebenszeichen erhalten hatte. »Ich hoffte auf Gerechtigkeit.« Es gibt keine Gerechtigkeit.

Demjanjuk wird zwar am 12. Mai 2011 wegen Beihilfe zum Mord an 27 000 Menschen für schuldig und zu einer Freiheitsstrafe von fünf Jahren verurteilt, doch das Urteil wird nicht rechtskräftig. Der Richter verfügt, Demjanjuk aus dem Gefängnis zu entlassen, da eine weitere Inhaftierung in seinem Zustand nicht zu verantworten sei. Zu einer erneuten, von der Staatsanwaltschaft beantragten Verhandlung vor dem Bundesgerichtshof kommt es nicht mehr, Demjanjuk verstirbt kurz darauf im 92. Lebensjahr in einem bayerischen Altersheim.

»Mein Bruder Hans war 21, meine Mutter 53, als sie im Gas erstickten.«

Kein Zeichen der Reue, kein Schuldbewusstsein, habe Demjanjuk während des Prozesses gezeigt, klagt der Veteran. Hat Kurt Gutmann das wirklich von einem Massenmörder erwartet?

Die Verpflichtung

Eine neue, große Sorge treibt Kurt Gutmann um. Die Gedenkstätte in Sobibór ist akut gefährdet, droht aus finanziellen Gründen geschlossen zu werden. Zwölf Millionen Złoty, drei Millionen Euro, werden gebraucht. Die Gedenkstätte gehört zu den jüngsten an ehemaligen Todesorten. Zwar wurde 1961 auf dem Aschefeld bereits ein Mahnmal errichtet, doch erst 1993, zum Jahrestag des Aufstandes, kam ein kleines Museum hinzu.

Nach einer Fernsehsendung, in der Cornelia Piper, Staatssekretärin im Auswärtigen Amt, meinte, die Gedenkstätte in Sobibór berühre Deutschland nicht, greift Kurt Gutmann empört zur Feder. Der Shoah-Überlebende liest mir den Brief vor: »Sehr geehrte Frau Staatssekretärin, aus den Medien habe ich entnommen, dass Sie der Meinung sind, dass die Bundesrepublik sich nicht an den Kosten der Gestaltung einer würdigen Gedenkstätte im ehemaligen Vernichtungslager Sobibór beteiligen muss, weil dort keine deutschen Juden umgebracht wurden. Ganz geschweige von der Tatsache, dass Ihre Aussage nicht stimmt – meine Mutter Jeannette Gutmann, geborene Kann, sowie mein Bruder Hans-Josef Gutmann wurden nachweislich dort vergast. Sie waren aber nicht die einzigen deutschen Juden, die dieses Schicksal erlitten. Es wäre gut, wenn Sie in dieser Sache hätten besser recherchieren lassen. Ich erwarte dafür Ihre persönliche Entschuldigung.«

Gutmann bekam eine lapidare, nichtssagende Antwort.

Die Politikerin bedauert seinen Verlust – und schiebt die Schuld auf die polnische Regierung, sie habe nicht um Unterstützung gebeten. Das lässt der Veteran nicht gelten. Abgesehen davon, dass unter den 250 000 in Sobibór ermordeten Menschen nicht nur polnische, holländische, französische, tschechische und slowakische Juden, sondern auch etwa 20 000 deutsche waren, ist diese Mordstätte ein deutsches Produkt und ein deutsches Erbe, betont Kurt Gutmann.

Nun fordert Kurt Gutmann, dass die Große Koalition weiß, was ihre Pflicht ist: »Die Bundesrepublik hat sich zum Rechtsnachfolger des NS-Staates erklärt und ist somit sowohl rechtlich wie auch moralisch verpflichtet, sich an der Gestaltung einer würdigen Gedenkstätte zu beteiligen.« So lange Kraft in ihm ist, wird er dafür streiten.

»WENN ICH SPIELTE, WAR DAS LEBEN SCHÖN«

*Als Coco Schumann swingend den Nazis widerstand und
die Shoah überlebte*

Berlin-Zehlendorf, U-Bahnhof Onkel Toms Hütte. Wenige
hundert Meter entfernt, in einem Viertel, dessen Straßen-
namen auf ein einstig hier gewesenes Jagdgebiet verwei-
sen, lebt Coco Schumann. Seit 1963. Warum wollte er ausgerechnet hier leben? Bei Onkel Toms Hütte. Weil er, wie es
im Nazi-Jargon hieß, »Negermusik« spielte? »Nee«, klärt
mich der gebürtige Berliner, Jahrgang 1924, auf. »Wir haben
vorher in Friedenau gewohnt. Wir hatten einen Cocker
Spaniel und sind jeden Tag hierher gefahren, um mit dem
Hund im Wald spazieren zu gehen. Eines Tages sagte ich
zu meiner Frau: Lass uns umziehen. Und dann haben wir
das Häuschen hier gefunden.«

Zweistöckige Reihenhäuser im Bauhausstil, bunt ge-
strichen, mit einem winzigen Vorgarten. An manchen Fas-
saden bröckelt die Farbe. Sie haben ein charmantes Alter
erreicht, die auf dem Reißbrett von Bruno Taut geborenen
Häuser. Der heute fast vergessene Architekt, der auch die
Hufeisensiedlung in Berlin-Britz entwarf, ist von den Nazis als »Kulturbolschewist« seiner Professur und Mitgliedschaft in der Akademie der Künste beraubt und ins Exil
getrieben worden; seinen letzten Auftrag erhielt er vom
türkischen Staatsgründer Mustafa Kemal Atatürk. Taut
starb 1938 in Istanbul. Er hat nicht mehr miterleben müssen, dass die SS sich in seine Siedlung Onkel Toms Hütte
einquartierte – während des Krieges, als Coco Schumann
im KZ Theresienstadt für die SS aufspielen musste.

Der am 14. Mai 1924 geborene Sohn einer Friseurin und eines Tapezierers hat autodidaktisch Gitarre und Schlagzeug gelernt. Als Dreizehnjähriger hörte er erstmals Ella Fitzgerald, ihre Platte »A-Tisket, A-Tasket« ist sein Erweckungserlebnis. Jazz und Swing werden seine Leidenschaft, lassen ihn zeitlebens nicht mehr los.

Wie kam er in Nazideutschland an die Platten afro-amerikanischer Sänger und Musiker, galten doch deren Songs als »undeutsch«? »Die konnte man unterm Ladentisch in der Rankestraße kaufen«, erinnert sich Coco Schumann. »Der Inhaber hatte immer die neuesten amerikanischen Platten. Und auch Wehrmachtssoldaten brachten welche aus dem besetzten Holland mit, die man dann auf dem Schwarzmarkt bekommen konnte.«

Coco Schumann spielt bereits als Minderjähriger in verschiedenen Jazz- und Swingbands in Bars und Tanzlokalen. Wie gelang ihm dies, in einer Zeit, da den Juden in Deutschland Musizieren verboten war, sie nicht einmal Konzerte und Opern besuchen, keine Radiogeräte und Grammophone besitzen durften? »Wir hatten zu Hause ein Rundfunkgerät und auch ein Grammophon mit Kurbel. Denn mein Vater war ja arisch, nach der Rassenlehre der Nazis.«

Die Mutter ist jüdisch, Coco Schumann nach den Nürnberger Rassegesetzen von 1935 ein »Geltungsjude«. Dabei ist seine weitverzweigte Familie eine ganz normale deutsche Familie. »Unsere Mischpoke war schon immer gemischt. Juden heirateten Arier. Unsere Familie war nicht sonderlich religiös. Die christlichen Verwandten verstanden sich ausgezeichnet mit dem jüdischen Teil.«

Auch in den Bands, in denen er spielt, gibt es viele »Mischlinge«, so den Gitarristen Rudi Ernst oder den Schlagzeuger Ilja Glusgal, der nach dem Krieg in die USA auswandert. »Bei uns waren viele Mampe«, sagt Coco

Coco Schumann (mit Gitarre) verbotenerweise im Strandbad Wannsee mit Freunden, ca. 1942

Schumann. Mampe? 1831 hatte ein königlich-preußischer Geheimer Sanitätsrat namens Carl Mampe aus Kräutern und Schnaps ein Mittel gebraut, das angeblich gegen Cholera helfen sollte. Es wurde ein beliebtes Getränk. Während der Nazizeit nennen sich junge jüdische »Mischlinge« nach dem Magenbitter. Coco Schumann weist auf eine Flasche in der Vitrine seines Wohnzimmers: »Neulich hat mir einer ›Mampe – Halb und Halb‹ mitgebracht.«

Coco und seine jüdischen Freunde spielen trotz Verbot. Und sie spielen verbotene Musik, unter anderem im »Groschenkeller«. Das Haus steht noch heute, Kantstraße/ Ecke Leibnizstraße. »Der Wirt gab uns stets ein Bier aus.« Ein buntes Publikum trifft sich dort allabendlich: Bierkutscher, Künstler und vor allem Studenten. »Die schützten uns. Ein Student stand oben an der Treppe, ein anderer unten. Wenn die von der Reichsmusikkammer kamen, pfiff der oben und dann der unten. Und wir wussten Bescheid, ließen die Notenblätter verschwinden und stiegen um auf ›Rosamunde‹ oder andere gerade angesagte Schlager.«

Waren denn die Männer von der Reichsmusikkammer auf dem ersten Blick zu erkennen? »Ja, die müssen einen sehr bescheidenen Fundus gehabt haben, die waren komischerweise alle gleich gekleidet: Trenchcoat und Schlapphüte.« Wie bei der Gestapo? »Das war ja auch so eine Art Gestapo. Sie kontrollierten, was für Musik gemacht wurde. Und hatten keine Ahnung von Musik. Der ganze Laden lachte, wenn wir abrupt das Genre wechselten. Denn alle wussten, warum.«

»Swing Heil!«

Die Swing-Jugend verstand sich im »Dritten Reich« explizit als Gegenkultur, als Opposition zur gleichgeschalteten Kunst und Kultur. »Wer den Swing in sich hat, kann nicht im Gleichschritt marschieren«, bemerkt Coco Schumann. Die Swing-Jugendlichen tanzten nicht nur nach amerikanischer Mode, sondern kleideten sich auch im anglo-amerikanischen Stil, trugen karierte Jackets und Hüte, schmierten sich Pomade ins lange Haar, flochten Anglizismen in ihre Rede ein und grüßten sich mit »Swing Heil!« Ihr Aussehen und Auftreten, ihr ziviler Ungehorsam war eine Kampfansage an den Nationalsozialismus – und wurde vom Regime auch so verstanden.

»Die Angehörigen der Swing-Jugend stehen dem heutigen Deutschland und seiner Polizei, der Partei und ihren Gliederungen, der HJ, dem Arbeits- und Wehrdienst, samt dem Kriegsgeschehen ablehnend oder zumindest uninteressiert gegenüber. Sie empfinden die nationalsozialistischen Einrichtungen als einen ›Massenzwang‹. Das große Geschehen der Zeit rührt sie nicht, im Gegenteil, sie schwärmen für alles, was nicht deutsch, sondern englisch ist«, heißt es in einem Bericht der Reichsjugendführung unter Baldur von

Schirach. SS-Reichsführer Heinrich Himmler will »das ganze Übel radikal ausrotten«: »Nur wenn wir brutal durchgreifen, werden wir ein gefährliches Umsichgreifen dieser anglophilen Tendenz in einer Zeit, in der Deutschland um seine Existenz kämpft, vermeiden können.« Am 18. August 1941 wurden in einer »Sofort-Aktion gegen die Swing-Jugend« allein über 300 Jugendliche verhaftet. Viele Swing-Jugendliche kamen in die Jugend-Konzentrationslager Moringen bei Göttingen oder Uckermark unweit von Ravensbrück. Sie waren politisch, auch wenn sie sich selbst nicht als politisch ansahen. Und jüdische Swinger wie Coco Schumann waren doppelt gefährdet im Nazireich.

Wie hat er sein Honorar versteuert? »Gar nicht. Wir waren ja auch nicht Mitglieder der Reichsmusikkammer, durften es nicht sein.« Musste er aber nicht eine Steuernummer angeben, um sein Honorar zu erhalten? Der Veteran bejaht und erinnert sich:

»Ich war in einer berühmten italienischen Band engagiert, die wiederum für den Film ›Die Philharmoniker‹ engagiert war. Ich spielte an der Seite von Will Quadflieg und Irene von Meyendorff, die heute kaum einer mehr kennt. Als Gage gab es pro Tag 100 Reichsmark. Das war viel Geld und wurde gleich nach jedem Dreh ausgezahlt. Da musste man eine Steuernummer oder wenigstens eine Adresse angeben.« Woher nehmen, wenn nicht stehlen? Juden war jegliche Gewerbetätigkeit und Einnahmequelle untersagt, ergo hatten sie keine Steuernummern. »Ich habe mir eine besorgt. Ich schaute ins Telefonbuch und entdeckte einen Heinz Schumann, Chauffeur, in der Chausseestraße wohnhaft. Dessen Adresse habe ich angegeben.«

Persönlich kennengelernt hat Coco Schumann den Mann nie, dessen Steueridentität er sich in der Not »borgte«; vielleicht hat jener sich ab und an gewundert, was das Finanzamt von ihm wollte. Man weiß es nicht.

Der Film »Die Philharmoniker« wurde unter der Regie von Paul Verhoeven vom November 1942 bis März 1943 gedreht, eine Produktion der Tobias-Filmkunst GmbH. Die Geschichte ist recht banal: Zwei Brüder lieben das gleiche Mädchen; es gibt trotz Tragödie ein Happy End. Die Kritik lobte und lobt noch heute den »musikalischen Ohrenschmaus« und das »vollendete Musizieren der Berliner Philharmoniker unter der Stabsführung von Richard Strauß, Eugen Jochum und Hans Knappertsbusch.«

Hatte Coco Schumann in diesem Film noch freiwillig und voller Freude mitgespielt, so nicht in »seinem« zweiten Film: »Theresienstadt. Ein Dokumentarfilm aus dem jüdischen Siedlungsgebiet«. Die Juden titelten den Propagandastreifen, der die Weltöffentlichkeit täuschen sollte, ironisch: »Der Führer schenkt den Juden eine Stadt«. Fragmente des Films sieht Coco Schumann nach dem Krieg. In seiner Wohnstube hängt ein Szenenfoto, das ihn am Schlagzeug zeigt.

Die Idee zum Film kam der SS, als sich 1944 das Internationale Rote Kreuz zu einer Inspektion des Ghettos Theresienstadt anmeldete. Siebentausend Juden wurden sogleich nach Auschwitz deportiert, denn die Kapazität des Lagers war nur auf siebentausend Menschen ausgelegt. Innerhalb der Mauern der alten tschechischen Festung Terezin waren indes inzwischen doppelt so viel Menschen auf engstem Raum gepfercht. Bevor die Delegation der Hilfsorganisation am 23. Juni im Lager eintraf, mussten die Häftlinge die Kasematten mit Farbe auffrischen, Wege harken, Gärten anlegen. Das Rote Kreuz ließ sich blenden.

Wenige Wochen später begannen die Filmaufnahmen, mit Häftlingen als Schauspieler und Statisten. Die erhalten gebliebenen Zelluloidstreifen zeigen Juden gemütlich in einem Kaffeehaus sitzen, beim Fußballspielen, an Werkbänken sägen, hobeln, fräsen ... Verlogene Idylle, eine trügerische Welt, die die Welt nicht mehr zu sehen bekam. Denn Nazideutschland taumelte bereits dem Untergang entgegen. Die meisten Mitwirkenden werden die Befreiung nicht erleben, sterben in der Todesfabrik von Auschwitz, darunter der Regisseur, Schauspieler und Sänger Kurt Gerron, der einst auf der Bühne von Max Reinhardt, in der Uraufführung der »Dreigroschenoper« von Bert Brecht und Kurt Weill sowie im Film »Der blaue Engel« an der Seite von Marlene Dietrich begeisterte.

Im März 1943 erhält Coco Schumann die Aufforderung, sich bei der Kriminalpolizei zu melden. »Weil mich irgendjemand angezeigt hat, ich würde verbotene Musik spielen und mit arischen Frauen flirten; mein Gott, ich war blutjung.« Vermutlich war es der Freund einer Verehrerin von Coco Schumanns Spiel, der den »Nebenbuhler« loswerden wollte. Die Kripo kann ihm jedoch nichts nachweisen. »Entlassen konnten sie mich aber auch nicht wieder, sie mussten mich der SS überstellen, da ich Stern-Träger war.«

Seinen Stern hat Coco Schumann nicht, wie es Vorschrift war, an seine Kleidung genäht, sondern mit Druckknöpfen befestigt – um ihn bei Auftritten schneller verschwinden zu lassen. Auch das eine Form des Widerstandes, des Widersetzens gegen Rassismus und Inhumanität.

Der Vater begleitet den Sohn zur Kripo, weiß daher, dass er ins »Durchgangslager« in der Großen Hamburger Straße gebracht wird. »Im ersten Stock saßen die SS-Männer, unten im Keller die zur Deportation Freigegebenen, also auch ich.« Cocos Vater sucht den zuständigen SS-Obersturmführer auf und redet eindringlich auf ihn ein: »Ich bin Deutscher, war im Krieg 14/18 Offizier und habe immer versucht, meinen Sohn deutsch zu erziehen. Schicken sie ihn bitte nicht nach Auschwitz, schicken sie ihn nach Theresienstadt.« Cocos Vater kann überraschenderweise den SS-Mann erweichen. »Man wusste, dass es in Auschwitz schlimm ist, aber man wusste nicht, wie schlimm es in Auschwitz ist«, sagt Coco Schumann. »Theresienstadt galt als eine Art Vorzugslager. Außerdem waren dort schon meine Großeltern.« Coco Schumann ist bereits in einen Transport nach Auschwitz eingeteilt, als er einen SS-Mann brüllen hört: »Schumann, raustreten!« Rettung in buchstäblich letzter Minute. »Sonst würde ich heute nicht hier sitzen.«

In Theresienstadt trifft Coco Schumann tatsächlich die Großeltern mütterlicherseits an. Als erstes begegnet er dem Großvater, von Beruf Friseur wie seine Mutter. »Er war gerade dabei, jemandem die Haare zu schneiden. Er hatte seinem Kunden, wie es sich gehört, eine Pelerine umgeschnallt, und die beiden unterhielten sich lebhaft.«

Die Großeltern werden wenig später nach Auschwitz deportiert. »Sie kamen sofort ins Gas«, sagt Coco Schumann mit belegter Stimme.

Von Theresienstadt nach Auschwitz

In Theresienstadt, so erfährt Coco kurz nach der Ankunft, gibt es eine Band. Sofort meldet er sich. Und er wird gern genommen. Die »Ghetto Swingers« sind im Januar 1943 vom tschechischen Jazztrompeter Eric Vogel mit Genehmigung der SS gegründet worden. Zunächst vom Klarinettisten und Saxophonisten Fritz Weiss geleitet, übernimmt die Leitung im Laufe des Jahres 1944 der Pianist Martin Roman aus Berlin. Sie spielen Count Basie, Duke Ellington, George Gershwin. »Wenn ich spielte, vergaß ich, wo ich war. Die Welt schien in Ordnung, das Leid der Menschen um mich herum verschwand – das Leben war schön.«

Sie müssen natürlich vor allem spielen, was sich die SS wünscht. Dazu gehört die Schnulze »Rosamunde«. Was empfindet er, wenn er den Schlager heute hört? »Ach, ick sag' immer, die Musik ist doch nicht daran schuld.«

Später, in Auschwitz, wohin Coco Schumann mit den »Ghetto Swingers« im Januar 1944 deportiert wird, wollen die Schwarzuniformierten wieder und wieder »La Paloma«, hören. »Ich habe lange gerätselt, warum?« Lag es am Text: »Einmal wird es vorbei sein ...«? Mit dem »Tausendjährigen Reich« ist es alsbald vorbei. Das werden die SS-Leute freilich nicht gemeint haben. »Erst nach Jahren, als ich ›Große Freiheit Nummer 7‹ gesehen habe, ist mir schlagartig klar geworden, was die offenbar so faszinierte: Hans Albers.« Der sang den Schlager in dem im »Protektorat Böhmen und Mähren« produzierten Film. Der Streifen wurde im Dezember 1944 im besetzten Prag vor einem ausgewählten Publikum aufgeführt; in viele deutsche Kinos ist er nicht mehr gelangt, erst nach dem Krieg.

Von wem hat Coco Schumann eigentlich sein musikalisches Talent geerbt? »Von Onkel Arthur. Er hatte ein gut gehendes Friseurgeschäft. Alle in meiner Familie mütterlicherseits waren Friseure. Onkel Arthur spielte vor dem Krieg in einer Zigeunerkapelle Schlagzeug. Er ist noch rechtzeitig nach Bolivien ausgewandert.«

Im Konzentrations- und Vernichtungslager bei Oświecim im besetzten Polen gab es eine Zigeunerkapelle, weiß Coco Schumann. »Einen Tag, bevor wir aus Theresienstadt in Auschwitz ankamen, hat man alle Zigeuner vergast. Wir kamen ins ehemalige Zigeunerlager.« Hat er da gedacht, das sei jetzt sein Ende? Nein. »Als wir aus dem Viehwaggon ausstiegen, sahen wir die rauchenden Schornsteine und glaubten, das seien Fabriken. Bis ein SS-Mann kam und sagte: ›So, ihr Saujuden, damit ihr wisst, wo ihr seid: Ihr seid im Vernichtungslager Auschwitz. Hier ist der Eingang, der Ausgang für euch ist der Schornstein.‹ Da wussten wir, dass wir in der Hölle gelandet sind.«

Coco Schumann erinnert sich an verkohlte Leichen, die im elektrischen Zaun hingen. »Verzweifelte Menschen, die nicht mehr wollten oder konnten, sind nachts zum Stacheldraht geschlichen und haben sich hineingeworfen. Morgens haben wir sie dort entdeckt.« Der Junge aus Berlin denkt nicht daran, Selbstmord zu begehen. Den Gefallen will er den Judenmördern nicht tun. Er will leben, überleben. Und die Musik hilft ihm dabei. Auch wenn es unmögliche, unzumutbare Auftritte sind, die den »Ghetto Swingers« befohlen werden: Sie müssen am Lagertor bei der Ankunft eines neuen Transportes von Todgeweihten spielen, beim Tätowieren der Häftlinge, beim Abmarsch der Arbeitskolonnen und wenn die SS ihre Mordstatistik feiert. »Die haben bis zum Umfallen gesoffen, den Schnaps, den sie den Deportierten aus Ungarn am Bahnhof abgenommen haben. Sekt schlürften die aus Damenschuhen.«

Die »Ghetto Swingers« tragen nicht den Häftlingsdrillich. Ihnen ist es gestattet, sich in der Effektenkammer, im Lager »Kanada«, aus den Habseligkeiten der Vergasten passende Kleidung, Schuhe und Brillen auszusuchen. »Das war quasi unsere Gage.« Auch ihre Musikinstrumente hatten Menschen gehört, die von der SS ermordet worden sind. »In einer Baracke hingen Geigen, Trompeten, Flöten an den Wänden. Alles, was ein Musikerherz begehrt. Wir konnten uns bedienen.«

Die »Ghetto Swingers« scheinen privilegiert, sind sie aber nicht. Auch sie müssen Appell stehen, bei Wind und Wetter, stundenlang. Auch sie kann jeden Tag der Tod ereilen. »Die Mitgliedschaft bei den ›Ghetto Swingers‹ war trotz einiger Vorteile im Alltag keine Garantie fürs Überleben.«

Anderthalb Millionen Menschen wurden in Auschwitz bis zur Befreiung des Lagers durch die Rote Armee am 27. Januar 1945 ermordet, darunter eine Million Juden. Sie stammten aus fast allen europäischen Ländern. Von Mai bis Juli 1944 kamen täglich drei Güterzüge mit ungarischen Juden in Auschwitz an; von den insgesamt 438 000 Juden aus Ungarn überlebten nur einige Hundert.

Das deutsch-faschistische Konzentrations- und Vernichtungslager war im Herbst 1941 zunächst als Lager für sowjetische Kriegsgefangene angelegt worden. Sukzessive wurde es unter Lagerkommandant Rudolf Höß erweitert, Gaskammern und Krematorien kamen hinzu. Die Verbrennungsöfen lieferte die Erfurter Firma Topf & Söhne. Die Häftlinge, die an der Rampe von Auschwitz die Selektion überlebten, mussten für deutsche Firmen wie Krupp und die I. G. Farben schuften, die in der Nähe des Lagers eigene Fabriken errichten ließen und satte Profite aus der spottbilligen Sklavenarbeit schlugen. Eine Tochtergesellschaft der I. G. Farben, die Degussa AG, lieferte das »Schädingsbekämpfungsmittel« Zyklon B, das in den Gaskammern von Auschwitz eingesetzt wurde. Im Nürnberger I. G. Farben-Prozess 1947 wurden 23 höhere Angestellte angeklagt, darunter Direktor Heinrich Bütefisch – jedoch nicht wegen Beteiligung am Massenmord, sondern wegen »Plünderung« und »Versklavung« von Millionen Menschen. Sie kamen mit geringen Haftstrafen davon. Die von den Alliierten verordnete Liquidation des Unternehmens zog sich über Jahrzehnte hin; erst 2012 wurde der mörderische Konzern aus dem Handelsregister gelöscht.

Lagerkommandant Rudolf Höß entkam zunächst über die »Rattenlinie«, wie die Fluchtrouten von Naziverbrechern genannt wurden, gen Norden nach Flensburg. Dort schlüpfte er in die Identität eines Maats der Marine, konnte jedoch im März 1946 von britischer Militärpolizei verhaftet werden. Höß wurde als Zeuge im Nürnberger Hauptkriegsverbrecherprozess gehört und anschließend nach Polen ausgeliefert, wo er zum Tode verurteilt und am 15. April 1947 an der Stätte seines blutigen Wirkens gehängt wurde.

Im Januar 1945 werden Coco Schumann und seine Freunde auf »Transport« geschickt. Es geht nach Bayern, in ein Außenlager des KZ Dachau: Kaufering bei Landsberg am Lech, wo der Putschist Hitler 1923/24 einsaß und sein antisemitisches Pamphlet »Mein Kampf« geschrieben hat.

»Später sollten wir noch nach Innsbruck marschieren. Es war saukalt. Nachts mussten wir auf der nackten Erde im Wald schlafen. Wir konnten uns am nächsten Morgen kaum aufrichten, so durchfroren waren wir.« Schlimmer als die Kälte ist die beängstigende Nachricht, die eines Tages unter den Häftlingen kursiert: Die SS wolle sie in ein Tal treiben, auf den Hügeln ringsum seien Maschinengewehre aufgestellt. »In dem Kessel sollten wir massakriert werden. Aber Gott sei Dank kamen dann die Amis.«

Hat er ein Instrument aus Auschwitz mit auf den Todesmarsch genommen? »Nee, das durften wir nicht. Im Lager Kaufering war ich aber nicht lange ohne Gitarre. Es gab auch hier Häftlinge, die zu Außenkommandos eingeteilt waren. Ein Häftling, der draußen war, hat mir eines Tages eine Klampfe, wie man damals sagte, mitgebracht. Eine ganz einfache Gitarre. Die hat er bei einem Bauern gegen einen Würfel Margarine eingetauscht, den er aus der Lagerküche stibitzt hatte. Diese Gitarre habe ich auch nicht mehr, ich habe sie nach dem Krieg verkauft. Aber meine Roger Gitarre habe ich noch.«

Roger Gitarre? Der Veteran erläutert: »Nach dem Krieg hörte ich immer AFN, den amerikanischen Rundfunksender. Und da war so ein komischer, interessanter Klang. Sound sagte man damals noch nicht. Ich fragte Wenzel Rossmeisl, einen berühmten Gitarrenbauer: ›Sag mal, was ist das für ein Klang?‹ Sagt er: ›Die Amis spielen mit einem Tonabnehmer, mit einem Verstärker. Soll ich dir so was machen?‹ Sag ich: ›Na klar.‹ Und so baute er mir 1946 oder 1947 die erste Jazzgitarre in Deutschland mit einem elektromagnetischen Tonabnehmer. Die nannte er nach seinem Sohn Roger. Das war natürlich noch keine E-Gitarre, wie man sie heute kennt.«

Der Tonabnehmer, mit dem Rossmeisl die Gitarre von Coco Schumann bestückte, stammte aus Wehrmachtsbeständen. Denn Verstärker gab es im Nachkriegsdeutschland nicht so einfach zu kaufen. »Aber bergeweise lagen an allen Ecken die Kopfhörer von den Funkern der Wehrmacht herum. Aus denen hat Rossmeisl die Magnete rausgenommen, in Wachs eingelassen und sie dann unter die Saiten geschoben.«

Das Schweigen gebrochen

Wann und wo hat Coco Schumann seine Eltern wiedergetroffen? »Im Juli 1945 war ich wieder in Berlin. Das Haus in der Kurfürstenstraße, wo meine Eltern gewohnt hatten, war zerbombt. Onkel Max wohnte in einer Laube in Hohenschönhausen. Zu ihm bin ich mit dem Travel-Ausweis gefahren, den ich von den Amerikanern hatte. Von ihm erfuhr ich, dass meine Eltern lebten und in Halensee wohnen.« Coco Schumann lacht herzhaft auf bei der Erinnerung, wie er sodann mit dem Pferdewagen von Onkel Max durch die Trümmerwüste Berlin zu seinen Eltern kutschierte. Es ist ein freudiges Wiedersehen. Coco Schumann lernt sein Brüderchen kennen, einen Knaben im Kinderwagen, achtzehn Jahre jünger als er. »Meinem Bruder haben die Eltern noch beigebracht, immer brav ›Heil Hitler‹ zu sagen, als sie nach Oberschlesien flüchteten.« Dort sind die Eltern bei Bekannten untergekommen, »zum Schluss des Krieges haben sie sich allerdings noch in den Wäldern verstecken müssen«, sagt Coco Schumann.

Jahrzehnte spricht er nicht über das, was er erlitten

hat. Warum? Weil die deutsche Nachkriegsgesellschaft seine Geschichte nicht hören wollte? Nein, daran habe es nicht gelegen. »Obwohl die meisten wirklich nicht belästigt werden wollten mit dem, was geschehen ist«, räumt Coco Schumann ein. »Viele interessierte das nicht mehr.« In der Frontstadt des Kalten Krieges, in Westberlin, gleich gar nicht. Und das baldige »Wirtschaftswunder« war eine süße Betäubungspille. Der Bayer Franz-Josef Strauß meint gar: »Ein Volk, das diese wirtschaftlichen Leistungen vollbracht hat, hat ein Recht darauf, von Auschwitz nichts mehr hören zu wollen.«

Doch Coco Schumann will nicht den Stab über die Deutschen brechen. Er sei ein Mensch, der stets nach vorne schaut und nicht zurück, betont er. »Ich habe überlebt, Gott sei Dank. Ich weiß, es gibt sehr viele, die sind nie mehr vom KZ losgekommen, blieben traumatisiert. Ich bin von Natur aus optimistisch. Ich jammere nicht, dass ich im KZ war, ich jubele, dass ich rausgekommen bin.«

Außerdem stand er immer in der Öffentlichkeit, spielte in verschiedenen Tanz-, Radio- und Fernsehbands und auch wieder in Filmen mit, gab Konzerte, nahm Platten auf und sorgte zwischenzeitlich auch auf Kreuzfahrtschiffen für die musikalische Unterhaltung; in den 1990er Jahren gründete er sein Coco Schumann Quartett. »Ich wollte nicht, dass die Leute mir applaudieren, weil ich im KZ war, sondern wegen meiner Musik. Ich bin Musiker – ein Musiker, der im KZ gesessen hat, und kein KZler, der Musik macht. Ich wollte kein Mitleidsklatschen.«

Erst Ende der 1980er begann Coco Schumann zu erzählen, ermuntert durch einen Dokumentarfilm über das Zwangsarbeitslager im brandenburgischen Wulkow, das seine Frau Gertraud durchlitten hatte. Coco Schumann begleitete sie zu den Aufnahmen, hielt sich aber immer im Hintergrund. »Wenn die Kamera kam, ging ich weg.

Ich wollte das alles nicht.« Doch der Filmemacher wurde neugierig: »Wer ist das, der sich immer davonschleicht?« Er erfuhr: »Das ist Coco Schumann, der war auch in Theresienstadt, aber der will nicht darüber reden.« Nach einigen Gesprächen in gemütlicher Runde wurde der »Ghetto Swinger« umgestimmt. Seitdem sperrt er sich der Erinnerung nicht mehr, er hat sein Schweigen gebrochen, hat aber ein Credo: »Ich will nicht betroffen machen, sondern nur erzählen, was war.«

Wurden er und seine Frau ein Paar, weil sie eine ähnliche Leidensodyssee hinter sich hatten? Eine Schicksalsgemeinschaft sie verband? Vielleicht. Ein Zufall hat die beiden zusammengeführt: »Als ich im Juli '45 wieder in Berlin war, begann ich ja sofort wieder zu spielen, in der Ronny-Bar am Kurfürstendamm/Ecke Uhlandstraße, vom Nachmittag bis in die frühen Abendstunden. Dann war Schluss, Sperrstunde. Als ich aus der Bar hinaus auf die Straße trat, sah ich zwei Frauen auf der gegenüberliegenden Seite. Sie winkten mir. Die eine kannte ich, die hieß Bella Hirschfeld. Ich ging über die Straße und grüßte: ›Guten Tag.‹ Da fragte die Frau neben Bella: ›Sagen Sie mal, waren Sie nicht in Theresienstadt?‹« Sie hat den Ghetto Swinger wieder erkannt. »Das war der Anfang.« Liebe auf dem ersten Blick? »Naja, es hat eine Weile nicht gefunkt. Sie wohnte in der Dahlmannstraße bei ihrer Tante und ich bei meinen Eltern in Halensee, in der Ringbahnstraße, wo heute noch mein Bruder wohnt. Aber Traudl und ich sind dann doch ein tolles Paar geworden.«

Coco Schumann spricht noch immer nur ungern über seine Vergangenheit. »Das ist vorbei.« Oder doch nicht? »Die Aufmärsche, die es heute wieder gibt, machen mir Angst. Flüchtlinge jagen ist ja auch nichts anderes, als das was wir erlebt haben«, sagt der Shoah-Überlebende und versinkt in nachdenkliches Schweigen. Dann greift er zur Gitarre, schlägt ein paar Akkorde an und erzählt, wie schön es war, als er Marlene Dietrich begleiten durfte. Und wie unvergessen ihm die Auftritte mit Ella Fitzgerald und Louis Armstrong sind. Das hätte er sich als Bub' nicht träumen lassen, eines Tages mit Ella auf der Bühne zu stehen. »Das ist alles lange her«, sagt der Neunzigjährige und seufzt: »Das Leben war unglaublich grausam und entsetzlich gut zu mir.«

HOCH AUF
DEM ROTEN BERG ...

Wie der Berliner Horst Behrendt in Krasnogorsk
den Tag des Sieges erlebte

»Wir sind in Bombay kurz vor dem 8. Mai gelandet. Dieses
Datum ist für uns ja ein besonderer Tag, daher merkt man
sich das. Am Tag der Befreiung 1955 haben wir in der Han-
delsvertretung der DDR in Mumbai, wie die Stadt heute
heißt, einen Empfang gegeben.« Horst Behrendt ist viel in
der Welt herumgekommen. »Wir waren schon vor der
Hallstein-Doktrin draußen«, berichtet der studierte Jurist,
ehemalige Diplomat und Außenhändler. »Die DDR war
zwar der kleinere der beiden deutschen Staaten, aber man
hat uns ernst genommen, vor allem in der so genannten
Dritten Welt. Man wusste in den jungen Nationalstaaten in
Asien und Afrika, dass wir in Chemie und Maschinenbau
stark waren und hat unsere Hilfe gern angenommen.«

Seine ersten Auslandsreisen haben ihn in jungen Jahren,
illegal, nach Schweden und in die Tschechoslowakei geführt.
Die späteren erfolgten unfreiwillig und widerwillig – in Uniform gepresst, als Soldat einer Eroberungsarmee.

Am 19. Mai 1920 erblickt Horst Behrendt in Bromberg/
Bydgoszcz das Licht der Welt. Knapp drei Wochen zuvor,
am 1. Mai, waren polnische Truppen in die pommersche
Stadt einmarschiert, die nach den Bestimmungen des
Versailler Vertrages der Siegermächte des Weltkrieges
zum neu gegründeten polnischen Stadt gehören sollte.
Die Deutschen sind hier nun nicht mehr wohl angesehen.
Der hochschwangeren Elisabeth Behrendt wird nebst

ihrer zweijährigen Tochter und der Großmutter gestattet, bis zur Niederkunft in der Stadt zu verweilen. Der Vater muss Bydgoszcz sofort verlassen, »weil er sechs Jahre bei der kaiserlichen Armee gedient hatte, Unteroffizier im Ersten Weltkrieg war«. Max Behrendt geht nach Berlin, sucht eine Schulfreundin seiner Frau auf. »Jette war jüdischer Herkunft. Meine Mutter und sie sind nicht nur zusammen aufgewachsen, sondern haben auch gemeinsam Textilkauffrau gelernt. Sie waren die dicksten Freundinnen.«

Bereits 1910 ist die Freundin nach Berlin übergesiedelt, hat bei einer jüdischen Familie mit sechs Kindern als Kindermädchen und Haushaltsgehilfin gearbeitet. Sie wird drei Jahrzehnte später von deutschen Antisemiten ermordet. »Die Nazis haben sie erst nach Riga deportiert und dann ins Vernichtungslager Sobibór«, wie Horst Behrendt nach dem Krieg erfährt.

Ein Roter Falke in Stockholm

Der Vater hat eine Wohnung für die alsbald nachziehende Familie am Alexanderplatz, in der Alten Schützenstraße gefunden. »Dort habe ich die ersten vier Jahre meines Lebens verbracht«, erzählt der Veteran. »Als mein Vater Stadtinspektor in Lichtenberg wurde, zogen wir um. Später war er ein amtlicher Vormund.« Was ist das? »Ja, das gibt es heute nicht mehr. Frauen, die keine Männer hatten, durften damals nicht selbstständig über ihre Kinder entscheiden, das tat der amtliche Vormund. Seinen Amtssitz hatte mein Vater in der Türrschmidtstraße 24. Meine Mutter war Verkäuferin.«

Der 30. Januar 1933 bedeutet auch im Leben der Familie Behrendt einen tiefen Einschnitt. »Die Nazis verlangten von allen Beamten den Treueeid auf die Hakenkreuzfahne. Da

Horst Behrendt, nach der Befreiung

mein Vater sich weigerte, verlor er seine Anstellung in der
Stadtverwaltung Lichtenberg.« Max Behrendt ist Mitglied
der SPD seit 1918, seine Frau Elisabeth seit 1922. Ihre Kinder
erziehen sie in ihrem Geist. Der Rote Falke Horst tritt denn
auch nicht der Hitlerjugend bei. Das bringt ihm freilich Schikane von Mitschülern am Realgymnasium ein, das er
schließlich im November 1935 auf Weisung der Direktion
vorzeitig verlassen muss. In gewisser Weise ein Glücksum-
stand, wie sich vier Jahre später erweisen sollte. Denn 1939
ist er im Alter, um zur Wehrmacht rekrutiert zu werden.
»Die Musterungsstelle befand sich in der Friedrichstraße.
Ich wurde zwar als k. v., kriegsverwendungsfähig, erklärt,
aber dennoch ausgemustert, da ich in einem kriegswichtigen
Beruf arbeitete.« Nach seinem Rausschmiss aus dem Gymnasium hat der Vater ihm zur Lehre als Feinoptiker geraten.

   Für seine weitere geistige Entwicklung ist die Bekanntschaft mit dem sozialdemokratischen Arbeiter Heinrich
Lembke wichtig, der nach der Errichtung der Hitlerdiktatur billig eine Bibliothek nun verbotener Bücher auf-
gekauft hatte, darunter Werke sowjetischer Autoren, die

im Malik-Verlag erschienen sind. So liest der Rote Falke »Zement« von Fjodor Gladkow und »Die Republik der Strolche« von Grigori Bjelych und Leonid Pantelejew, ein Buch über Kinder und Jugendliche, die sich in der Zeit des Bürger- und Interventionskrieges in Sowjetrussland mit Bettelei und Diebstahl durchs Leben schlugen, bis die Bolschewiki sich ihrer annahmen und ihnen einen Lebenssinn und Zukunft gaben.

Dank Lembke fährt der 16-Jährige im Juli 1936 zu einem internationalen Treffen der sozialdemokratischen Jugend in Stockholm, allein und auf abenteuerlichem Weg: zunächst mit dem Fahrrad von Berlin nach Stettin, dann mit einem Dampfer nach Kopenhagen und von dort per Anhalter über Göteborg in die schwedische Hauptstadt. Horst Behrendt ist der einzige Deutsche und wird natürlich von den anderen Jugendlichen ausgefragt über die nichts Gutes verheißenden Ereignisse im »Dritten Reich«. Nach einer spannenden, ereignisreichen Woche wieder über Umwegen heimgekehrt, muss er erneut berichten – den deutschen Jungsozialisten über die Reden, die auf dem Kongress von den Delegierten aus Island bis Italien gehalten wurden, und über »die anschließenden drei wunderschönen Tage im Zeltlager am Mälarsee, der doppelt so groß ist wie der Bodensee«.

Seinen zweiten »Ausflug« ins Ausland verdankt Horst dem Ehepaar Georg und Grete Scharrer, Kommunisten. Während seiner Ausbildung in verschiedenen Berliner Betrieben lernt er Mitglieder der KPD kennen, die dem jungen, aufgeschlossenen Sozialdemokraten vertrauen und ihn in ihre antifaschistischen Aktivitäten einbeziehen. Die Scharrers schicken Horst zu Weihnachten 1937 ins tschechische Riesengebirge, zu einem Treffen von Arbeitersportlern. Auf der Fahrt dorthin lernt er den neun Jahre älteren und für ihn bald sehr wichtigen Freund und Lehrer

Erwin Reisler kennen, Schweißer bei Rheinmetall-Borsig und Mitglied des Berliner Widerstandskreises um Robert Uhrig.

Der Werkzeugmacher und Kommunist Uhrig hatte 1938 begonnen, eine illegale Organisation aufzubauen, die in verschiedenen Berliner Betrieben aktiv ist und in den folgenden Jahren reichsweit agiert, mit Kontakten nach Prag, Kopenhagen, Amsterdam.

Das illegale Netzwerk vereint Kommunisten, Sozialdemokraten, Arbeiter, Ingenieure, Intellektuelle und Hitler verachtende Offiziere. Es gab Verbindungen zur sogenannten Roten Kapelle, wie die Gestapo den Widerstandskreis um den Luftwaffenoffizier Harro Schulze-Boysen und den Ökonomen im Reichswirtschaftsministerium Arvid Harnack nennt.

Schulze-Boysen, seine Frau Libertas und Arvid Harnack werden am 22. Dezember 1942 in der Hinrichtungsstätte Berlin-Plötzensee erhängt, die gebürtige US-Amerikanerin Mildred Harnack am 16. Februar 1943 ebenfalls in Plötzensee; Robert Uhrig wird im Februar 1942 mit 200 seiner Mitstreiter verhaftet, vom »Volksgerichtshof« zum Tode verurteilt und am 21. August 1944 im Zuchthaus Brandenburg enthauptet.

Zur Uhrig-Gruppe gehört der Glasschleifer Fritz Starke, der in der Firma R. Fuess in Steglitz arbeitet, zu der Horst Behrendt im Januar 1941 dienstverpflichtet wird. »Fritz Starke wurde nach dem Krieg von der sowjetischen Besatzungsmacht zum Bezirksbürgermeister berufen. Die Amerikaner haben ihn aber schon im Sommer 1945 wieder abgesetzt. Und heute will man in Steglitz von Fritz Starke überhaupt nichts mehr wissen, weil er Kommunist war und später in der SEW«, sagt der Veteran und erzählt sodann, wie er als 20-Jähriger mit dem damals 49-Jährigen bei Fuess eine antifaschistische Betriebszelle gründete:

Das Unternehmen stellt Bordgeräte für die deutsche Luftwaffe her. Ob der 1917 verstorbene Erfinder und Firmengründer Rudolf Fuess, der im heutigen Berlin ein Ehrengrab hat, es gut geheißen hätte, dass sich seine Nachfahren in Hitlers Rüstungsproduktion einspannen ließen? Man weiß es nicht. Die Illegalen sorgen für eine Verlangsamung des Produktionsprozesses. Dafür bieten sich verschiedene Gelegenheiten an, beispielsweise wenn der Betrieb bei Einführung einer neuen Technologie umgerüstet werden muss. In dieser Zeit erhalten die Arbeiter höhere Löhne, damit die Produktion wieder rasch aufgenommen werden kann. Es war nicht schwer, sie zu überzeugen, langsamer zu arbeiten, damit sich die Umrüstung verzögere und sie ein paar Wochen länger mehr Geld in ihrer Lohntüte finden. Auch boten die sich nun häufenden Bombenangriffe auf Berlin und das folgende Verkehrschaos als überzeugender Entschuldigungsgrund an, verspätet zur Arbeit zu kommen. Gegen die Nazis im Betrieb, denen manches dann vielleicht doch verdächtig vorkam, haben die Illegalen schon mal prophylaktisch Erpressungsmaterial gesammelt. In einer Zeit, in der viele Waren – Lebensmittel, Zigaretten, Kleidung – rationiert und nur auf illegalem Wege zu beschaffen waren, sind potenzielle Denunzianten relativ leicht zum Schweigen zu bringen. »Man musste diese Kollegen in ihrem Alltagstreiben nur sorgsam beobachten.«

Für Horst haben die Illegalen bald einen neuen Auftrag. Er hat neben seiner Ausbildung die Abendschule besucht, um das Abitur nachzuholen, und dabei auch Englisch und Französisch gelernt. Im Herbst 1941 kommen die ersten französischen Zwangsarbeiter in die Firma Fuess. Horst dolmetscht nicht nur Arbeitsaufträge und Abrechnungen, er übermittelt ihnen auch Nachrichten von den Fronten, die er von den Genossen erhält, die Radio Moskau und BBC hören. Für die Zwangsarbeiter sind diese Informationen ein Geschenk. Und sie verhelfen den Illegalen schließlich zu einem besseren Empfang. »Henri David, Radiospezialist aus Paris, konstruierte eine Antenne, mit der wir Moskau wesentlich besser verstehen konnten.«

Anderthalb Jahre ist Horst engster Vertrauter der Fremdarbeiter. »Die Franzosen sagten immer, ich sei ein Deutscher mit einem französischen Herzen«, berichtet der Veteran nicht ohne Stolz. »Ich erwiderte ihnen: Ich bin Internationalist.«

Nein, Robert Uhrig habe er nicht persönlich kennengelernt, sagt Horst Behrendt, aber Anton Saefkow. Nach Uhrigs Verhaftung hat der gelernte Schlosser zusammen mit seinem Berufskollegen Franz Jacob und dem Metallarbeiter Bernhard Bästlein im Herbst 1942 zerrissene Kontakte wieder zusammengeflickt und einen neuen Widerstandskreis aufgebaut, der in ganz Deutschland 500 Antifaschisten vereint, die Sabotage in Rüstungsbetrieben verüben, Juden und politisch Verfolgte verstecken sowie antifaschistische Agitation betreiben und im Sommer 1944 Kontakt zu Sozialdemokraten und der Verschwörergruppe des 20. Juli aufnehmen. Durch Verrat fliegt diese größte Widerstandsorganisation im Herbst 1944 auf, 280 Frauen und Männer werden verhaftet, 104 zum Tode verurteilt. Anton Saefkow wird am 18. September 1944 zusammen mit Jacob und Bästlein im Zuchthaus Brandenburg hingerichtet, seine Frau Aenne ins KZ Ravensbrück verbracht; nach dem Krieg ist sie Bürgermeisterin in Berlin-Pankow und setzt sich für die Errichtung der Mahn- und Gedenkstätte in Ravensbrück ein.

Horst Behrendt ist mehrfach als u. k., als unabkömmlich, eingestuft worden. Doch eines Tages wird auch er zur Wehrmacht eingezogen. Am 26. März 1943 muss er sich in einer Kaserne in Potsdam-Nedlitz einfinden.

Die Schlacht um Stalingrad hat die faschistische Wehrmacht verloren. Eine ganze Armee, die 6., ist vernichtet.

Hunderttausend Wehrmachtssoldaten begeben sich mit Generalfeldmarschall Friedrich Wilhelm Ernst Paulus in die Gefangenschaft. Hitler tobt, verflucht Paulus: »Der Mann hat sich totzuschießen!« Das tut der aber nicht. Dem Werben deutscher Kommunisten in der Sowjetunion sowie gefangener Standesgefährten wie General Walther von Seydlitz, sich dem am 12./13. Juli 1943 in Krasnogorsk bei Moskau gegründeten Nationalkomitee Freies Deutschland oder dem kurz darauf, am 11./12. September im Gefangenenlager Lunewo, ebenfalls nahe der sowjetischen Hauptstadt gebildeten Bund Deutscher Offiziere anzuschließen, verweigert er sich zunächst hartnäckig. Das sei »Landesverrat«, meint er. Erst nach dem Attentat von Graf Schenk von Stauffenberg auf Hitler am 20. Juli 1944 erklärt Paulus sich zur Zusammenarbeit bereit und unterschreibt am 8. August einen Appell an das deutsche Volk, sich von Hitler loszusagen. Seine Familie in Deutschland wird daraufhin in »Sippenhaft« genommen.

Seydlitz, der im Kessel von Stalingrad entgegen Hitlers Durchhaltebefehl den Ausbruch propagiert hat und nun Präsident des Bundes Deutscher Offiziere ist, verfasste dessen Appell an die Wehrmacht mit, in dem es heißt: »Wir, die überlebenden Kämpfer der 6. deutschen Armee, der Stalingradarmee, Generäle, Offiziere und Soldaten, wir wenden uns an Euch am Beginn des fünften Kriegsjahres, um unserer Heimat, unserem Volk den Rettungsweg zu zeigen. Ganz Deutschland weiß, was Stalingrad bedeutet. Wir sind durch eine Hölle gegangen ... Wir können nicht länger schweigen! Wir haben wie niemand sonst das Recht zu sprechen, nicht nur im eigenen Namen, sondern im Namen unserer toten Kameraden, im Namen aller Opfer von Stalingrad. Jeder denkende deutsche Offizier versteht, daß Deutschland den Krieg verloren hat ... Wir sprechen vor allem zu den Heerführern, Generälen, den Offizieren der Wehrmacht. In Eurer Hand liegt eine große Entscheidung! ... Verweigert Euch nicht Eurer geschichtlichen Berufung! Fordert den sofortigen Rücktritt Hitlers und seiner Regierung! Kämpft Seite an Seite mit dem Volk, um Hitler und sein Regime zu entfernen und Deutschland vor Chaos und Zusammenbruch zu bewahren!«

Die Berufung auf das deutsche Volk, das Hitler und sein Regime stürzen würde, war – wie sich erweisen sollte – eine Illusion. »Bis fünf Minuten nach Zwölf stand die Mehrheit der Deutschen hinter dem ›Führer‹. Viele sicherlich auch aus Angst vor der Rache der Sieger. Denn sie wussten, was sie den anderen Völkern Europas, vor allem der Sowjetunion angetan haben«, sagt Horst Behrendt.

Gewiss nicht minder illusorisch heißt es im »Manifest« des Nationalkomitees Freies Deutschland an die Adresse der Wehrmachtsangehörigen: »Ihr habt die Waffen! Bleibt unter den Waffen! Bahnt Euch mutig unter verantwortungsbewussten Führern, die eins sind mit Euch im Kampf gegen Hitler, den Weg zur Heimat, zum Frieden.«

Keine Division, kein Regiment, kein Bataillon, keine Kompanie, keine Hundertschaft hat die Waffen umgedreht, ist auf Berlin zumarschiert, um Hitler in seiner Neuen Reichskanzlei aufzustöbern und an Ort und Stelle standrechtlich zu erschießen.

Was haben Soldaten und Offiziere gedacht, wenn sie an der Front die Aufrufe des NKFD in die Hände bekamen und lasen? Waren es nicht wahre Worte, vernünftige Aufforderungen, die übergelaufene oder in der sowjetischen Gefangenschaft zur Besinnung gekommene Kameraden ihnen über die Feuerlinie sandten? »Der Krieg ist verloren. Deutschland kann ihn nur noch hinschleppen um den Preis unermesslicher Opfer und Entbehrungen. Die Weiterführung des aussichtslosen Krieges würde das Ende der Nation bedeuten. Aber Deutschland darf nicht sterben! Es geht jetzt um Sein oder Nichtsein unseres Vaterlandes.«

Horst ahnt nicht, dass auch er dereinst in diesem Sinne agitieren wird, als er sich von seinen Eltern verabschiedet. Der Vater gibt ihm den Rat, sich vom »Kommiss« nicht unterkriegen und erst recht sich nicht tot schießen zu lassen. Die Eltern, die nach Stalingrad auf ein nunmehr baldiges Ende des verbrecherischen Krieges hoffen, wollen ihren Sohn unversehrt und lebendig wieder in die Arme schließen.

Horst wird für den Funk- und Fernmeldedienst ausgebildet. Vielleicht sind es seine Französischkenntnisse, die ihn vor der Abkommandierung an die Ostfront vorerst bewahren. Er kommt zum Regiment 669 der 371. Infanteriedivision, die in der Kesselschlacht um Stalingrad aufgerieben worden ist und im besetzten Frankreich neu aufgestellt wird. Vor seinem Abmarsch raten ihm seine Freunde aus der Illegalität, bei erstbester Gelegenheit zu desertieren und sich der französischen Widerstandsbewegung anzuschließen. Einfacher gesagt als getan.

Eines Tages jedoch eröffnet sich eine Chance: Horst soll einen Leutnant begleiten, der zur Neubestückung des Regiments aus Paris vier Geschütze abholen soll. »Wir fuhren im D-Zug, als Besatzungssoldaten unentgeltlich.« In der Stadt an der Seine angekommen, beziehen sie Quartier in einem Militärlager unter dem Eiffelturm. »Das hatte früher die französische Armee genutzt, es ist von der Wehrmacht requiriert worden. Ich war fest entschlossen, die Adresse aufzusuchen, die mir Henri mitgegeben hat.« Gedacht, getan. Horst schwingt sich in die Metro, fährt bis zur Station Père-Lachaise. Er eilt am Friedhof vorbei, auf dem große historische Gestalten wie die Schriftsteller Balzac und Barbusse, Guillotin, der Erfinder der Guillotine, der Komponist Rossini und Napoleons Marschall Ney sowie das wohl berühmteste Liebespaar aller Zeiten, Abaelard und Heloisa, ihre letzte Ruhestätte fanden. Horst sucht und findet das ihm von seinem französischen Freund in Berlin genannte Haus am Boulevard de Ménilmontant. Er klingelt an einer Tür im zweiten Stock mit dem Namensschild Henri David – und erschreckt eine Frau fast zu Tode. »Kein Wunder, ich stand in meiner vollen Wehrmachtsmontur vor ihr. Ein fremder, verhasster deutscher Soldat. Ich habe sie erst einmal beruhigen müssen. Sie müsse keine Angst haben. Ich bin im privatem Auftrag da, könne mein Anliegen aber nicht an der Türschwelle mitteilen. Erst dann bat sie mich neugierig und doch zögerlich herein. Ich überbrachte die Grüße ihres Mannes. Das hat die Situation schlagartig verändert.«

Horst muss natürlich erst einmal berichten, wie es David geht, ob er wohlauf ist, wo er arbeitet, was er macht. »Ich erzählte ihr von unserem gemeinsamen Widerstand, von unserer Sabotage und wie ihr Mann uns half, die Rundfunksendungen aus Moskau besser zu verstehen.« Schließlich bringt Horst sein Begehr zur Sprache. Er möchte sich dem französischen Widerstand anschließen. Davids Frau meint, darüber müssten andere befinden.

Eine halbe Stunde später sitzen mehrere Frauen und ältere Männer in ihrer Wohnstube und beratschlagen. Horst verfolgt aufmerksam die kontroverse Diskussion. Und ist über deren Ergebnis enttäuscht. Die wagemutige Idee des jungen Deutschen wird verworfen: zu gefährlich. Er soll zu seiner Einheit zurückkehren und dort aufklärend wirken. Das sei sinnvoller, sagt man ihm. Als die Frauen die traurigen Blicke des Soldaten sehen, der sich seiner Uniform entledigen und mit ihnen gegen Hitler kämpfen will, geben sie ihm einen tröstlichen Tipp: In der Nähe von Tours, an der Loire, wäre es sicher möglich, sich zur Résistance durchzuschlagen. »Ich schöpfte neue Hoffnung, fragte mich allerdings, wie ich in diese Stadt komme.« Auf der Fahrt zurück zu seinem Quartier am imposanten Funkturm von Gustave Eiffel überlegt er: Von Paris nach Tours sind es vielleicht zwei Stunden, von Brest wohl vier. Er könnte sich auf halber Strecke aus dem Staub machen.

So fährt Horst erst einmal wieder zurück in Richtung Brest, allein im Güterzug mit vier Geschützen. »Mein Leutnant sagte mir, er werde mit dem nächsten Zug nachkommen. Er wollte sich wohl in Paris erst einmal ausgiebig amüsieren.« Das ist Horst, der in Gedanken diverse Varianten der Flucht durchspielt, nur recht.

Am Bahnhof von Le Mans hält der Zug. Der Ort liegt auf der Hälfte der Strecke von Paris nach Brest; Tours ist nur siebzig Kilometer entfernt. Das ist die Gelegenheit, denkt Horst. Er entfernt sich langsam vom Bahnhof. Seine Schritte werden schneller. Er hofft, auf der Landstraße von einem zivilen Fahrzeug mitgenommen zu werden. Doch da kommt ein Motorrad mit Beiwagen. Horst erkennt sie sofort, die »Kettenhunde«, wie die nach Deserteuren fahndenden Feldgendarmen mit ihrer metallenen Plakette um den Hals im Soldatenmund heißen. »Ein Offizier und zwei Soldaten – die sehen mich da stehen und haben gleich gewusst: Der will abhauen. Jetzt saß ich ganz schön in der Klemme.« Horst beteuert, er habe sich nur die Beine vertreten wollen. Zu seiner eigenen Überraschung zeigt der Offizier Erbarmen. Der Zug ist noch nicht abgefahren. »Wenn Sie wieder einsteigen und dorthin fahren, wohin ihr Fahrbefehl Sie beordert, vergesse ich die Sache«, sagt er. »Vielleicht hatte er ein schlechtes Gewissen, einen jungen Deutschen zu erschießen, wo doch so viele junge Deutsche damals jeden Tag fielen?«

Als Horst in Brest anlangt, ist man indes schon über sein unerlaubtes Entfernen informiert. »Ich bekam drei Tage Bau.« Er wird in einen Turm der Festung Brest eingesperrt. »Es war ein herrliches Wetter in diesem August. Ich hatte eine wunderbare Aussicht auf das Meer. Und konnte mich über die armen Schweine unten im Kasernenhof amüsieren, die in praller Sonne exerzieren mussten.«

Der Stützpunkt der französischen Atlantikflotte war im Zuge des »Westfeldzuges« von der Wehrmacht fast ohne jegliche Gegenwehr eingenommen worden. Bevor es mit der Eröffnung der »Zweiten Front« durch die Westalliierten zur Schlacht um die Bretagne und auch um Brest kommen wird, befindet sich Horst bereits Tausende Kilometer ostwärts.

Im »Englischen Klub« an der Ostfront

Im Oktober 1943 wird seine Division in die Toskana verlegt. Von dort geht es nach Zagreb. Auch die kroatische Stadt ist nur eine Zwischenstation. »Wir sollten die im Osten gegen die Rote Armee kämpfenden Truppenteile verstärken. Da habe ich mir gesagt, was dir in Frankreich nicht gelungen ist, muss dir dort gelingen.«

Bevor es an die Ostfront geht, wird ein kurzer Heimaturlaub erteilt, über die Weihnachtsfeiertage. »Am 27. Dezember sollten wir wieder zurück, bei unserer Einheit, sein. Und ich war auch pünktlich wieder da.« Zuvor hat Horst in Berlin seine kommunistischen Freunde aus der Illegalität aufgesucht. Reisler trichtert ihm Fakten aus der KPD-Geschichte ein, nennt ihm Namen von bekannten Kommunisten im sowjetischen Exil. Dieses rasch angeeignete, bruchstückhafte Wissen soll Horst nach geglückter Desertion auf sowjetischer Seite als einen »guten Deutschen« ausweisen.

Im Januar 1944 kommt die 371. Infanteriedivision als Teil der Heeresgruppe Süd nordwestlich von Winniza zum Einsatz, um den Vormarsch der 1. Ukrainischen Front zu stoppen. Vergeblich. Die Verluste der deutschen Truppen sind immens. Und der Unmut unter Soldaten

und Offizieren wächst. Horst Behrendt schließt Bekanntschaft mit zwei Offiziersanwärtern, die Anglistik studiert
haben. Sie haben an der Ostfront einen »Englischen Klub«
gegründet. Da Englischkenntnisse unter Wehrmachtssoldaten nicht gerade weit verbreitet sind, fällt den beiden
der Berliner auf. Er darf ihrem Klub beitreten. Da wird
abends BBC gehört, auf Hitler geschimpft und ein Sepa-
ratfrieden mit den Anglo-Amerikanern diskutiert. Die
Klubmitglieder sind stramme Antikommunisten, bis auf
Horst Behrendt, der seine wahren Gedanken natürlich
verheimlicht. Er wagt jedoch offen zu bezweifeln, dass es
gelingen könne, einen Keil zwischen den Alliierten zu
treiben, wie es sich die Sprösslinge aus großbourgeoisen
Familien wünschen.

Der »Englische Klub« wird eines Tages als »verdächti-
ger« Debattierverein entlarvt. Doch da dessen Mitglieder
großenteils renommierte Namen tragen, bleibt die Enttarnung folgenlos. Auch für Horst Behrendt.

Anfang März 1944 ist panischer Rückzug angesagt. »Am
südlichen Bug gibt es ein Dorf namens Kyrilowka. Hier
verschnaufte unser Bataillon ein paar Tage. Unser Kommandeur setzte sich als erster mit seinen Offizieren ab.
Auch ich wurde aufgefordert, mein Funkgerät schleunigst
einzupacken und ebenfalls den Rückzug anzutreten. Da
sagte ich mir: Jetzt oder nie.« Horst Behrendt lässt sich Zeit,
das Funkgerät abzubauen und samt Zubehör zu verstau-
en – bis er der letzte Soldat im Bauernhaus ist, in dem sich
der Stab einquartiert hatte. Er offenbart sich dem Haus-
herrn, einem betagten ukrainischen Bauern. Dieser glaubt
ihm und versteckt ihn im Keller. »Den haben die Faschisten
noch nie entdeckt, und sie sind schon drei Jahre hier«, sagt
der Bauer. Fünfzehn Stunden harrt Horst im Keller aus.
Dann kommt ein Mädchen und ruft mit strahlendem Gesicht aus: »Die Unseren sind da!« Es ist der 15. März 1944.

Horst kann wieder ans Tageslicht. Er wird von zwei Rotarmisten zum Bataillonskommandeur geführt und von diesem ausgiebig verhört. Er will von Horst vor allem wissen, wie viele Rotarmisten und Sowjetbürger er umgebracht habe. »Keinen einzigen, ich war ja Funker. Zum Glück.« Der Kommandeur glaubt ihm. Am nächsten Tag weiht Horst einen russischen Nachrichtenoffizier in die Funkgeheimnisse und Verschlüsselungen seines ehemaligen Regiments ein. Diese wertvolle Gabe bewahrt ihn allerdings nicht vor dem Kriegsgefangenenlager.

Horst wird nach Darniza, Kiew, gebracht. Im Lager, das sich auf dem Gelände einer zerstörten Fabrik befindet, liegen Listen aus. Horst trägt sich in eine Liste ein. Mit seiner Unterschrift bestätigt er, den Zielen des Nationalkomitees Freies Deutschland gemäß wirken zu wollen. Er braucht nicht lange zu warten. Der 23-Jährige wird beauftragt, ein Antifa-Aktiv zu bilden. Es gelingt ihm, etwa zwanzig Gleichgesinnte zu gewinnen. Gemeinsam überlegen sie, wie sie ihre verblendeten Landsleute aufklären können. Horst hat es sich nicht so schwer vorgestellt. Die wenigsten sind bereit, zumindest zuzuhören. Sie wenden sich ab oder spucken vor ihm verächtlich aus. Horst und seine Gefährten sind in ihren Augen »elende Vaterlandsverräter«. Und schlimmer noch, sie haben den Eid auf den »Führer« gebrochen. Wie konnten sie es wagen, gleiches nun auch von ihnen zu verlangen?!

»Als ich in Potsdam die Schwurhand heben und die Eidesformel sprechen musste, habe ich heimlich mit zwei gekreuzten Fingern der anderen Hand diese gleichzeitig annulliert«, sagt Horst Behrendt. Erinnert er sich noch an die Worte des Eides? »Nur bruchstückhaft, für mich galt er nie.« In Wehrmacht und SS gab es variierende Eidesformeln. Wehrmachtsangehörige hatten nach der Beschwörung, »dem Führer des Deutschen Reiches und Volkes,

Adolf Hitler, dem Oberbefehlshaber der Wehrmacht unbedingten Gehorsam« zu leisten und »als tapferer Soldat« jederzeit bereit zu sein, sein Leben zu geben, ein »Hurra« auf den österreichischen Gefreiten auszustoßen.

»Deserteure und sogenannte Eidbrüchige wurden noch in der Bundesrepublik über Jahrzehnte scheel angeschaut oder sogar offen angegriffen. ›Fahnenflucht‹ ist noch heute in Deutschland strafbar«, ergänzt Horst Behrendt. Jahrelang streitet sich der Bundestag, ehe 1998 ein Gesetz zur Rehabilitierung und eine symbolische Entschädigung der Opfer der Wehrmachtsjustiz oder ihrer Angehörigen verabschiedet wird. »Das war vor allem dem unermüdlichen Ludwig Baumann zu verdanken. Er ist 1942 bei Bordeaux in Frankreich desertiert, aber wieder geschnappt und zum Tode verurteilt worden und dann in ein Strafbataillon gesteckt worden.« Als 2002 auch die Urteile der NS-Militärgerichte pauschal aufgehoben werden, gibt es tatsächlich Abgeordnete, die dies als eine »Schande« empfinden. »Das ist eine Schande für die deutsche Justiz gewesen, dass sie in den Kriegsjahren 30 000 Todesurteile gegen Deserteure sprach, von denen mindestens 20 000 vollstreckt worden sind«, empört sich Horst Behrendt.

Ein Rotarmist hoch zu Ross

Sie ist mühselig und riskant, die Aufklärungsarbeit unter den deutschen Kriegsgefangenen. »Es war manchmal wie Spießrutenlaufen, wenn wir durchs Lager gingen und Soldaten wie auch Offiziere zu überzeugen versuchten, bei uns mitzumachen.« Die Armbinde, die Horst und seine Mitstreiter als Beauftragte des NKFD ausweist, schützt sie nicht. »Wir wurden nicht nur beschimpft und bespuckt, und es blieb auch nicht bei Morddrohungen. Die haben uns wirklich umbringen wollen. Zwei Mal sind wir einem Mordanschlag nur knapp entgangen. Fanatische Nazis brachen die Tür zu unserem Raum ein und stürzten sich auf uns. Einmal sind uns die Polen beigesprungen, entschlossen dazwischengegangen.« Die Polen waren gegen Ende des Krieges in die Wehrmacht gepresst worden und keine Freunde der Nazis, dennoch mussten auch sie den Gang in die Kriegsgefangenschaft antreten. »Beim zweiten Mal halfen uns die Russen. Die ballerten in die Luft und jagten die Eindringlinge für immer fort. Die wagten es nicht, wiederzukommen.«

Doch auch bei einigen Rotarmisten stößt der deutsche Antifaschist auf Misstrauen oder gar Hass. Wen wundert's. Der Veteran erinnert sich, wie er eines Tages an einem Bahndamm entlang flanierte und plötzlich ein Offizier angeritten kam. »Was weiß ich, was der für ein Schicksal hatte. Er hat mich als Deutschen ausgemacht, denn ich hatte noch die Wehrmachtsuniform an, wenn auch ohne Hoheitszeichen. Da ist er vom Pferd gestiegen und hat mir ein paar kräftige, schmerzhafte Schellen ins Gesicht, links und rechts verpasst. Dann ist er wieder auf sein Ross und weiter getrabt. Nein, das hat mich nicht umgebracht. Aber das war natürlich hart für mich. Na ja, schuld daran war eben dieser verdammte Krieg.«

Horst Behrendt will nicht nur agitieren, zumal es nicht viel bringt. »Gebt mir eine Uniform der Roten Armee und ich marschiere mit euch nach Berlin«, bittet und bettelt er. »Njet«, wird ihm beschieden, »du musst hier mithelfen, musst deine Deutschen umerziehen, damit sie wieder zu Menschen werden«.

Eines Tages wird Horst in Kiew von Heinz Hoffmann aufgesucht, Mitarbeiter des NKFD. »Er war im Spanienkrieg, ist dort verwundet worden und zur Rekonvaleszenz

197

in die Sowjetunion gebracht worden.« Der Lehrer an der Antifa-Schule in Krasnogorsk und spätere Verteidigungsminister der DDR nimmt Horst mit. »Wir sind drei Tage mit dem Güterzug gefahren.« Horst muss noch einmal die Schulbank drücken, ist nunmehr Kursant an der Zentralen Antifaschule der Sowjetunion. Und dort erlebt der Berliner dann auch das Ende des Krieges.

»Krasnogorsk liegt südwestlich von Moskau, ist aber höher gelegen. Man kann vom Roten Berg, wie die Stadt im Oblast Moskau übersetzt heißt, sehr schön auf die Hauptstadt blicken. So konnten wir am 9. Mai, dem Tag des Sieges, das Feuerwerk miterleben. Es war grandios. Und wir fühlten uns alle gut. Wir haben gesiegt.«

Die letzte Unterschrift deutscher Generäle unter die Kapitulationsurkunde im Hauptquartier der Sowjetarmee in Berlin-Karlshorst erfolgte sechzehn Minuten nach Mitternacht. »Daher wurde in der Sowjetunion der Tag des Sieges einen Tag nach dem in europäischen Metropolen begangenen Tag der Befreiung gefeiert.«

Die Siegesparade findet am 24. Juni 1945 auf dem Roten Platz in Moskau statt. Formationen der Roten Armee ziehen am Mausoleum vorbei und werfen etwa 200 erbeutete Nazi-Standarten in den Staub, aufs Pflaster. Am 24. Juni 1812 war Napoleon mit seiner Grande Armée in die russische Hauptstadt einmarschiert. Wie Kutusow ihn bezwang, so Schukow Hitler. Der Sowjetmarschall, hoch zu Ross, auf einem Schimmel reitend, stiehlt Stalin bei der Siegesparade die Show.

Der Krieg ist aus. Doch an Heimkehr ist noch nicht zu denken. Horst Behrendt wird mit Absolventen seines Lehrgangs ins Kriegsgefangenenlager Howrino bei Moskau geschickt. Ein Dreivierteljahr ist er dort für Kultur verantwortlich. Seinen Eltern hat er längst geschrieben, dass er lebt und wo er lebt und was er tut. Sie hatten nach seiner Flucht die Nachricht erhalten, dass ihr Sohn vermisst und vermutlich »für Führer, Volk und Vaterland« gefallen sei.

»Am 23. September 1946 betrat ich wieder Berliner Boden. Ein schönes und zugleich bedrückendes Gefühl. Man war wieder daheim. Aber wie sah es da aus! Da musste erst noch kräftig aufgeräumt werden.«

»KOPP HOCH, KLEENER, DET JEHT OOCH VORBEI«

Eugen Herman Friede über sein Abtauchen in
Nazideutschland, Retter in der Not und mutige Widerständler

Als wollten sie sich gegenseitig stützen, schmiegen sie sich aneinander – die kleinen Fachwerkhäuschen entlang der Gasse hügelan zur Burg Kronberg im Taunus, einst Stammsitz eines Rittergeschlechts gleichen Namens, das sich allerdings noch mit »C« schrieb. 1367 erhielt Ulrich der Rote von Cronberg vom Kaiser die Marktrechte und Gerichtsbarkeit über die sich um seine Burg ausweitende Siedlung, auf dass er über »Scheltworte, Frevel, Unrecht und alles, was Leib und Gut betrifft«, richte – gerecht gegenüber allen, »die Bürger zu Cronberg sind oder werden, Christen und Juden«. 1933 wurde aus Cronberg Kronberg, das »C« galt den Nazis als »undeutsch«. Im März 1945 besetzten Truppen der 3. US-Army die Stadt nahe Frankfurt am Main. Zu jener Zeit saß Eugen Friede in einer Zelle im Polizeigefängnis am Alexanderplatz in der Reichshauptstadt.

Vor dem Haus des gebürtigen Berliners blühen in Terrakottatöpfen Geranien. Ich werde freundlich hineingebeten. »Vorsicht, stoßen Sie sich nicht den Kopf«, warnt der Gastgeber. Eine schmale Treppe führt ins Wohnzimmer, ausgestattet mit Mitbringseln aus aller Welt, Masken, Schilder, Statuen. Eugen Friede ist viel gereist, rastlos zog es ihn immer wieder fort aus Deutschland. Vielleicht hat das etwas mit seiner Lebensgeschichte zu tun? Die Rückwand des kleinen Wohnzimmers ließ der Hausherr durch eine große Fensterscheibe ersetzen. Man blickt hinunter ins Tal. In

Herbstsonne gebadet, strahlt dort die Banken- und Messemetropole Frankfurt.

Mein Interesse weckt jedoch viel mehr die kleine Nische im Wohnzimmer mit Marionetten an den Wänden: Charlie Chaplin, Marilyn Monroe, Fred Astaire, Ginger Rogers, Sammy Davis junior, Tina Turner ... Aus Sperrholz geschnitten und bemalt vom Veteran. Ein künstlerisches Talent, zweifellos. Ich entdecke Michail Gorbatschow, in einen viel zu engen, zerknitterten blauen Anzug gezwängt, Muttermal auf der Stirn, Orden an der Brust, unterm linken Arm ein Globus. Ich lasse den KPdSU-Generalsekretär zappeln und habe einen Heidenspaß dabei.

Nein, ein Gewerbe will er damit nicht betreiben, es ist zu seiner eigenen Freude. In der Schule sei er eher ein mittelmäßiger Schüler gewesen, aber in Zeichnen hatte er stets eine Zwei, sagt Eugen Friede. Auch in Religion, christlicher, war er gut bewandert, wurde vom Lehrer vor der Klasse gelobt – bis er als Jude nicht mehr am Religionsunterricht teilnehmen durfte. Auf dem Zeugnis stand fortan in dieser Rubrik statt einer Zensur der Vermerk »nicht arisch«.

Seines Judentums war sich Eugen Friede lange nicht bewusst. In der Familie Friede wurde nicht Pessach oder Purim gefeiert. Mutter Anja, in Minsk geboren und in Petersburg aufgewachsen, konnte aber leckeren »gefillten Fisch« zubereiten, erfahre ich.

Der 30. Januar 1933 hat alles verändert. Sein nicht leiblicher »arischer« Vater klärt Eugen auf: »Die Nazis bestimmen, dass du Jude bist.« Und: »Ein Judenkind darf nicht Hitlerjunge werden.« Eugen hätte gern eine Uniform wie seine Mitschüler getragen, bei den Geländespielen, beim Wandern und Zelten in freier Natur mitgemacht.

Der bald 90-Jährige erinnert sich an den Tag der Ernennung Hitlers zum Reichskanzler: Am späten Abend fährt die Familie mit dem Auto des Vaters, einem grauen Dixi, in

Eugen Friede kurz vor dem Untertauchen in Berlin

die Berliner Innenstadt und sieht dort den Fackelzug, der sich vom »Großen Stern« durchs Brandenburger Tor zur Reichskanzlei in der Wilhelmstraße schlängelt. SA-Kohorten singen: »Die Fahne hoch, die Reihen fest geschlossen, SA marschiert ...« Menschen am Straßenrand reißen die Arme hoch, brüllen »Heil Hitler!« und schwenken Hakenkreuzfahnen aus Papier.

Drei Monate später holt die Mutter den Erstklässler aus der 116. Volksschule in der Hagelberger Straße ab. Eugen ist gar nicht glücklich, dass er vor den Augen der Mitschüler wie ein Kleinkind abgeholt wird. Anja Friede nimmt den Sohn an die Hand und zieht ihn hastig fort, eilt mit ihm durch die Straßen, vorbei an Geschäften, deren Schaufenster beschmiert sind: »Deutsche wehrt euch, kauft nicht beim Juden.« Davor Männer in braunen Hemden und schwarzen Stiefeln, sie halten Schilder hoch: »Die Juden sind unser Unglück« und »Wer beim Juden kauft, ist ein Verräter«. An den Litfaßsäulen prangen Plakate: »Deutsche wehrt euch, kauft nicht beim Juden.« Es ist Samstag, der 1. April 1933. In ganz Deutschland boykottiert die SA jüdische Geschäfte, Anwalts- und Arztpraxen.

Unbeschadet zu Hause angekommen, stöhnt Anja Friede: »Was lassen die sich noch einfallen?« Der Vater versucht, sie zu beruhigen: »Der Spuk ist bald vorbei.« Er irrt. Julius P. Friede wird alsbald wegen seiner jüdischen Frau aus seiner Firma entlassen, muss sich und seine kleine Familie fortan mit diversen Gelegenheitsarbeiten durchbringen. Eugen wird in der Schule immer häufiger »Itzig« und »Knoblauchfresser« geschimpft.

1937 darf er nicht aufs Gymnasium wechseln, das Abitur ist nur noch »Ariern« vorbehalten. Eugens Enttäuschung wird gelindert durch die freundliche Atmosphäre in der Mittelschule der Jüdischen Gemeinde Berlin in der Großen Hamburger Straße 27. Niemand schmäht ihn als Juden. Und sonnabends ist schulfrei. Eine weitere angenehme Überraschung: Mädchen und Jungen werden gemeinsam unterrichtet, da durch die Auswanderung vieler Familien die Klassen kleiner werden.

Gesten des Mitgefühls

Julius P. Friede meint, durch ihn seien Frau und Sohn geschützt. Das glaubt er auch noch nach der »Reichskristallnacht« vom 9. zum 10. November 1938. Das Verzweiflungsattentat des 17-jährigen polnischen Juden Herschel Grynszpan am 7. November 1938 in Paris auf den deutschen Botschaftssekretär Ernst Eduard vom Rath war den Nazis willkommener Anlass zur Inszenierung des Pogroms. Überall in Deutschland brennen Synagogen. Der Sakralbau in der

Oranienburger Straße in Berlin bleibt dank des Einschreitens des beherzten Polizeioberleutnants Wilhelm Krützfeld von größeren Zerstörungen verschont. Als Eugen Friede am Tag danach mit der Straßenbahn durch halb Berlin bis zum Hackeschen Markt fährt – sein Schulweg hat sich mit dem Schulwechsel um fünf Kilometer verlängert –, sieht er überall zerbrochene Fensterscheiben. »Auf der Straße vor dem Kaufhaus ›Israel‹ lagen Glassplitter, entrollte Stoffballen, demolierte Schaufensterpuppen und leere Schuhkartons.«

Schlag auf Schlag folgen nun weitere Verbote, die Deutschlands Juden stigmatisieren, diskriminieren, ausgrenzen, ihrer Habe berauben. Bereits im ersten Jahr der Kanzlerschaft Hitlers bestimmte ein Gesetz »zur Wiederherstellung des Berufsbeamtentums« die Entlassung jüdischer Beamter aus dem öffentlichen Dienst, jüdische Schriftsteller und Künstler wurden aus der Reichskulturkammer ausgeschlossen und ein »Schriftleitergesetz« verbot die Beschäftigung jüdischer Redakteure in Zeitungen und Zeitschriften sowie im Verlagswesen.

Am 15. September 1935 folgte die Verabschiedung der »Rassengesetze« auf dem NSDAP-Reichsparteitag in Nürnberg, die unter anderem die Ehe zwischen Juden und »Ariern« verbieten und bei »Rassenschande« mit Zuchthausstrafe drohen. Eine Verordnung am 14. Juni 1938 diktierte die Registrierung jüdischen Vermögens. Es begann die systematische »Arisierung« jüdischer Firmen und Geschäfte. Juden dürfen keine Kinos und Theater mehr besuchen, ihnen ist der Zutritt zu Parks und Schwimmbädern untersagt. Ab 1. Januar 1939 müssen alle Juden ab 15 Jahren eine Kennkarte mit sich führen, auf der je nach Geschlecht als zweiter Vorname Sara und Israel eingetragen werden. Am 30. Januar 1939 kündigt Hitler im Reichstag »die Vernichtung der jüdischen Rasse in Europa« an. Ab April 1939 müssen Juden ihre Wohnungen und Häuser aufgeben und fortan in »Judenhäusern« leben. Am 1. September 1941 wird, wie schon in den von der Wehrmacht okkupierten Gebieten, nun auch im »Deutschen Reich« das Tragen des »Judensterns« verordnet.

Unter Tränen näht Eugens Mutter den gelben sechszackigen Stern an den Mantel des Sohnes; sie selbst ist von der Pflicht ausgenommen, da sie mit ihrem Mann in einer »privilegierten Mischehe« lebt. Eugen, unbekümmert und neugierig, will sogleich die Wirkung seines »Sterns« unter Fremden testen. Doch an dem Tag, da er ihn das erste Mal ausführt, geschieht nichts. Er erntet nur ein paar verstohlene Blicke. Das sollte sich ändern. Aber anders als befürchtet:

In der Straßenbahn werden Eugen immer häufiger, »zumeist von Männern in Arbeitskluft«, Butterbrote oder Zigarettenpäckchen zugesteckt. »Obwohl ich nicht rauchte.« Eines Tages flüstert ihm eine alte Frau zu: »Kopp hoch, Kleener, det jeht ooch vorbei.« Ein anderes Mal weigert sich der Schaffner, von Eugen Fahrgeld zu nehmen. »Über solche Zeichen des Mitgefühls oder auch des Protests habe ich mich ungeheuer gefreut.« Die Mutter kann dies nicht trösten. Sie leidet, weint ständig.

Inzwischen beginnen die Deportationen in den Osten. Die Schulklassen in der Großen Hamburger dünnen sich weiter aus. »Wir hörten von Erschießungen im Osten und dass die Juden dort ihre Gräber selber schaufeln mussten. Wir konnten es uns nicht vorstellen. Die Lehrer winkten ab.«

Eugen wundert sich, als er eines Tages von der Schule nach Hause kommt und die Wohnung völlig verändert vorfindet. »Das sieht hier ja aus wie in einem Schloss!«, ruft er aus. Wandteppiche, feine Sessel, breites Sofa – Louis-quatorze-Möbel. Julius Friede erklärt dem Sohn: »Das haben uns die Salomons herbringen lassen.« Herr Salomon war ein Arbeitskollege des Vaters. »Wir sollen die Sachen für sie aufbewahren.« Anja Friede starrt bedrückt in ihr Teeglas. Die Salomons mussten auf »Transport«.

Ende Juni 1942 wird die jüdische Schule geschlossen und Eugen zur Arbeit auf dem Jüdischen Friedhof in Berlin-Weißensee dienstverpflichtet. Eines Tages rempelt ihn ein stämmiger Mann schmerzhaft an, reißt den Stern zur Hälfte ab und brüllt: »Stinkender Judenbengel, hast deinen Stern nicht richtig angenäht! Verschwinde und näh‹ ihn ordentlich an.« So schnell er kann, flitzt Eugen nach Hause. Das ist der Tag, an dem er zu einem »U-Boot« wird, wie sich untergetauchte Juden nennen.

Das letzte Quäntchen väterlichen Optimismus ist aufgebraucht. Julius Friede bringt den Sohn in ein Hinterhaus in der Gneisenaustraße, wo der alte Tankwart Trautwein lebt, ein Kommunist. Da dessen Frau jedoch vor Angst fast stirbt, muss ein neues Quartier gesucht werden. Wieder sind es Kommunisten, die den Jungen aufnehmen: Familie Horn in Blankenburg. Sie bewohnen ein Einfamilienhaus, es schirmt vor allzu neugierigen Blicken ab. Die Horns kümmern sich rührend um ihren »Schutzbefohlenen«. Eugen fühlt sich in der Familie wohl. Die 18-jährige Tochter Ruth beschäftigt sich viel mit ihm. Sobald die Dämmerung hereingebrochen ist, geht sie mit ihm in der näheren Umgebung spazieren. Eugen versuchte sich nützlich zu machen, übernimmt Reparaturen im Haus. Ab und an besucht ihn der Vater.

Bei den Horns wird BBC und Radio Moskau gehört. Als die 6. Armee unter Generalfeldmarschall Paulus Anfang Februar 1943 in Stalingrad kapituliert, singen sie die »Internationale«, nicht zu laut natürlich. Eugen fühlt sich sicher. Bis zum 27. Mai 1943.

»Der Junge muss weg«, ruft die vom Einkauf zurückkehrende Frau Horn, noch ganz außer Atem: »Im Milchladen reden sie darüber, dass wir einen Juden verbergen. Die Gestapo kann jeden Moment da sein.« Eugen ist gerade Ruth beim Abwasch in der Küche behilflich. Der muss jetzt warten. Schnell werden Eugens Sachen gepackt und der Vater verständigt. Er holt Eugen ab und bringt ihn nach Schöneberg, »zu Onkel Willi und Tante Grete«. Die Schwester des Vaters ist nicht erbaut: »Bist du verrückt? Willst du uns ins Unglück stürzen«, schnauzt sie ihren Bruder an. »Mein Onkel war Fahrer bei der deutschen Reichsbank, meine Tante hatte einen kleinen Tabakladen. Sie wollten ihr gutes Leben wegen mir nicht gefährden.« Nur einige Tage darf Eugen bei ihnen wohnen. Ein neuer Retter findet sich.

Im Luckenwalder Widerstand

Es ist ein kleiner Justizangestellter, Gerichtsschreiber in Luckenwalde, einer kleinen Industriestadt 70 Kilometer südlich von Berlin. »Kein Kommunist, aber auch kein Nazi«, sagt Eugen Friede, »einfach nur ein anständiger Mensch«. Er heißt Hans Winkler und hat mit Freunden den »Sparverein Großer Einsatz« gegründet. Ein bemerkenswerter Name für eine illegale Hilfsorganisation. Winkler & Co. sammeln Lebensmittel und Geld für Untergetauchte, für Juden und politische Gegner der Nazis.

Die Winklers haben eine Tochter, die auch Ruth heißt, aber viel jünger als die Ruth der Horns ist, und einen Sohn. Horst ist in der HJ, notgedrungen. Er hasst die Uniform und das Krieg spielen an den Wochenenden. »Wir waren etwa gleich groß. Und ich fragte Horst, ob ich nicht mal seine HJ-Uniform anziehen könne. Durfte ich. Während ich früher ganz verrückt danach war, fühlte ich mich jetzt darin unwohl. Sie kratzte fürchterlich.« Dennoch trägt Eugen sie ab und an, wenn er abends vors Haus tritt, um mal frische Luft zu schnappen, der beengten kleinen Zwei-Zimmer-Wohnung der Winklers zu entfliehen. Der jüdische Junge fällt nicht auf, in der braunen Uniform sieht er aus wie ein ganz normaler, deutscher Junge.

Eugen langweilt sich, ein Tag gleicht dem anderen. Er fühlt sich wie ein Gefangener. Da wird er eines Tages aus dem öden »U-Boot«-Alltag gerissen. Die Winklers erhalten überraschenden Besuch von einem Pärchen: eine junge blonde Frau und ein älterer, kräftiger Mann mit roten Löckchen. Die beiden stellen sich als Fancia Grün und Werner Scharff vor. Sie seien aus Theresienstadt geflohen. Sie berichten, aus dem Ghetto würden täglich Greise, Frauen, Kinder in Güterzügen nach Auschwitz deportiert werden. Das sei ein Vernichtungslager in Polen, dort würden Menschen vergast. »Ich konnte nicht fassen, was sie erzählten.«

Um so entschlossener ist Eugen mit dabei, als Scharff vorschlägt, eine Widerstandsorganisation zu gründen. Auch Hans Winkler ist überzeugt, dass es nicht mehr ausreicht, Untergetauchten zu helfen. Man müsse mehr machen, dieses verbrecherische Regime, das Menschen mordet, enrgischer bekämpfen.

Die kleine und allmählich wachsende Widerstandsgruppe in Luckenwalde nennt sich »Gemeinschaft für Frieden und Aufbau«. Die Gleichgesinnten verfassen Flugblätter unter dem Titel »Zum Überdenken« und verschicken Kettenbriefe in verschiedene Städte des »Reichs«. Auf dem Briefkopf geben sie als Adresse »Reichsführung München« an, um von sich in Luckenwalde abzulenken und zudem den Anschein zu erwecken, es handele sich um eine über ganz Deutschland verbreitete Organisation. Unter der Überschrift »Generalmobilmachung« teilen die Antifaschisten ihren potenziellen Lesern mit, dass es sinnlos sei, auf Wunder- und Vergeltungswaffen zu hoffen. Sie rufen zum passiven Widerstand auf und bitten darum, den Brieftext zehn Mal abzuschreiben und weiter zu verschicken.

Eugens Vater, der mit der Mutter inzwischen ebenfalls in Luckenwalde lebt, reißt ganze Seiten aus Telefonbüchern heraus. Die anderen schreiben die Adressen für Kettenbriefe ab. Hans Winkler schmuggelt aus dem Amtsgericht Blanko-Formulare, die mit antifaschistischen Texten beschriftet werden. Eugen schnitzt aus dem Holz von Zigarrenschachteln einen »Schattenmann«, wie er von den NS-Plakaten »Pst, Feind hört mit!« prangt. Nur ziert seine Figur die Aufschrift »Pst ... Hitler verrecke!«

Eugens Vater fährt mit subversiver Fracht im Gepäck mehrmals nach Leipzig und Halle. Auch Winklers kleine Tochter Ruth hilft mit, kutschiert Flugblätter im Puppenwagen durch die Stadt zu den ihr angegebenen Adressen von Mitverschworenen.

Eugen Friede klärt mich über den Grund der Übersiedlung seiner Eltern nach Luckenwalde auf: Anja Friede ist am 27. Februar 1943 auf ihrer Arbeitsstelle verhaftet und wie Hunderte andere zur Zwangsarbeit in einem Berliner Rüstungsbetrieb verpflichtete jüdische Partner aus »Mischehen« in das Haus der Jüdischen Gemeinde in der Rosenstraße verbracht worden. Sie sollen deportiert werden. Wie ein Lauffeuer verbreitet sich die unheilvolle Nachricht. Die später »Fabrikaktion« genannte Razzia beschränkte sich nicht auf die Reichshauptstadt, sondern erfolgte auch in anderen deutschen Großstädten. In Berlin jedoch kommt es zu einem machtvollen Protest der Angehörigen der Verhafteten, vor allem vereiteln empörte »arische« Frauen den heimtückischen Mordplan. Vor dem Gebäude in der Rosenstraße, in dem ihre Gatten gefangen gehalten werden, fordern sie lauthals: »Gebt unsere Männer frei!« Sie lassen sich von der Schupo, der Schutzpolizei, nicht vertreiben. Auch nicht von der SS. Sie harren tagelang aus. Unter ihnen auch Eugens Vater. Ein Wunder geschieht. Die SS zieht sich zurück, die Verhafteten werden freigelassen.

Warum hat es solche Protestaktionen nicht früher und nicht mehr im Deutschland unterm Hakenkreuz gegeben?

Eugen Friede zuckt mit den Schultern. Er fragte sich das auch oft. Sodann berichtet er, dass seine Eltern in Luckenwalde »in einer Bruchbude« in der Friedrichstraße, nicht weit vom Bahnhof entfernt, lebten. »Sie bewohnten ein kleines Zimmerchen im Gasthaus Leonhardt. Ich war überglücklich, die beiden in meiner Nähe zu haben. Wir konnten uns jetzt öfters sehen. In Horsts HJ-Uniform konnte ich sie abends besuchen.«

Die furchtbare Ahnung, welch grausigem Los die Mutter knapp entronnen ist, verdrängt die Gedanken an die Gefahr, in der sich Eugen und seine Freunde durch ihr Tun befinden, bestärkt sie darin, noch eifriger antifaschistische Agitation zu betreiben. Nur Anja Friede klagt stetig: »Sind denn alle meschugge geworden? Ihr stürzt uns ins Verderben.« In der Tat ist die Gestapo den Antifaschisten bereits auf der Fährte. »Vielleicht sind wir zu leichtfertig gewesen«, sinniert Eugen Friede. »Wir waren voller Tatendrang und von uns selbst begeistert, wie wir unseren Verfolgern immer wieder ein Schnippchen schlugen.«

Es begann mit Hilde Bromberg, einer untergetauchten Jüdin, 20 Jahre jung, Mitglied der »Gemeinschaft für Frieden und Aufbau«. Am 18. April 1944 fährt sie mit der S-Bahn nach Potsdam, um Kettenbriefe unter die Menschen zu bringen. Sie kehrt nicht zurück. Ihre Freunde in Luckenwalde sind besorgt: Was ist geschehen? Ist sie verhaftet worden? Werden jetzt alle nacheinander verhaftet? »Als nach Tagen der Ungewissheit nichts geschah, zu keinem von uns die Gestapo kam, legte sich die Anspannung und wir machten weiter«, erzählt Eugen Friede. »Wir erfuhren später, dass Hilde verhaftet, ins Berliner Polizeigefängnis am Alexanderplatz gebracht und dort von den Gestapobeamten Lehmann und Linke grün und blau geschlagen wurde, bis ihr die Zähne aus dem Mund fielen und die Augen zugeschwollen waren. Sie hat aber dicht gehalten, niemanden verraten.«

Der Gestapo gelingt dennoch die Enttarnung der Luckenwalder Widerstandsgruppe. Im Oktober kommt es zu ersten Verhaftungen. Wer wird der nächste sein? Eugen Friede erinnert sich:»Vater kramte eines Tages aus einer Schublade der Wäschekommode einige Glasröllchen hervor und leerte den Inhalt: viele weiße Tabletten. Er legte sie in ein Taschentuch und zerdrückte sie mit der Faust. Er war so still in unserer Bude, dass man das Knirschen und Bröckeln hörte. Danach füllte er die feinen Krümel in eine leere Zigarettenschachtel. ›Für den Fall der Fälle‹, sagte er zu Mama und mir.«

Sie sitzen beim gemeinsamen Frühstück. Es ist der 11. Dezember 1944.»Mama hat Spiegeleier gemacht und dazu Speck knusprig gebraten. Papa hatte den Ofen angeheizt. Auf dem Kleiderschrank stand unser Volksempfänger, wir erwarteten mit Spannung den Bericht des Oberkommandos der Wehrmacht.« Plötzlich sind schwere Schritte auf den knarrenden Holzstufen zu hören, die zur Dachkammer der kleinen Familie Friede führen. Dann ein lautes Hämmern gegen die Tür: »Aufmachen!« Anja Friede öffnet und wird von zwei Männern brutal in den Raum gestoßen. »Sie hielten Papa die Pistole vor die Brust: ›Hände hoch!‹ Ich bin kurz zuvor in den Kleiderschrank gesprungen und sah durch eine Ritze, wie sie Papa Handschellen anlegten. Dann riss einer der beiden Männer die Schranktür auf und schrie mich an: ›Raus, du verfluchter Scheißkerl.‹« Es sind die Gestapomänner Linke und Lehmann, die schon Hilde Bromberg verhaftet hatten, wie Eugen Friede später erfährt.

Dem Veteran steht das Entsetzen noch heute ins Gesicht geschrieben, denkt er an jenen Dezembertag zurück. »Auf der Straße konnte ich Gesichter hinter den Fensterscheiben des Gasthauses erkennen. Wir wurden in einen Wagen gestoßen und zum Polizeirevier gebracht, wo wir auf die anderen aus unserer Gruppe trafen.« Julius Friede flüstert seinem Sohn zu: »Ich konnte das Veronal einstecken. Willst du es haben?« Eugen schüttelt den Kopf. »Obwohl ich selbst wahnsinnige Angst hatte, umarmte ich ihn und sagte: ›Du brauchst es auch nicht.‹ Dann wurde Papa fortgeführt. Ich sah ihn nie wieder.«

Seiner Mutter begegnet Eugen Anfang 1945 im Potsdamer Polizeipräsidium wieder: »Gebeugt, das Gesicht aschfahl, schaute sie mich aus roten Augen an und fragte heiser, ob ich Hunger hätte. Ohne eine Antwort abzuwarten, zog sie dann eine Glasscherbe aus ihrer Manteltasche: ›Meine Brille – sie haben sie zertreten. Nimm du die Scherbe, schneid' dir die Pulsader auf, wenn sie dich quälen.‹ Dann weinte sie und schnäuzte sich in den Mantelärmel.« Eugen will die Glasscherbe nicht: »Mama, es geht mir gut. Wir werden hier wieder rauskommen.« Eugen Friede meint, just in dem Moment durch ein geöffnetes Fenster im Präsidium die Glocken der Potsdamer Garnisonkirche gehört zu haben. Sie läuteten zur vollen Stunde die Melodie eines Liedes, das er kennt: »Üb immer Treu und Redlichkeit bis an dein kühles Grab und weiche keinen Finger breit von Gottes Wegen ab ...«

Wenige Tage später holen zwei Polizisten Eugen Friede vom Potsdamer Polizeipräsidium ab und fahren, den Jungen zwischen sich geklemmt, mit der S-Bahn nach Berlin. Er wird ins Jüdische Krankenhaus gebracht, das zu einem Gefängnis umfunktioniert ist. »In der einstigen Pathologie-Abteilung herrschte der gefürchtete Gestapomann Walter Dobberke. Er folterte, wann immer er Lust hatte.« Der Raum, in den Eugen gesperrt wird, ist überfüllt. Die Häftlinge haben kaum Platz, sich zu setzen, geschweige hinzulegen, sie stehen dicht an dicht. Pritschen oder Matratzen gibt es nicht, dafür viel Schmutz und Gestank. Juden mit weißer Armbinde, auf der »Ordner« steht, flüstern ihnen Hoffnung zu: Die Rote Armee stünde an der Oder. »Wir klammerten uns an diese Gerüchte.«

Auch Hilde Bromberg wird im Jüdischen Krankenhaus festgehalten. Eugen erkennt sie nicht sofort, hager und verwahrlost steht sie ihm gegenüber. Mit heiserer Stimme sagt sie: »Winkler macht es richtig, je mehr Leute hineingezogen werden, umso länger dauern die Vorbereitungen für unseren Prozess.« Tatsächlich bereitet die Gestapo einen Prozess gegen die Luckenwalder Nazigegner vor, und tatsächlich kommt es nicht mehr zu einem Urteilsspruch.

Endlich wieder aufgetaucht

Eines Tages wird Eugen abgeholt und ins Polizeipräsidium am Alex gebracht. Die Zustände dort sind noch schlimmer. Er kommt in eine Zelle, die für 40 Personen ausgelegt ist, in der aber etwa 300 Männer festgehalten werden. »So viele dreckige, zerlumpte, stinkende Männer habe ich noch nie auf einem Haufen gesehen.«

Eugen ist ein cleverer Junge. Es gelingt ihm, sich als Kalfaktor in die Küche einzuschleichen. »Als wir mal auf den Flur raustreten mussten, habe ich mir einen dort stehenden Kessel mit dünner Kohlsuppe geschnappt und bin Austeilen gegangen. Es war schon ein solches Durcheinander, niemand bemerkte, dass ich dazu nicht befugt war.« Fortan hilft Eugen in der Küche aus. Allerdings nicht lange. Erneut wird er weggebracht, diesmal ins »Sammellager« im Jüdischen Altersheim. Hier ist er mit Russen und Polen interniert. »Wir hörten Geschützdonner und ahnten, die Rote Armee ist jetzt wirklich nicht mehr weit. Für uns wenig Trost. Jeden Tag wurden einige herausgeholt und kamen nicht wieder.«

Am 23. April 1945 wird Eugens Name ausgerufen. »Ich stand plötzlich vor einem großen, blonden, blauäugigen SS-Mann. Jetzt hat mein letztes Stündlein geschlagen, dachte ich. Jetzt werde ich von diesem ›Herrenmenschen‹ abge-knallt. Ausgerechnet an meinem 19. Geburtstag.« Doch der schnauzt ihn nur an: »Hau ab!« Eugen rennt los, wie irre. Er hält erst inne, als ihm die Puste ausgeht. Er holt tief Atem und muss husten. Pulverqualm und Trümmerstaub treiben ihm Tränen in die Augen. Oder sind es Freudentränen? Eugen ist frei. Kein SS-Mann ist hinter ihm her, kein Gestapo-büttel. Graue Menschen mit fahlen Gesichtern huschen an ihm vorbei. Niemand interessiert sich für ihn, keiner, der ihn anschreit oder schlägt. Eugen war einmal ein »U-Boot«, er ist aufgetaucht. »Ich fühlte mich wie wiedergeboren.«

Anja Friede wird von der Roten Armee in Theresien-stadt befreit. Sie bleibt zeitlebens ängstlich, zuckt bei je-dem Laut zusammen, weint und sorgt sich ständig um den Sohn, der den Kinderschuhen entwachsen ist. Eugen hat keinen »Bock« auf Schule und Berufsausbildung, obwohl sich die Kommunisten in der sowjetischen Besatzungszone um ihn bemühen. Sie können ihn nicht halten. Der Junge hat Hummeln im Hintern. Oder ist es die Unruhe, die er in den Jahren im Untergrund inhaliert hat, die ihn auch jetzt, nach dem Krieg, nicht zur Ruhe kommen lässt? Vielleicht fehlen auch die väterlichen Ermahnungen?

Der Halbwaise versucht es mit diversen Jobs, immer wieder wirft er das Handtuch. Er schreibt sich an der Hochschule für bildende Kunst in Westberlin ein und bricht das Studium ab. Immerhin, seine spätere Frau lernt er hier kennen.

Es gibt keine Arbeit, die ihn fesselt, ihm Spaß macht. Er schlägt mal hier, mal dort seine Zelte auf, führt ein unstetes

Leben, auch noch, als er längst verheiratet ist. Er lebt einige Jahre in Mailand und dann in Toronto, macht dies und das, wagt es, ein Restaurant zu eröffnen, fühlt sich dann aber doch nicht zum Wirt berufen. Er arbeitet als Werber für ein deutsches Textilunternehmen und macht Öffentlichkeitsarbeit für einen Chemiekonzern. Auch das ist ihm nicht recht.

Der vom Verfolgungswahn der Nazis in den Untergrund getriebene bleibt lange ein Getriebener. Erst im Taunus findet er schließlich seinen Ruhepol. Er notiert seine Erinnerungen. Aus Ingrimm über alte Nazis, die er während einer Kur traf. Und die so taten und so sprachen, als wäre es eine heile Welt gewesen unter »Heil Hitler!«

Eugen Friede war dabei, als 2004 in Luckenwalde auf dem Bahnhofsvorplatz eine Gedenktafel angebracht wurde mit der Aufschrift: »In memoriam – 1943 und 1944 kreuzten sich am Luckenwalder Bahnhof die Wege vieler Beteiligter der Widerstandsgruppe ›Gemeinschaft für Frieden und Aufbau‹. Untergetauchte Juden kamen hier an. Tausende Flugblätter wurden von hier aus in andere Städte gebracht.«

ZWISCHEN DEN FRONTEN

Warum Erich Knorr in das Strafbataillon 999 zur
»Bewährung an der Front« gepresst wurde

Die 999er – was verbirgt sich hinter dieser mysteriösen Zahl? Erich Knorr, Jahrgang 1912, weiß es. Er legt Zeugnis ab von der perfiden Entscheidung der Nazis, deutsche Antifaschisten zu rekrutieren und in einen Krieg zu schicken, der nicht der ihre war, den sie in aufopferungsvollem Kampf hatten verhindern wollen und doch nicht hatten verhindern können. Die »zur Bewährung« an die Front geschickten Hitlergegner leisteten jedoch innerhalb der sogenannten Strafbataillone passiven Widerstand oder liefen zu Partisaneneinheiten über.

»Sie begannen sogenannte Wehrunwürdige zu rekrutieren, als ihnen ihr Kanonenfutter ausging, die Reihen der Hitler-Wehrmacht sich zunehmend lichteten und kaum mehr aufzufüllen waren«, erläutert Erich Knorr, ein freundlicher älterer Herr, keineswegs knorrig. Nomen ist nicht immer omen. Entsprechend dem Wehrgesetz von 1935 galten in Nazideutschland als wehrunwürdig, also ausgeschlossen von der »Ehre der Erfüllung der Wehrpflicht«, all jene, die wegen »staatsfeindlicher Betätigung« im Zuchthaus oder Gefängnis gesessen hatten. Bereits im Frühjahr 1942 kam vom Oberkommando der Wehrmacht der Vorschlag einer »gnadenweisen Wiederherstellung der Wehrwürdigkeit«, sie sollte die bis zu drei Jahre Inhaftierten betreffen. Der entsprechende »Führerbefehl«, mit dem die erste Afrika-Division »999« ins Leben gerufen wurde, erfolgte im Oktober des Jahres.

Es blieb nicht bei der Zwangsrekrutierung von mit Haftstrafen bis zu drei Jahren Verurteilten. Den faschistischen

Eroberern ging das »Menschenmaterial« aus. Gegen Ende des Krieges wurden sogar Häftlinge aus Konzentrationslagern geholt und in eine »Strafeinheit« gepresst. Auch Zeugen Jehovas, Bibelforscher, Menschen, die aus religiöser oder pazifistischer Gesinnung den Dienst an der Waffe verweigert hatten, sowie Berufsverbrecher wurden eingezogen. Letztere stellten die Mehrheit; siebzig Prozent der etwa 28 000 »bedingt Wehrwürdigen« hatten eine kriminelle Vergangenheit.

Erich Knorr gehört zur zweiten Einberufungswelle im Februar 1943. »Da wurden auch diejenigen mit dem blauen Schein, dem sogenannten Ausschließungsschein, die bis zu sechs Jahren Haft hinter sich hatten, einberufen.«

Exakt fünf Jahre und drei Monate Zuchthaus hat Erich Knorr hinter sich. Der am 24. Oktober 1912 in Claußnitz, einer kleinen Gemeinde nördlich von Chemnitz geborene Arbeitersohn ist 1935 verhaftet und zunächst auf Schloss Osterstein eingesperrt worden, einer kurfürstlichen Residenz in Zwickau, die bereits im 18. Jahrhundert als Gefängnis umfunktioniert worden ist. August Bebel und Rosa Luxemburg saßen hier zu Kaisers Zeiten ein, weiß Erich Knorr, beide wegen angeblicher Majestätsbeleidigung. Karl May hingegen kam wegen Hochstapelei, Diebstahl und anderer Gaunereien dreieinhalb Jahre ins Arbeitshaus Osterstein. Zur gleichen Zeit wie Erich Knorr ist dort Hermann Axen, Kommunist aus einer jüdischen Familie aus Galizien, interniert; er wird später Auschwitz und Buchenwald durchleiden. Knorrs nächste Leidensstation ist das Zuchthaus in Waldheim. »Ich habe durchgemacht, was so vielen Antifaschisten unter der Nazidiktatur widerfuhr: Gestapo-Folter, Misshandlungen durch die SA, über zwei Jahre Einzelhaft.«

Was war sein »Vergehen«? Gleich nach dem Machtantritt der Nazis hat er sich in den illegalen Widerstand eingereiht. Der 21-Jährige übernimmt Kurierdienste, schmuggelt antifaschistische Schriften über die nahe gelegene tschechische Grenze. Er ist Mitglied der Kommunistischen Partei, seit zwei Jahren. Zuvor war er Jungsozialist und Sozialdemokrat. »Wir sangen in Weimarer Zeiten aus voller Brust und innerer Überzeugung: ›Nie, nie woll'n wir Waffen tragen ...‹ Und dann mussten wir erleben, dass sozialdemokratische Minister den Panzerkreuzerbau im August 1928 befürworteten.«

»Kinderspeisung statt Panzerkreuzer« hat die Parole der SPD im Reichstagswahlkampf gelautet. Doch die nach der Wahl gebildete neue Regierung unter dem sozialdemokratischen Reichskanzler Hermann Müller dachte nicht daran, das Wahlversprechen einzuhalten. »Nicht viel anders als heute«, kommentiert Erich Knorr und fügt hinzu: »Im Übrigen war das damals auch eine Große Koalition.« Die SPD regierte mit der Deutschnationalen Volkspartei. Um nicht ein vorzeitiges Aus ihrer Amtszeit zu riskieren, stimmten die sozialdemokratischen Minister dem Bau des Panzerkreuzers zu. Das kostspielige Kriegsgerät sollte durch Streichung der Zuschüsse zur Schulspeisung finanziert werden.

Das Einknicken der führenden Sozialdemokraten vor dem bürgerlichen Koalitionspartner bescherte ihnen einen immensen Imageverlust in der Arbeiterschaft. Auch bei Erich Knorr. »Überhaupt tat sich die SPD schwer in der innerparteilichen Diskussion über ein Wehrprogramm. Die KPD jedoch rief zusammen mit namhaften linken und anderen demokratischen Künstlern und Intellektuellen zu einem Volksbegehren gegen den Panzerkreuzerbau auf, organisierte Antikriegstage. Das hat mich beeindruckt.« Erich Knorr hörte Paul Levi von der KPD reden. Er studierte die Reden, die auf dem SPD-Parteitag im Mai 1931 in Leipzig gehalten wurden. »Die kapitulantenhafte Politik meines Parteivorstandes hat mich entsetzt. Man mag über die KPD heute sagen, was man will, sie trat konsequent gegen Aufrüstung und neuerliche Expansionsgelüste auf. Und so bin ich 1931 Kommunist geworden.«

Warum aber gingen die Nazis das Risiko ein, imperialistische Kriege ablehnende und sie von Anfang an bekämpfende Kommunisten zur Verstärkung der Wehrmachtseinheiten an die Fronten zu schicken? Mussten sie nicht damit rechnen, dass die »Politischen« in den 999er Einheiten zum »Feind« überlaufen werden? »Die Nazis hatten sicherlich auch den Hintergedanken, sich auf diese Art und Weise bequem der Regimegegner zu entledigen. Das war eine weitere Variante der Liquidierung von sogenannten Volksschädlingen – neben den hundertfachen Todesurteilen des ›Volksgerichtshofs‹ und dem tausendfachen qualvollen Sterben in Gestapohöllen und Konzentrationslagern.«

Das Misstrauen gegenüber den Kommunisten und Sozialdemokraten in den Strafeinheiten war natürlich groß. Vor allem die Gestapo bekundete Bedenken. Und auch Wehrmachtsoffiziere waren nicht erbaut, »unzuverlässige Elemente« als Entsatz zu erhalten. Erich Knorr zitiert aus einem Bericht des Kommandeurs des I. Festungs-Infanterie-Bataillons 999, dem er angehörte: »Der Kreis, aus dem die Soldaten des Bataillons einberufen wurden, bedingt schon, daß einem großen Teil der Einberufenen nicht nur das Verstehen um den Kampf unseres Volkes völlig fremd ist, es fehlt ihnen dadurch auch an der inneren Bereitschaft, zur Erreichung dieses Ziels ihr Letztes herzugeben, was für den Kampfwert einer Truppe aber ausschlaggebend ist.« Und weiter heißt es da über die »Politischen«: »Es muß vielmehr angenommen werden, daß sie jede Ehrlosigkeit auf sich nehmen, um ihr Leben zu retten.« Nachdrücklich äußert der Kommandeur von Knorrs Bataillon, dass besondere Vorsicht gegenüber jenen, die der »kommunistischen

Erich Knorr als Jugendlicher

Idee« anhängen, geboten sei. Er warnt vor »Wehrkraftzersetzung« und »Fahnenflucht«.

Nun, darin sollte er recht behalten. Vor allem auf dem jugoslawischen und griechischen Kriegsschauplatz, aber auch an der deutsch-sowjetischen Front desertierten viele politische »999er« und schlossen sich Partisaneneinheiten an.

Auch Erich Knorr ist fest entschlossen zu desertieren, sobald sich eine Gelegenheit eröffnet. Diesen Vorsatz hegt er, seit sie ihn einberufen haben. Es sollte ihm jedoch nicht so schnell glücken, wie erhofft. »Das Misstrauen vor allem gegenüber uns Kommunisten bei den 999ern bewirkte natürlich, dass wir besonders streng beobachtet wurden. Schon während unserer Ausbildung auf dem Heuberg hatte man uns einzuschüchtern versucht, uns unmissverständlich klar gemacht, was mit Drückebergern geschieht. Sie werden sofort erschossen, ohne Anhörung und Urteil.«

Vom Heuberg zum Peloponnes

Der »Heuberg« bei Stetten, auf einer Hochebene der Schwäbischen Alb, ist schon von der kaiserlichen Armee als Truppenübungsplatz genutzt worden. »Und wird heute noch von der Bundeswehr genutzt«, weiß Erich Knorr. »In der Einöde im badischen Land, völlig isoliert von der Außenwelt, wurden wir viehisch gedrillt.« Der gelernte Schlosser aus Sachsen wird für den Einsatz auf dem afrikanischen Kriegsschauplatz ausgebildet. Er erhält bereits eine Feldpostnummer, die ihn als Angehörigen des Afrika-Schützen-Regiments ausweist. Sengende Hitze und Wüstenstaub sollen ihm erspart bleiben. »Als wir im Mai 1943 auf dem Heuberg zum Abmarsch bereitstanden, in Tropenuniform und mit einem Wollschal um den Bauch gegen die kalten Nächte in der Wüste, hat das Afrikakorps der Wehrmacht gerade kapituliert.«

Die Schlacht um Tunesien endete mit einer totalen Niederlage der Wehrmacht. Als diese sich abzeichnet, verließ »Wüstenfuchs« Erwin Rommel, Hitlers bis dato noch liebster General, den afrikanischen Kriegsschauplatz, um nicht mit dem Desaster in Verbindung gebracht zu werden. »Den ganzen Rommel-Kult, den es noch heute gibt, finde ich widerlich«, sagt Erich Knorr und fragt eher rhetorisch: »Soll er Vorbild sein für Bundeswehrsoldaten, die heute nach Afrika oder in den Nahen und Mittleren Osten geschickt werden? Seine Mitwirkung am Hitlerattentat vom 20. Juli 1944 ist jedenfalls unter Historikern sehr umstritten.«

Knorrs Einheit wird neu formiert. Neues Einsatzziel seines nunmehr I/999 Festungs-Infanterie-Bataillons ist der Balkan. »Just an dem Tage, als wir auf dem Peloponnes anlangten, landeten die Alliierten auf Sizilien. Wir haben die Nachricht frohen Herzens vernommen. Für uns war dies ein weiterer Hoffnungsschimmer, dass es den faschistischen Welteroberern bald an den Kragen geht. Mit dieser Zuversicht haben wir den Sommer regelrecht genossen.«

Die Landschaft auf der »Insel des Pelops«, Sohn des sagenhaften Königs Tantalos, der die Götter auf dem Olymp herausgefordert und damit deren Fluch auf Generationen seiner Familie geladen hatte, ist karg. Flora und Fauna sind wenig abwechslungsreich. Schroffe, hohe Berge beherrschen die Halbinsel, dazwischen einige fruchtbare, dicht besiedelte Täler mit Ruinen einst mächtiger, antiker Städte wie Korinth oder Sparta. Erich Knorr ist erleichtert. »Wir wurden nicht ins Feuer geschickt, hatten keine Kampfeinsätze. Wir mussten beispielsweise den Flugplatz von Araxos bewachen. Er wurde einige Male von den Alliierten bombardiert. Das war's aber auch. Der Feind, mit dem wir es zu tun hatten, hieß Malaria.«

Ende 1943 wird seine Einheit an den Kanal von Korinth verlegt. »Da wurde es für uns brenzlig. Wir wurden nun auf die Jagd nach Partisanen geschickt. Mir war miserabel zumute. Als wir in die Berge gefahren wurden, beschäftigte mich nur ein Gedanke: Was kann ich tun? Ich wusste nur eins: Ich werde auf keinen Partisanen schießen. Ich werde auch an keiner Vergeltungsaktion gegen Zivilisten teilnehmen, die Angehörige der Volksbefreiungsarmee aufgenommen und unterstützt haben.« Das ist erst einmal ein guter Vorsatz. Wie aber löst man den ein?

Die griechische Volksbefreiungsarmee ELAS macht den deutschen Okkupanten schwer zu schaffen, fügt ihnen empfindliche Verluste an Menschen und Material zu. In dem Jahr, in dem Erich Knorr auf dem Peloponnes landet, schickt das Oberkommando der Wehrmacht acht Divisionen in den Kampf gegen die ELAS. Obwohl sich die Anzahl deutscher Besatzungssoldaten in Griechenland innerhalb eines Jahres verdoppelte, gelingt es den Aggressoren nicht, den Widerstand zu brechen. Generaloberst Alexander

Löhr gesteht schließlich ein, dass es der Wehrmacht nicht gelingen wird, die ELAS »restlos zu vernichten« und das Land zu »befrieden«. Der Fliegergeneral, der die Bombardements gegen Warschau und Belgrad und die Luftlandeschlacht um Kreta befahl und nunmehr Oberbefehlshaber der Heeresgruppe E auf dem Balkan ist, zeichnet verantwortlich für die Deportation von 60 000 Juden aus Griechenland und Albanien; zwei Jahre nach Kriegsende wird er in Jugoslawien von einem Militärgericht zum Tode verurteilt.

Hat Erich Knorr sich jemanden anvertrauen können, in seiner Pein, nicht auf Partisanen und Zivilisten schießen zu wollen? »Es war Vorsicht geboten. Man konnte sich nicht so einfach dem anderen anvertrauen. Aber man hat, geschult durch die Jahre in der Illegalität, einen gewissen Instinkt entwickelt, eine Spürnase, möchte ich fast sagen, wer wer ist. Nach behutsamen Ausfragen hat man das dann schon mitgekriegt.«

Panzerkreuzer Potjomkin

Der Veteran erinnert sich: Eines Tages musste seine Einheit einen Ort umstellen, der bereits von Partisanen befreit worden ist. Sie sollten ihn zurückerobern. »Vor unserer Ankunft haben sich die Partisanen zu unserem Glück in die Berge zurückgezogen.« Erich Knorr wird zur Wache eingeteilt. »Ich stand auf Posten mit einem, bei dem ich recht schnell fühlte, das ist ein Mensch, mit dem man offen reden kann.« Der Mann heißt Karl König, ein Sozialdemokrat aus Berlin. »Er hat sich mir offenbart und ich mich ihm.«

König hat 1930 bis 1933 Volkswirtschaft studiert und stand kurz vor der Verteidigung seiner Dissertation, als er von der Gestapo verhaftet wurde. Nach der Befreiung vom

Faschismus promoviert er und wird Senator für Wirtschaft in Berlin-West; er stirbt 1979.

Der Kommunist und der Sozialdemokrat bilden eine kleine verschworene Gemeinschaft im Strafbataillon. »Wir tauschten unsere Gedanken, vor allem unsere Sorgen aus.« Was sollen sie tun, wenn Leutnant Zwicknagel den Befehl gibt, gegen die Einwohner der Stadt vorzugehen? Denn sie haben die Partisanen bei sich beherbergt.« Knorr und König wissen, wie mörderisch die »Vergeltungsaktionen« nicht nur der SS, sondern auch der Wehrmacht sind. »Wir waren uns einig: Wir würden nicht die Häuser der Griechen niederbrennen. Wir müssen unsere Flucht, unseren Übergang zu den Partisanen vorbereiten.« Die beiden hoffen, dies würde ihnen mit Hilfe von in der Gegend tätigen Straßenbauarbeitern aus Athen gelingen. Dann aber kommt alles anders, völlig anders.

Die Einheit von Erich Knorr erhält einen neuen Einsatzbefehl. Es geht jetzt an die Ostfront. Eine schlimmere Nachricht hätte Erich Knorr kaum ereilen können. Was dachte, was fühlte der Kommunist? »Ich fühlte mich miserabel, durfte mir das aber nicht anmerken lassen. Einmal stieß mich einer der Kameraden im Vorbeigehen an und fragte: ›Warst Du nicht auch im RFB?‹ Ja, das war ich.« Er ist im März 1932 in Burgstädt in den Rotfrontkämpferbund aufgenommen worden, die paramilitärische Organisation der KPD, die bereits im letzten Jahr der Weimarer Republik verboten war, im Illegalen wirkte. Erich Knorr sprach bei der Aufnahme den Eid, stets und immer für die Sowjetunion und die »Weltrevolution« zu streiten. Und nun sollte er gegen die Rote Armee kämpfen, in das »Vaterland der Werktätigen« einfallen. »Da war mir unwahrscheinlich flau im Magen.«

Erichs Einheit wird nach Odessa verlegt, eine schöne, stolze Stadt, die Alexander Puschkin in seiner Erzählung

»Eugen Onegin« ob ihres Freiheitswillen rühmte, ein beliebter Erholungsort für Aristokraten und Großbourgeois zur Zarenzeit und nach der Revolution der Bolschewiki auch für die einfachen Leute. Die weiße Stadt am Schwarzen Meer empfängt ihn nicht freundlich. »Das Wetter war rau und unfreundlich. In mir kroch die Malaria mit ihren Fieberanfällen wieder hoch.«

Erich möchte gern die Stadt erkunden, die Schauplatz der ersten russischen Revolution von 1905 war. »Ein Kumpel von der Ruhr schleppte mich zu seinem Lkw und fuhr mich zu der großen Treppe am Hafen.« Eben jene, die durch Sergej Eisensteins Film »Panzerkreuzer Potjomkin« von 1925 weltweit berühmt geworden ist. »Es hätte mir niemand in diesen Tagen eine größere Freude machen können«, sagt Erich Knorr. Er hat den Stummfilm mehrmals gesehen und war begeistert, wie die Matrosen gegen die zaristischen Offiziere rebellierten, wegen des faulen Fleischs, das man ihnen zu essen gab, und der Arroganz und Selbstgefälligkeit ihrer Vorgesetzten. Kurzerhand befördern sie jene über Bord. Jubel. Aber dann das schreckliche Massaker gegen Zivilisten, auf der Hafentreppe niederkartätscht von zarentreuen Truppen. Die Szene mit dem die Stufen hinunter hüpfenden Kinderwagen ist ihm unvergessen.

Der Film war in Deutschland zunächst verboten. Die Reichswehr wollte keinen antimilitaristischen Streifen in deutschen Lichtspieltheatern dulden. Die Weimarer Justiz musste sich den Protesten gegen das Verbot fügen, die Zensur beschnitt jedoch die eindrucksvollsten Szenen. In voller Länge wird Erich Knorr den besten Stummfilm aller Zeiten erst nach der Befreiung vom Faschismus sehen.

Nun also steht er, geschwächt und fiebrig, am historischen Ort. »Ich nahm alle meine Kraft zusammen, stieg die Stufen hinab, sah das Meer, wo 1905 der Kreuzer gelegen hatte.« Die Stufen wieder hoch schafft er nicht mehr allein.

Sein Kumpel muss ihn fast tragen. Wenig später findet sich Erich Knorr in einem Sanitätszug wieder.

Im März 1944 liegt er in einem Lazarett in Stanislaw, am Rande der Karpaten. »Als die Rote Armee näher rückte, beschloss ich, alles auf eine Karte zu setzen. Ich wollte mich von der Front überrollen lassen. Und es hatte zunächst den Anschein, dass mein Plan aufgehen würde, doch da wurde bei Stanislaw die Sowjetarmee zurückgeworfen.« Drei Monate später kann die Wehrmacht der am 13. Juli beginnenden, geballten Offensive der 1. Ukrainischen Front unter Marschall Iwan Konew jedoch nicht mehr standhalten. Am 29. August gelingt der Roten Armee der Durchbruch, die Befreiung der Westukraine und südöstlicher Gebiete Polens.

Kampfgruppe König

Zu diesem Zeitpunkt ist Erich Knorr schon längst wieder andernorts. »Im April 1944 musste ich mich bei der Frontleitstelle Przemysl melden. Hier traf ich zu meiner Überraschung und Freude wieder auf Karl König.« Der Freund hat eine sensationelle »Offenbarung«. Er teilt mit, dass ein Attentat auf Hitler geplant sei. »Er weihte mich in seinen Auftrag für den Tag X ein und warb mich, ein Mitglied der Kommunistischen Partei Deutschlands, dabei zu sein.« König soll im Auftrag der Verschwörer in Berlin eine Gruppe zuverlässiger »999er« um sich scharen, die nach geglücktem Anschlag auf den Diktator in die Reichshauptstadt fliegen soll, zur Absicherung der neuen Regierung.

König hatte einen Kurzurlaub genehmigt bekommen, da seine Frau bei einem Bombenangriff tödlich getroffen worden ist. In Berlin erfuhr er von Sozialdemokraten aus dem Umkreis von Julius Leber von der Verschwörung. Leber steht in Kontakt mit Graf Schenk von Stauffenberg, dem ehemaligen Leipziger Oberbürgermeister Carl Friedrich Goerdeler und Helmuth James Graf von Moltke, auf dessen schlesischem Gut in Kreisau Pläne für ein Deutschland nach Hitler geschmiedet werden; in diesem soll Leber das Amt des Innenminister übernehmen. Doch er wird bereits vor Stauffenbergs Attentatsversuch, am 5. Juli 1944 verhaftet, nach einem Treffen mit den Kommunisten Anton Saefkow und Franz Jacob, die er in den Staatsstreich einbeziehen wollte. Die Gestapo hatte in der Saefkow-Jacob-Bästlein-Organisation einen Spitzel. Den Denunzianten Ernst Rambow, auf dessen Konto die Verhaftung und Ermordung hunderter Kommunisten wie auch der Sozialdemokraten Julius Leber und Adolf Reichwein geht, wird nach dem Krieg ein sowjetisches Militärtribunal zum Tode verurteilen.

In Przemysl, einer polnischen Stadt am Fuße der Karpaten, ist im Frühjahr 1944 indes die Hoffnung noch groß. Hitler wird gestürzt, das deutsche Volk sich aus eigener Kraft von der Naziclique befreien, glauben Knorr und König. »Wir besprachen, wen wir noch einweihen könnten. Es musste alles sorgsam bedacht werden.« Der Kommunist und der Sozialdemokrat wollen bereit sein, wenn es soweit ist. Die »Kampfgruppe König« im Strafbataillon ist geboren.

Derweil trifft ein neuer Marschbefehl ein. »Während wir nach Buzau in Rumänien unterwegs waren, hatten wir Zeit zu langen ausgiebigen Gesprächen, in denen wir auch offen über die Politik unserer beiden Parteien vor 1933 redeten. Auch über die schlimmen Sachen, die in der Stalinschen Sowjetunion passiert sind, über die sogenannten Säuberungen und die verhängnisvolle Schwächung der Roten Armee mit der Erschießung von Tuchatschewski und anderer hochrangiger Militärs.«

Der legendäre Marschall der Sowjetunion, der die Rote Armee in den 1930er Jahren modernisiert hatte, war 1937 verhaftet und bezichtigt worden, ein Agent der Deutschen zu sein und »eine trotzkistische Organisation« innerhalb der sowjetischen Streitkräfte gebildet zu haben. Vorgehalten wurde ihm zudem die Kooperation mit der Reichswehr zur Zeit der Weimarer Republik, als Deutschland unter den strengen militärischen Restriktionen des Versailler Vertrages stand und die Sowjetunion international isoliert war. Nach einem erbärmlichen Schauprozess wurde Tuchatschewski am 12. Juni 1937 im Innenhof des berüchtigten Moskauer Gefängnis Lubjanka erschossen. Kurz vor seinem Tod hatte er in seiner Gefängniszelle eine ausführliche Abhandlung verfasst, in der er den Angriff Deutschlands auf die Sowjetunion für den Juni 1941 prophezeite. Dass die Sowjetarmee, als dieser dann tatsächlich zum vorausgesagten Zeitpunkt erfolgte, nicht gewappnet war und sich weit ins Landesinnere zurückziehen musste, war dem blutigen Aderlass auf Stalins Geheiß geschuldet: Nebst Tuchatschewski waren dreizehn weitere Generäle und über 5000 Offiziere der Roten Armee ermordet worden.

»Vom Hitler-Stalin-Pakt, zwei Jahre nach Tuchatschewskis Ermordung, habe ich im Zuchthaus Waldheim erfahren«, sagt Erich Knorr. »Das hat mich natürlich zutiefst erschüttert. Ich fragte mich, wieso und warum? Und ich fand keine Antwort darauf.« Schlimmer noch als der Nichtangriffsvertrag vom 23. August 1939, der angesichts westlicher Ablehnung Moskauer Offerten für eine Anti-Hitler-Koalition noch verständlich schien, war für die Kommunisten in den Zuchthäusern und Lagern der Nazis sowie im Exil die Nachricht vom Abschluss eines deutsch-sowjetischen Freundschaftsvertrages am 28. September des gleichen Jahres – ein Schock. Wie konnte die sozialistische Sowjetunion dem faschistischen Deutschland die Freundschaft erklären? Die Goebbelspresse höhnte. Zitate wurden gestreut, wie sehr Hitler den Kremlherrn bewundere und dieser wiederum den Reichskanzler in Berlin.

Knorr und König erinnern sich auch an die unseligen Jahre zu Ende der Weimarer Republik, da Kommunisten und Sozialdemokraten einander befehdeten, statt zusammenzustehen gegen die erstarkenden Faschisten. 1932 hat Erich Knorr in seiner sächsischen Heimat die erste Demonstration für die Einheitsfront von Kommunisten, Sozialdemokraten und Linkssozialisten organisiert und ist von den eigenen Genossen gemaßregelt worden, weil er sich mit »Sozialfaschisten« verbündet hätte. »Nun aber, im Frühjahr 1944, traten all diese Dinge für mich und Karl in den Hintergrund. Wir waren uns einig: Das Sowjetvolk trägt die Hauptlast des Befreiungskrieges gegen den deutschen Faschismus. Es war die Rote Armee, die in der Schlacht um Stalingrad der Hitlerwehrmacht das Rückgrat gebrochen hat. Wir deutschen Hitlergegner, auch unter den 999ern, müssen uns zusammenraufen, wie sehr wir auch vor 1933 politisch zerstritten waren.«

Es erweist sich schwieriger als gedacht, Gesinnungsgefährten zu finden. Knorr und König nutzen jede Feuerpause für vorsichtige Gespräche, behutsame Fühlungsnahme. Immer wieder reißen bereits geknüpfte Verbindungen ab. »Nachdem unser Bataillon I/999 im Feuer der Gefechte auf der Krim ausgelöscht wurde, wurden deren Reste dem Bataillon XV/999 zugeteilt, die einzige 999er Strafeinheit, die 1944 noch an der Ostfront stand, am sogenannten Dnjestr-Brückenkopf.« Erich Knorr zählt in seiner Kompanie zwölf Soldaten antifaschistischer Gesinnung. Einer derjenigen, die er tiefer ins Vertrauen zieht, ist Lorenz Schneider, ein Kommunist aus Köln-Deutz.

Ende Mai/Anfang Juni 1944 wird Knorrs Kompanie zwei Mal zur Teilnahme an der Exekution von Deserteuren befohlen. »Wir sollten zuschauen. Feldgendarmen streckten kaltblütig die jungen Soldaten nieder, die nicht mehr dem ›Führer‹ folgen, nicht mehr sinnlos krepieren wollten.« Beim zweiten Mal teilt der Kompanieführer mit, dass diesmal einige 999er das blutige Handwerk verrichten sollen. Zu jenen, die dafür ausgewählt wurden, gehört Knorrs Vertrauter Lorenz Schneider. »Er suchte mich auf und gestand mir, dass er fest entschlossen sei, den Befehl zu verweigern. Er wollte lieber selbst erschossen werden, als zu einem Mörder zu werden.« Was soll Erich Knorr dem Freund raten? Glück im Unglück. Lorenz Schneider muss letztlich der Exekution »nur« beiwohnen. »Das war schlimm genug für uns: ohnmächtig zusehen zu müssen!«

Kurz darauf schreckt die Meldung vom Anschlag auf Hitler am 20. Juli 1944 die 999er und deren Kommandeure auf – mit freilich ganz unterschiedlichen Reaktionen. Während die Offiziere nach Eingang der Meldung »Der Führer lebt! Völlig gesund!« Gott danken und wie der »Führer« von der Vorsehung schwafeln, sind die Zwangsrekrutierten enttäuscht und fragen sich, was schief gelaufen ist. Waren es nicht hochrangige preußische Militärs, die den Putsch gewagt haben? Was haben sie falsch gemacht? Waren sie in letzter Minute doch zu zögerlich? Keiner beantwortet ihnen diese Fragen. Sie erfahren lediglich, dass die führenden Verschwörer noch in der gleichen Nacht im Hof des Bendlerblocks erschossen wurden.

Es waren unglückliche Umstände, die den Diktator am Leben ließen: Der von Stauffenberg unter dem Kartentisch in der Besprechungsbaracke im »Führerhauptquartier Wolfsschanze« bei Rastenburg platzierte Aktenkoffer mit nur einem halben Sprengsatz war von einem Konferenzteilnehmer mit der Stiefelspitze hinter einem Tischfuß geschoben worden. Die schwere Eichenplatte des Tisches und die wegen der Sommerhitze weit geöffneten Fenster der Baracke dämpften die Wirkung der Detonation. Hitler wurde nur leicht verletzt.

»Noch in der Nacht vom 20. zum 21. Juli besprachen Karl und ich, was jetzt zu tun sei. Karl hatte festes Vertrauen in seine Gefährten in Berlin, die wir in den Fängen der Gestapo vermuten mussten. Dennoch überlegten wir in diesem Augenblick, ob wir nicht versuchen sollten, sofort überzulaufen.« Knorr und König kommen jedoch zum Schluss, bei ihrer Kompanie zu bleiben, damit die Kameraden nicht ihre Flucht auszubaden haben. Außerdem sind sie trotz des Misslingens des Umsturzversuches der festen Gewissheit, dass die Tage des Hitlerregimes gezählt sind. Wenn es auch nicht aus eigener Kraft, durch den Widerstand im Inneren des »Deutschen Reiches« gestürzt werden sollte, so ist doch die nahende militärische Niederlage offenkundig.

»Wo ist Vogel?«

Erich Knorr packt erneut die Malaria. »Ich kam wieder in ein Feldlazarett, schipperte dann später mit einigen versprengten Einheiten die Donau aufwärts.« Im September 1944 werden die 999er entwaffnet und als Baupioniere an die Westfront geschickt. Sie sollen Wälle, Bunker und Panzersperren gegen die in der Normandie gelandeten und auf die Reichsgrenzen zumarschierenden Armeen der Westalliierten errichten. Ein aussichtsloses Unterfangen. Erich Knorr verbringt die letzten Kriegswochen in verschiedenen Lazaretten. Schließlich beschließt er, dass für ihn der Krieg zu Ende ist. Im Tohuwabohu des panischen Rückzugs der deutschen Truppen setzt er sich ab. Im Frühjahr 1945 steht er an der Neiße und trifft auf Sowjetsoldaten. Er kann nicht Russisch. Ein Soldat tippt auf seine rechte

Brusttasche und fragt: »Wo ist Vogel?« Die Angehörigen des Strafbataillons durften den Wehrmachtsadler nicht an ihrer Uniform tragen. Wie soll Erich Knorr das dem Rotarmisten erklären? Junge jüdische Frauen, die soeben dem Todeslager Auschwitz entkommen sind, dolmetschen.

Und wie erlebt Erich Knorr den Tag der Befreiung? »Am 8. Mai 1945 machte ich mich, mit einem weißen Handtuch bewaffnet und einem roten Band am Arm, auf den Weg nach Hause, nach Claußnitz. Nach einem strammen Fußmarsch gelangte ich dort am 11. Mai 1945 an. Und da gab es natürlich gleich viel zu tun.«

Der 33-Jährige wird Bürgermeister in seinem Heimatdorf und im Herbst 1945 Landrat im Kreis Rochlitz; er setzt sich vor allem für die Unterbringung und Versorgung der Flüchtlinge aus dem Osten ein, in der sowjetischen Besatzungszone »Umsiedler« genannt. Für sie gründet er das Dorf Neurochlitz in der Uckermark.

»Mein Lebenslauf war für die sowjetische Besatzungsmacht natürlich ein schwerer Brocken.« Er hatte mit den deutsch-faschistischen Okkupationstruppen auf sowjetischem Boden gestanden. Den feinen Unterschied zwischen zwangsrekrutierten politischen Häftlingen und faschistischen Mordbrennern machen die Sowjets nicht, die 27 Millionen Tote zu beklagen haben und denen die Hitlerwehrmacht tausende Dörfer niedergebrannt und hunderte Städte zerbombt hatte.

Monatelang amtiert Erich Knorr ohne Bestätigung durch die Sowjetische Militäradministration in Deutschland. Der Kaderchef der KPD in Sachsen Fritz Große, vor 1933 kommunistischer Reichstagsabgeordneter, von den Nazis im Zuchthaus Brandenburg-Görden und im KZ Mauthausen inhaftiert, setzt sich für ihn ein. »Und ich muss auch sagen, dass es unter den sowjetischen Polit- und Kulturoffizieren, mit denen wir zusammenarbeiteten, viele verständnisvolle Menschen gab, die sich auch die Mühe machten, eine solch verzwickte Geschichte wie die meinige zu begreifen, sich hineinzudenken. Was man von einigen unserer SED-Funktionäre später leider nicht sagen kann.«

Wie im Krieg, so verschlägt es Erich Knorr auch im Nachkrieg von einem Ort zum anderen. In Quedlinburg am Fuße des Harzes ist er »Herr« über das Saatgut. 1953 wird er 1. Sekretär der Vereinigung für gegenseitige Bauernhilfe, fünf Jahre später jedoch schnöde abgesetzt. »Da hat meine Vergangenheit als 999er vielleicht mit als Vorwand gedient. Die Gründe waren anderer Natur. Meine Absetzung erfolgte im Zusammenhang mit der Kampagne gegen ›Revisionismus‹. Aber das ist nun wieder eine andere Geschichte.« Erich Knorr winkt ab.

Es ist nicht das erste und wird nicht das letzte Mal sein, dass ihn seine Partei ungerecht behandelt. Der Diplom-Agronom muss nach drei Jahren Amtszeit 1962 als Ratsvorsitzender des Kreises Güstrow wegen angeblichem »Liberalismus« zurücktreten. Das alles hat ihn nicht kapitulieren, nicht desertieren lassen. Im Dezember 1989 ist er Delegierter des Sonderparteitages der SED/PDS. Und 2010 schickt ihn seine Partei als ältesten Wahlmann in die 14. Bundesversammlung, die erst nach dem dritten Wahlgang den neuen Bundespräsidenten kürt, dem das Amtsglück nicht lange hold ist. Aber das ist wirklich eine ganz andere, irrelevante Geschichte.

Kurz vor seinem hundertsten Geburtstag, am 23. September 2012, ist Erich Knorr gestorben – mit dem Stift in der Hand. Er hat bis zum letzten Atemzug an einem Artikel über Widersprüche im Widerstand 1933 bis 1945, Verrat und Zerwürfnisse, versäumte Chancen und unvergessenen Opfermut geschrieben.

ICH WOLLTE KEIN
KOMPLIZE SEIN

*Wie aus dem deutschen Maat Hans Heisel ein Mitglied des
französischen Widerstands wurde*

Er ist siebzehn, hat gerade eine Ausbildung als Laborant
bei Bayer Leverkusen absolviert, als er zur Kriegsmarine
eingezogen wird, am 1. Januar 1940. Hans Heisel wird zum
Fernschreiber ausgebildet und Ende Juni nach Paris abkommandiert. Innerhalb von drei Wochen hat die
deutsch-faschistische Wehrmacht Frankreich besiegt und
besetzt, der Grande Nation die größte Schmach in ihrer Geschichte bereitet.

Eigentlich wollte er zur See, Abenteuer erleben. Doch
Hans Heisel muss zum Dienst im Marineministerium an
der Place de la Concorde. Die französische Hauptstadt
tröstet ihn rasch, sie imponiert ihm, eine Metropole der
Superlative und von ungeheurem Charme: die Île de la
Cité, Geburtsstätte und Herz von Paris, die majestätische
Kathedrale Notre-Dame, ein filigraner gotischer Sakralbau, 1163 unter Bischof Maurice de Sully begonnen, und die
einzigartige Basilika Sacré-Coeur, die auf dem »Butte«, dem
Hügel von Montmartre thront. Hans Heisel steht staunend
am Place de la Concorde, auf dem ein Obelisk der Pharao-
nen aus Luxor wie eine Nadel gen Himmel sticht, und am
Arc de Triomphe, den Napoleon zum Ruhm seiner Grande
Armée errichten ließ. Hans besteigt den Eiffelturm, genießt die herrliche Aussicht.

Ja, Paris ist eine Reise wert. »Ich hatte es noch nie so gut
in meinem Leben.« Der Arbeitersohn aus Leverkusen fla-
niert über prächtige Boulevards, durchstreift quirlige Gas-

sen und anmutige Gärten, flirtet mit den charmanten Französinnen, staunt über die Nonchalance der Pariser und Pariserinnen und lässt sich den Wein schmecken. Die Wehrmacht hat ihm ein kostenloses Ticket in eine der schönsten Städte der Welt beschert. »Ich war kein Anhänger der Nazis, aber auch kein Gegner«, sagt er rückblickend.

Folgenreiche Begegnungen

Mit einem Friseur in einer Seitenstraße der Champs-Élysées kommt Hans ins Gespräch. Wachsende Vertrautheit vertieft die Unterhaltung. Der Mann, der ihm die Haare schneidet, ist im Elsass geboren. Er sät erste Zweifel beim deutschen Soldaten. »Ich war nicht nur neugierig, neugierig ist ja jeder mehr oder weniger, ich war auch unvoreingenommen. Ich habe alles Neue, was ich sah oder hörte, aufgesaugt wie ein trockener Schwamm.«

Der Elsässer fragt ihn frank und frei: »Was willst du hier? Warum seid ihr Deutschen hier?« Hans Heisel erfährt, dass die Franzosen keineswegs beglückt sind über die Anwesenheit deutscher Soldaten, wie er vielleicht glauben mag. Und sie die Besatzer lieber heut' als morgen wieder los sein würden. Hans Heisel kommt ins Grübeln, versucht mit den Augen der Franzosen sich und seinesgleichen zu sehen.

Er fühlt sich zunehmend unwohl in seiner Uniform. Er lernt ein junges hübsches Mädchen kennen, eine Französin. Sie wird seine feste Freundin. Er spaziert mit ihr abends durch Paris, sie erklärt ihm die Sehenswürdigkeiten der Stadt, sie plaudern über Gott und die Welt. Hans merkt, dass ihr etwas auf der Seele liegt. Sie soll offen sagen, was sie bedrückt. Sie möchte nicht, dass er sie in Uniform begleitet. Da lässt sich doch Abhilfe schaffen. Hans fragt seinen Friseur, ob er ihm einen guten Schneider empfehlen könne. Der nennt ihm einen Namen und eine Adresse.

Beim Maßnehmen in der Rue du Faubourg Saint-Honoré horcht ihn nun der Schneider aus, ein jugoslawischer Emigrant. »Der war wie der Friseur Kommunist und in der Résistance, was ich natürlich nicht wusste. Die beiden haben mich zu einem total anderen Menschen gemacht.«

Hans denkt über Dinge nach, die ihn zuvor nicht tangierten. Georges Sénéchi, wie der Schneider laut seiner Visitenkarte heißt, füttert ihn mit Meldungen des Moskauer und Londoner Rundfunks. »Nach langen Diskussionen mit ihm begann ich mir selber die Frage zu stellen: ›Welche Rolle spielst du in diesem Krieg?‹ Da bin ich zu der Erkenntnis gekommen, dass ich Komplize einer staatlich organisierten Verbrecherbande bin. Und ich wollte nicht länger Komplize sein.« Im Krieg muss man damit rechnen, zu sterben. Soll er für Verbrecher sein Leben lassen? Nein, das will er nicht. »Ich wollte gegen Hitler kämpfen. Damit, sollte ich sterben, mein Tod wenigstens einen Sinn hatte.«

Über den Schneider kommt Hans in Kontakt zu einer illegal in Paris lebenden Deutschen. Maria war im Spanienkrieg Krankenschwester. Bevor sie ihn jedoch in die illegale Arbeit der deutschen Emigranten einbeziehen kann, wird Hans Heisel nach Berlin geschickt, zur weiteren Ausbildung. Ein halbes Jahr ist er im »Reich«.

Zurück in Paris befördert man ihn zum Dienststellenleiter der Fernschreibstelle Torpedoarsenal West in der Rue de la Pompe. Sein Vorgesetzter ist Admiral von Trotha, ein Sohn des preußischen Generals, der in Deutsch-Südwestafrika (heute Namibia) den Genozid an 80 000 Herero befahl, die sich 1904 unter der Führung ihres Häuptlings Samuel Maharero gegen die brutale koloniale Unterwerfung erhoben hatten. »Entweder die deutsche Regierung gibt das Kolonisieren unter den Herero als aussichtslos auf.

Oder sie befiehlt den Vernichtungskampf gegen dieselben«, hatte der General bereits vor der Erhebung kaltschnäuzig in Berlin empfohlen.

In der Fernschreibstelle gibt es wenig Arbeit. Noch sitzen die Okkupanten fest und siegessicher im Sattel. Hans nimmt sofort wieder Verbindung zu Maria auf. Er lernt weitere deutsche Kommunisten kennen, so Richard Gladewitz aus Zwickau, Spanienkämpfer und Kommissar im Hans-Beimler-Bataillon, und Harald Hauser aus Lörrach, der später in der DDR ein erfolgreicher Autor sein wird. Die Genossen kennt er nicht unter ihrem bürgerlichen Namen, den erfährt er meist erst nach dem Krieg; zu ihrer eigenen Sicherheit und die der anderen haben sich alle einen Decknamen zugelegt oder von der Partei zugeschrieben bekommen.

Seine wichtigste Bezugsperson ist »Mado«, die mit bürgerlichen Namen Thea Saefkow heißt. Die Bergarbeitertochter aus Gelsenkirchen war bis 1939 mit Anton Saefkow verheiratet, der im »Reich« eine große Widerstandsorganisation aufgebaut hat und im September 1944 im Zuchthaus Brandenburg hingerichtet wird. Nach dem Krieg ist Thea zunächst Redakteurin der »Volkszeitung« in Dortmund; sie übersiedelt 1948 in die sowjetische Besatzungszone, heiratet Walter Beling, der ebenfalls in der Résistance war, und arbeitet bei der DEFA.

»Die Genossen der deutschen Emigration haben mich unheimlich beeindruckt. Welche Kraft die hatten, unter welch komplizierten Bedingungen sie in der Illegalität lebten, ohne festes Einkommen, in ständiger Gefahr, von der deutschen Besatzungsmacht aufgegriffen oder von französischen Kollaborateuren ausgeliefert zu werden. Wie steht man das jahrelang durch? Und es waren alles so kluge und bescheidene Leute. Das hat mit dazu beigetragen, dass ich mir sagte: Ja, mit denen kämpft man zusammen.«

Für die deutschen und französischen Résistancekämpfer ist Hans Heisel ein Glückstreffer. Er ist Herr über den Fernschreiber im Marineministerium, über den Ticker gehen wichtige militärische Meldungen – über Truppenverlegungen, die Lage an verschiedenen Frontabschnitten, geplante »Vergeltungsmaßnahmen« auf Aktionen des Widerstands sowie Informationen von deutschen Geheimagenten über Vorhaben der Westalliierten. Danach giert die Résistance.

Anfang 1941 kommt ein Neuer in seine Dienststelle: Arthur Eberhard, ein Sozialdemokrat aus Wuppertal, von Beruf Opernsänger. Mit ihm besucht der Sohn einer alleinerziehenden Putzfrau erstmals Konzerte, Theater und Museeen, die Comédie-Française, an der Voltaire und Victor Hugo grandiose Bühnenerfolge feierten, und l'Opéra de Paris sowie den Louvre. Arthur öffnet ihm die Sinne für Musik, für französische Kunst und Kultur. Und Hans gewinnt den Stabsgefreiten für die Résistance. Gemeinsam treten beide 1942 der KPD in Frankreich bei. »Als Mitgliedsbeitrag gaben wir ein Drittel unseres Soldes.«

Das Attentat auf Ritter

Die wichtigste Aufgabe der deutschen Freunde des drangsalierten französischen Volkes ist die Agitation unter ihren Landsleuten. »Das musste mit großer Umsicht erfolgen.« Von den Genossen der Emigration erhalten sie bündelweise Flugblätter, um sie in den Kasernen und Dienststellen der Marine und Wehrmacht und den von deutschen Soldaten häufig aufgesuchten Orten, Kinos, Restaurants, Cafés und anderen Vergnügungsstätten zu verteilen.

Der Einfallsreichtum der Drei kennt keine Grenzen. Sie entdecken das stille Örtchen als einen besonders wirkungsvollen Umschlagplatz für ihr subversives Material.

»Man rollte das Toilettenpapier auf, steckte die Flugblätter dazwischen und wickelte das Ganze wieder auf«, erläutert Hans Heisel. Der nächste Gast, der das WC aufsucht, bekommt gratis eine spannende Lektüre.

Einmal jedoch, in der Gaststätte des Fliegerheims, fliegt Hans fast auf. Er hat sein »Geschäft« wie üblich beendet, mehrere Kabinen bestückt und will gerade hinausgehen, als ein Toilettenwärter ihn am Arm packt und festhält, in der Hand eine Rolle Klopapier. »Er hatte bemerkt, dass sie dicker als normal war und wollte mich anzeigen.« Hans zückt seine Pistole, drückt sie dem Gegenüber auf die Brust und entreißt ihm die Rolle. »Dann rannte ich los. Ich habe diese Lokalität nie wieder betreten.«

Von Vorteil für Hans soll sich die zufällige, bizarre Bekanntschaft mit einem Abwehroffizier erweisen. Im Marinestab seien Flugblätter gefunden worden, berichtet der ihm eines Tages entrüstet. Hans täuscht Ahnungslosigkeit vor und gibt sich gleichfalls empört. Er begleitet den Sicherheitsoffizier bei seiner Fahndung nach dem Täter – nach sich selbst.

Es war Hans, der die Flugblätter »verloren« hatte. Und es war sehr riskant, wie er sie in den Stab geschmuggelt hat. »Ich habe sie unter meine Matrosenbluse gestopft, sah ganz schön gepolstert aus. Es ist aber nicht aufgefallen.« Amüsiert berichtet Hans Heisel: »Als ich Anfang Juli 1945 nach Leverkusen zurückgekehrt bin, wurde ich von Freunden mit der Nachricht empfangen: ›Du bist als vermisst gemeldet worden. Sie haben uns deinen Seesack geschickt.‹« Hans Heisel schaut nach, was sich in diesem noch so alles befindet. Er gräbt ein Paar noch gut brauchbarer Schuhe heraus. »Und siehe da: Unter den Einlagen waren noch Flugblätter versteckt.«

Schwieriger und weitaus gefährlicher, als Flugschriften zu verteilen, ist ein anderer Auftrag der französischen

Was ist eine Wehrmachtgruppe „Freies Deutschland"?

Eine Wehrmachtgruppe der Bewegung "FREIES DEUTSCHLAND"

das ist:

Ein Kreis von 3 bis 5 Kameraden, in einer Einheit, die gut miteinander befreundet sind und treu zusammenhalten.

das ist:

Eine Gemeinschaft von aufrechten Deutschen, die eingesehen haben, dass Hitlers Krieg verloren ist.

Was ist:

Aufruf des Nationalkomitees »Freies Deutschland« für den Westen zur Bildung von Widerstandsgruppen innerhalb der Wehrmacht

DEUTSCHLAND
MUSS LEBEN – DESHALB
MUSS HITLER FALLEN

HITLER HAT DEN
KRIEG BEGONNEN
HITLERS STURZ
WIRD IHN BEENDEN

Klebezettel von deutschen Résistanceangehörigen, die an Wehrmachtsstand-orten verteilt wurden

Widerstandskämpfer. »Die Résistance hatte stets einen großen Bedarf an Waffen.« Woher nehmen, wenn nicht stehlen?

Am besten lässt sich unbemerkt etwas entwenden, wo viel Betrieb herrscht, die Menschen abgelenkt und mit sich selbst beschäftigt sind. So in einem Café in der Rue de l'Élysée, beliebt bei Angehörigen der Luftwaffe. Es ist, wie erwartet, überfüllt. Hans findet einen freien Platz, schnallt die Koppel mit der Pistolentasche ab und lässt sie unbemerkt in seine Tasche gleiten. Wenige Minuten später betritt Arthur das Lokal und hängt seine Koppel an die Garderobe. Als Obergefreiten steht ihm keine eigene Dienstpistole zu. Er setzt sich an einem Nebentisch. Hans steht auf und begibt sich zur Toilette. Arthur folgt. In der Toilette wechselt die Tasche von Hans zu Arthur, der daraufhin das Café stracks verlässt. Hans setzt sich wieder an seinen Tisch, bestellt noch einen Kaffee, liest gemächlich die Zeitung. Er wartet, bis die Gäste im Café wechseln. Dann ruft er den Garçon, den Kellner, bezahlt, geht zur Garderobe, nimmt Arthurs Koppel vom Haken und brüllt: »Verdammte Scheiße, wer hat meine Pistole geklaut?« Das Café gleicht einem aufgeschreckten Bienenstock. Warum habe er denn Koppel und Pistolentasche an die Garderobe gehängt, wirft man ihm vor. Heisel ist nicht auf den Mund gefallen: »Weil ich dachte, hier in einem ordentlichen Lokal der deutschen Wehrmacht zu sein und nicht in einer Franzosenspelunke.« Die Pistole von Hans ist inzwischen schon in den Händen der Résistance.

Fündig werden Hans und Arthur auch in den Schwimmbädern, in denen nur Wehrmachtsangehörige Zutritt haben. In den Umkleideräumen hängen fein säuberlich nebeneinander nicht nur die Uniformen, sondern auch Pistolentaschen. Während Arthur Schmiere steht, bedient sich Hans. »Einmal haben wir auf einen Schlag 20 Waffen erbeutet«, sagt er stolz. »Meine Aktentasche war ganz schön schwer, als wir hinausmarschierten.«

Solch ergiebige Beutezüge sind natürlich nicht alltäglich. Um nicht aufzufliegen, müssen Hans und Arthur bei ihrer »Beschaffungskriminalität« auch mal pausieren. Als »Mado« an einem Septembertag 1943 Hans um eine Waffe bittet, muss er passen: »Es tut mir schrecklich leid, ich kann erst morgen eine besorgen.« Doch »Mado« insistiert: »Das ist zu spät, ich brauche sie unbedingt noch heute.« Hans übergibt ihr kurz entschlossen seine Pistole. »Das war eigentlich idiotisch. Wenn man auf der Dienststelle bemerkt hätte, dass ich mit leerer Pistolentasche rumlaufe, wäre ich in arger Bredouille gewesen.« Es gelingt ihm zum Glück, sich rasch Ersatz zu besorgen. »Es war zwar nicht das gleiche Kaliber, aber das fiel nicht auf.«

Jahre nach dem Krieg erfährt Hans Heisel, dass mit seiner Waffe am 28. September 1943 Julius Ritter erschossen wurde. Der SS-Standartenführer war verantwortlich für die Deportation von 500 000 französischen Zwangsarbeitern; er residierte in Paris als Satrap von Fritz Sauckel, dem »Generalbevollmächtigten für den Arbeitseinsatz« in Deutschland; im Nürnberger Kriegsverbrecherprozess 1946 wird er wegen Verschleppung von Millionen Menschen und Verbrechen gegen die Menschlichkeit zum Tode durch den Strang verurteilt.

»Meine Pistole hat Geschichte gemacht«, sagt Hans Heisel und wirkt doch nicht so recht glücklich. Die Sache nahm ein böses Ende:

Das Attentat auf Ritter war von einer Gruppe der »Francstireurs et partisans« (Freischützen und Partisanen) verübt worden, die sich aus Immigranten verschiedener Nationalitäten rekrutierte, angeführt von Missak Manouchian, einem Armenier. Er war aus der Türkei vor der mörderischen Verfolgung seines Volkes geflohen, arbeitete in

Frankreich bei Citroën, war Kommunist, Journalist und Lyriker. Der Manouchian-Gruppe gelangen über hundert spektakuläre Überfälle, der spektakulärste, die Exekutierung Ritters am helllichten Tage und auf offener Straße, in der Rue Pétrarque im 16. Arrondissement, sollte ihr letzter sein. »Beteiligt war auch ein deutscher Genosse aus Recklinghausen«, weiß Hans Heisel. In der Gruppe Manouchian hatte jener den Kampfnamen Leon Basmadj.

Die Rache der Besatzer ist grausam. 50 Geiseln werden »als Vergeltung« erschossen. Manouchian fällt im November des Jahres der Gestapo in die Hände und wird mit 22 Gefährten am 21. Februar 1944 auf dem Mont Valérien erschossen. Die alte Festungsanlage bei Paris, eine wichtige Bastion der französischen Armee im Krieg 1870/71 gegen Deutschland, ist von der Okkupationsmacht als Hinrichtungsstätte erkoren worden. Heute befindet sich dort ein Memorial mit »Ewiger Flamme«.

Er habe sehr viel Glück gehabt, resümiert Hans Heisel. Mehrfach.

Er will seine kleine Widerstandsgruppe in der Wehrmacht erweitern. Einer der ihm untergebenen Gefreiten scheint tauglich, denn auch er findet den Krieg »doof« und hat einen mächtigen Rochus auf die Vorgesetzten, die er alle arrogant und stupide findet. Er trägt einen großen Namen, ist aber nicht verwandt mit dem norwegischen Dramatiker Henrik Ibsen. Als sich Hans Heisel sicher ist, dass er dem Gefreiten Ibsen aus Lübeck trauen kann, weiht er ihn ein. Jener ist sogleich Feuer und Flamme. Erste Aufgaben, Flugblätter in der Kaserne auszustreuen, erledigt er anstandslos, Hans Heisel ist zufrieden.

Doch Ibsen hat eine Schwäche. Der junge, selbstbewusste Mann schwingt gern große Reden. Eines Tages begeht er eine »große Dummheit«, die Hans Heisel fast zum Verhängnis wird. »Ibsen beschimpfte eine Luftwaffenfernsprecherin als ›Naziziege‹ und schrie ihr ins Gesicht, der Krieg, den sie und ihresgleichen preisen, sei ein Verbrechen. Die Dame war mit einem SS-Mann liiert und beschwerte sich umgehend bei mir als Ibsens Vorgesetztem.«

Hans lässt Ibsen kommen und sich von ihm den Vorfall schildern. Der bestätigt den Streit. Ein Kraftfahrer sei Zeuge gewesen. Also spricht Hans auch mit jenem, redet auf ihn ein, den Kameraden nicht in Schwierigkeiten zu bringen. Es gelingt ihm, den Fahrer zu überzeugen, bei einer eventuellen Vernehmung auszusagen, er habe nichts gehört.

Der Abwehroffizier sucht Hans Heisel auf und poltert los: »Was ist denn in deiner Dienststelle los? Hast du deine Leute nicht im Griff?« Hans erwidert, er kenne Ibsen sehr gut, er sei ein vorbildlicher, gewissenhafter Soldat und überzeugter Nazi, es müsse sich um ein Missverständnis handeln. Es nützt nichts, Ibsen soll seinen Seesack packen und in einer halben Stunde abmarschbereit sein. Heisel kann nicht verhindern, dass der Freund abgeführt und nach Fresnes gebracht wird. Das drittgrößte Gefängnis Frankreichs nutzt die Gestapo zur Inhaftierung und Folterung von Widerstandskämpfern. Hans ist beunruhigt: Was, wenn Ibsen weich wird und auspackt? Die Rettung kommt von unverhoffter Seite. »Der schöne Ibsen war bei den Fernsprecherinnen sehr beliebt. Als sie erfuhren, dass eine ihrer Kolleginnen ihn denunziert hat, waren sie erzürnt und berichteten, die von Ibsen Beschimpfte sei ein faules, arrogantes und verlogenes Weibsstück.« Flankiert von sechs empörten Fernschreiberinnen, sucht Heisel Admiral von Trotha auf. Die Frauen werden einzeln vernommen und Ibsen letztlich aus Mangel an Beweisen freigesprochen.

Im Ergebnis der Affäre wird jedoch die Fernschreibstelle aufgelöst, Hans Heisel wird zum Stab des Marine-Oberkommandos West am Boulevard Suchet versetzt. Auch dort ist er nicht lange untätig, er wirbt erfolgreich einen neuen Mitstreiter. Der Zufall war ihm hold:

Hans wird heimlicher Ohrenzeuge eines Gesprächs zwischen zwei Obergefreiten. Der eine flucht: »Alles Scheiße, ich habe den Kram hier satt. Am liebsten würde ich abhauen.« Der andere warnt ihn, nicht so einen Mist zu reden, sonst lande er noch vor dem Kriegsgericht: »Du bist doch verrückt. Wenn du an die Wand gestellt werden willst, bitte, aber ohne mich.« Da erst bemerken die beiden Hans Heisel. Wie viel hat der Maat von ihrem Gespräch mitbekommen? Während der eine rasch das Weite sucht, bleibt der andere, der so laut geschimpft hat, wie angewurzelt sitzen, erwartet ein Donnerwetter. Doch Heisel will nur wissen: »Haben Sie heute Nachmittag frei?« Obergefreiter Kurt Hälker bejaht. Heisel greift sich einen vom Fernschreiber soeben ausgespuckten Papierstreifen und scheint diesen aufmerksam zu studieren. Doch dann wendet er sich wieder an den Obergefreiten, fragt beiläufig: »Hätten Sie etwas dagegen, wenn wir beide uns gemeinsam die Beine vertreten?« Hat Hälker nicht.

Wie verabredet, treffen sie sich Punkt 14 Uhr am Ausgang. Heisel schlägt Hälker vor, mit der Métro bis zum Place du Trocadéro im 16. Arrondissement von Paris zu fahren. Der Platz ist nach einer Festung in der Bucht von Cádiz an der spanischen Atlantikküste benannt, die von den Franzosen 1823 eingenommen wurde. Dort angekommen, schlendern die beiden schweigend zum Seine-Ufer. Dann eröffnet Heisel das Gespräch: »Warum wollen Sie abhauen? Und wohin?« Hälker schweigt betreten, weiß nicht, was er darauf antworten soll. Heisel fährt fort: »Es macht wenig Sinn, den Krieg zu verfluchen. Ich habe einen besseren Vorschlag: Sie kämpfen mit uns gegen den Krieg, helfen mit, den besudelten Namen unseres Volkes wieder reinzuwaschen.« Der Maat berichtet, dass er Verbindungen zu deutschen Emigranten und zur französischen Widerstandsbewegung habe. »Wollen Sie mitmachen?« Hälker ist erleichtert, er wird also nicht vor einem Kriegsgericht landen. Freudig ruft er aus: »Jawohl, Herr Maat, ich mache mit.«

Mit dem gelernten Polsterer aus Duisburg gelingt Hans ein besonderer Coup. Immer auf der Suche nach neuen Ablagemöglichkeiten für die Flugblätter und Flugschriften entdeckt er den Fuhrpark der Wehrmacht am Stadtrand von Paris. Der müsste sich doch famos dafür eignen, die Aufrufe der Illegalen an die deutschen Soldaten, nicht länger willfährige Befehlsempfänger zu sein, recht weit zu streuen. Hans macht sich mit Kurt auf den Weg. Sie haben ihre Taschen prall gefüllt. Am Eingang des Fuhrparks steht ein übermüdeter Wachsoldat. Während Hans ihn in ein Gespräch verwickelt, geht Kurt zu den Fahrzeugen, die in exakten Reihen dicht nebeneinander geparkt sind. Er bestückt Kübelwagen, Lkws und Pkws, stopft die Flugschriften unter die Sitzbänke und in die Seitentaschen der Wagentüren.

Als Hans und Kurt nach getaner Arbeit wieder in ihre Kaserne zurückkehren, malen sie sich vorfreudig aus, was es für ein »Hallo« gibt, wenn ihre Hinterlassenschaft entdeckt wird. Sie hoffen, dass möglichst viele Soldaten die Flugblätter studieren, bevor sie den Fund melden.

Die drei, Hans, Arthur und Kurt, sind ein unschlagbares Team. Ihnen gelingen noch viele tollkühne Aktionen. Und das unbemerkt.

Panik in Paris

6. Juni 1944. An der Normandie beginnt das größte Landungsmanöver der Geschichte, »Operation Overlord«. Endlich wird die der Sowjetunion schon lange versprochene Zweite Front eröffnet. 170 000 alliierte Soldaten werden mit einer gewaltigen Flotte an der Küste Nordfrankreichs

abgesetzt. Zu deren Absicherung bewölken über 4000 Jagdflugzeuge und 3000 schwere Bomber den Himmel. Obwohl das Oberkommando der Wehrmacht mit einer Invasion im Westen rechnete, wird es doch vom D-Day überrascht.

Panik in Paris. Wehrmachtseinheiten müssen in Richtung Kanalküste ausrücken. Im Marinestab herrscht hektische Betriebsamkeit. Soldaten und Offiziere eilen über die Flure, treppauf, treppab. Im Minutentakt kommen neue Befehle rein, die sich teils widersprechen, oft korrigiert und widerrufen werden. Ein einziges Chaos, Geschrei und Geschimpfe. Eilig werden Kisten und Koffer gepackt, Dokumente vernichtet. Maat Hans Heisel jubelt. Einen kurzen Moment ist er wild entschlossen, handstreichartig das Kommando im Marineministerium zu übernehmen. »Das war natürlich völlig unrealistisch, jugendliche Naivität«, gesteht der Veteran.

So sehr Hans sich über die Landung westalliierter Truppen in der Normandie freut, so sehr bekümmert es ihn, dass die Verbindungen zu den Genossen »draußen« und seinen Freunden »drinnen«, zu Arthur Eberhard und Kurt Hälker, plötzlich abreißen. Anfang August wird Hans zur Funkausweichstelle im Rothschild-Park versetzt. »Dort bin ich bin wie ein Löwe in seinem Käfig hin- und hergelaufen. Wie komme ich hier raus?« Hans findet einen Ausweg.

Er entdeckt eines Abends vor dem Gebäude ein nicht angeschlossenes Fahrrad, schwingt sich kurz entschlossen darauf und radelt los. Er hört noch, wie ihm die Wachhabenden vor der Funkausweichstelle hinterherrufen: »Halt, wo willst Du denn hin?« Hans brüllt zurück: »Ich komme gleich wieder, habe einen Auftrag.« Zügig steuert er zur Straße, in der sich der Laden des Friseurs befindet, bei dem alles begann. »Er war zum Glück noch in seinem Geschäft. Ich sagte ihm: ›Ich bin desertiert.‹«

Geistig hat er die »Fahnenflucht« zwar schon längst vollzogen, nun ist sie aber auch faktisch unumkehrbar. Der Friseur bedeutet Hans, sich auszuziehen. Er gibt ihm Zivilkleidung und schiebt die Wehrmachtsuniform samt Soldbuch in den Ofen. Das gibt ein feines Feuerchen. Der Friseur rät Hans, seinen Schneider aufzusuchen. Der Jugoslawe empfängt ihn begeistert: »Wir können jetzt jeden Mann gebrauchen.« Er macht ihn mit seinen Leuten bekannt, einer buntgemischten Truppe von Franzosen und Emigranten. »Und dann ging es los.«

Der Aufstand in Paris beginnt am 19. August 1944, Hans Heisel aus Leverkusen mitten drin. Résistancekämpfer greifen deutsche Wagenkolonnen auf dem Champs-Élysées an, besetzen Polizeistationen, Ministerien, Zeitungsredaktionen und das Hôtel de Ville, das Rathaus von Paris. Überall wachsen Barrikaden empor. »Männer, Frauen und Kinder fällten Bäume, rissen die Pflaster auf, schleppten Matratzen und Mobiliar heran. Das war eine Atmosphäre, wie es sie wohl nur noch in der Großen Französischen Revolution gab. Das war ein richtiger Volksaufstand«, sagt Hans Heisel.

Deutsche Panzer wollen die Barrikaden niederwalzen, bleiben jedoch stecken. Molotowcocktails landen auf deren Motorhauben, die Stahlungeheuer brennen. Die Luken öffnen sich. »Wer mit erhobenen Händen herauskletterte, den schonten wir. Aber manche ballerten wie wild um sich. Da mussten wir natürlich zurückschießen.«

Hans Heisel ist der einzige Deutsche in seiner Kampfgruppe. Ihm wird von seinen neuen Freunden eine weiße Fahne in die Hand gedrückt, dann trabt er los, quer über die Straße zu Häusern, wo sich Wehrmachts- oder SS-Einheiten verschanzt haben. Der Parlamentarier soll sie überreden, die Waffen zu strecken. »Ich hatte leider keinen Erfolg. Die glaubten immer noch an die Wunderwaffe und auf angeblich auf Paris vorrückende Eliteeinheiten.«

Obwohl personell und waffentechnisch unterlegen, obsiegen die Forces françaises de l'intérieur, wie sich die im Februar 1944 zusammengeschlossenen Kräfte der kommunistischen Francs-tireurs et partisans und der Forces françaises libres, der Freien Franzosen von de Gaulle, nennen. Als Hitler am 25. August seinen General Alfred Jodl fragt: »Brennt Paris?«, ist die französische Hauptstadt befreit. Ein Freudentag. »Das war wunderbar. Ganz Paris war auf den Beinen, die Menschen tanzten auf den Straßen, lachten und weinten«, erzählt Hans Heisel.

Am 26. August 1944 erlebt Paris die größte und fröhlichste Siegesparade aller Zeiten. Résistancekämpfer marschieren mit Karabiner oder MPi über der Schulter, Fahnen schwenkend und die Faust erhoben über den Champs-Élysées, singen die »Marseillaise« und die »Internationale«. Frauen und Mädchen am Straßenrand werfen ihnen Kusshändchen zu.

Nach der Befreiung von Paris trifft Hans seine Freunde Arthur Eberhard und Kurt Hälker wieder. Mit Kurt schließt er sich dem 1. Regiment von Paris an, das unter dem Kommando des legendären Colonel Fabien steht, der eigentlich Pierre Georges heißt, gelernter Bäcker und Metallarbeiter und vor dem Krieg Mitglied des ZK der Kommunistischen Jugend Frankreichs war und bei der Befreiung von Paris maßgeblich mitbeteiligt. »Sein Vater und sein Schwiegervater sind von den Deutschen ermordet worden«, weiß Hans Heisel.

Das 1. Regiment von Paris ist anfänglich der Division des US-amerikanischen Generals Georges S. Patton unterstellt. Der Vormarsch in Richtung Deutschland geht nicht so zügig vonstatten, wie sich Hans, Kurt und ihre Kampfgefährten wünschen. Hans und Kurt versuchen immer wieder, über Lautsprecher Wehrmachts- und SS-Einheiten zur Kapitulation zu bewegen. »Wir haben die ordentlich beschallt, manchmal in einstündigen Sendungen. Vergeblich.«

Das Regiment von Colonel Fabien wird zur Brigade erweitert. Es ist stets an vorderster Front, wird in die riskantesten Unternehmungen geschickt. Dann kommt es zu einem tragischen Unfall:

27. Dezember 1944. »Wir lagen in der Nähe von Mühlhausen. Auf einmal gab es einen riesigen Knall. O Gott, wir zuckten alle zusammen. Was war das?« Wie ein Lauffeuer verbreitet sich die Nachricht vom Tod des Colonel Fabien. Hartgesottene Männer, die alle erdenklichen Schrecken des Krieges durchlebt hatten, schießen die Tränen in die Augen. Sie können nicht glauben, was ihnen mitgeteilt wird. Fabien soll eine Mine untersucht haben; die Explosion riss mit ihm vier seiner Offiziere in den Tod. »Das war auch das Ende des einzigen von einem Kommunisten geführten Bataillon innerhalb der französischen Befreiungsarmee.« Bis heute sind die Todesumstände umstritten. Viele zweifeln, dass es sich um einen Unfall gehandelt habe. Sollte mit Blick auf den nahen Sieg über Nazideutschland und die Gestaltung der französischen Nachkriegsgesellschaft ein charismatischer kommunistischer Résistancekämpfer ausgeschaltet werden? »Fabien war ein wunderbarer Mensch«, sagt Hans Heisel. In Paris erinnern heute eine Straße, ein Platz und eine Metrostation an den Helden mit FKP-Ausweis.

Im Kessel am Atlantik

Im Februar 1945 wird Hans Heisel nach Südwestfrankreich, in die Nähe von Bordeaux an der Atlantikküste, geschickt. Er ist zum Frontbeauftragten der CALPO, des Comité »Allemagne libre« pour l'Ouest, der Bewegung Freies

Deutschland im Westen, ernannt worden. Was er nicht weiß, erst nach dem Krieg erfährt: Auch die deutsche Kriegsmarine hat ihn befördert, vom Maat zum Obermaat – »während ich unter Colonel Fabien kämpfte«. Wie das? »Die deutsche Bürokratie tickte noch präzise wie ein Uhrwerk, trotz des Durcheinanders nach der Invasion in der Normandie. Ich war mit einer Beförderung dran.«

An der Atlanitkküste haben sich Wehrmachtseinheiten eingeigelt. »Bei Pointe de Grave war noch ein Kessel, das weiß heute keiner mehr«, sagt Hans Heisel. Auch La Rochelle am Golf von Biscaya, die sagenträchtige Festung der Templer, Schauplatz einer Entscheidungsschlacht im Hundertjährigen Krieg gegen England und nach dem Massaker in der Bartholomäusnacht von Paris 1572 Bastion der Hugenotten, war noch von deutschen Einheiten besetzt, wurde mehr schlecht als recht von deutschen U-Booten mit Lebensmitteln und Waffen versorgt. »Als die Sowjetarmee ihren Sturm auf Berlin begann, wollten die noch weiterkämpfen. Zum Schluss haben die im Kessel Gras und Ratten gefressen. Und dachten immer noch nicht daran, aufzugeben. Solche Idioten. Und das war nicht die SS, sondern Wehrmacht«, erzählt Hans Heisel. Er zieht unverrichteter Dinge mit seinem Lautsprecherwagen ab. »Sie ergaben sich erst nach der Kapitulation der Nazigeneräle in Berlin-Karlshorst am 8. Mai 1945.«

In Südfrankreich herrscht eine ganz andere Atmosphäre als in Paris. Hans macht viele neue Erfahrungen, darunter auch unangenehme. »In der Résistance waren wir alle Brüder.« Bei Bordeaux, Pointe de Grave und La Rochelle sind die kommunistischen Résistancekämpfer Regimentern von de Gaulles Freien Französischen Streitkräften, den Forces françaises libres, zugeordnet, »in denen es noch viele Offiziere und Soldaten der alten Republik, aber auch Tunesier und Marokkaner aus den Kolonien gab«. Eines

Tages, nach einem erneut vergeblichen Einsatz mit dem Lautsprecherwagen, sagt der für Hans zuständige Leutnant: »Komm, wir gehen erst einmal essen.« Die beiden suchen das Offizierskasino auf. »Mein Leutnant stellte erst sich und dann mich vor, nannte meinen Namen. Kaum hatte er geendet, standen die Gaullisten auf: ›Mit einem Boche essen wir nicht.‹ Sie gingen ins Nebenzimmer. Die Tische waren voll gedeckt. Da haben wir uns angeschaut und mein Leutnant entschied: ›Na los, jetzt hauen wir kräftig rein!‹«

In Point de Grave kommt Hans Heisel kurz vor Schluss fast um; er wäre beinahe von den eigenen Leuten an die Wand gestellt worden – als Deserteur. Was ist geschehen? »Ich übernachtete bei einer Dame, hatte die Sperrstunde verpasst und kannte das neue Kennwort nicht.« Die Wachen wollen ihn nicht passieren lassen; er könnte ein Diversant sein. Hans erfindet keine abstruse Ausrede. Die Wahrheit überzeugt. Wegen l'amour sei er nicht rechtzeitig zurückgekehrt, erklärt er den Posten. Die Kerle sind amüsiert, haben vollstes Verständnis und lassen ihn passieren. »Ich hatte Glück. Aber die Frau tat mir leid, die mir etwas Wärme gespendet hat und von der jetzt alle wussten, dass sie mit einem Boche geschlafen hat.«

Im Sommer 1945 kehrt Hans Heisel nach Leverkusen zurück, arbeitet zunächst in den Bayerwerken, wo er vor dem Krieg eine Laborantenlehre absolviert hatte, dann als Metallarbeiter in Düsseldorf und schließlich als hauptamtlicher Funktionär der KPD. 1956 wird die Partei verboten; nach zwölfjährigem Verbot im Nazireich ist sie erneut in die Illegalität gezwungen. An die 200 000 Ermittlungsverfahren und bis zu 10 000 Verurteilungen folgen; betroffen sind vielfach Menschen, die bereits in faschistischen Konzentrationslagern und Zuchthäusern gesessen haben. Auch Hans Heisel wird 1959 verhaftet und wegen »Vorbereitung zum Hochverrat« zu 15 Monaten Gefängnis verurteilt. »Ich war Chef einer kleinen illegalen Gruppe in Nordbayern, wir haben Flugblätter gegen das KPD-Verbot, gegen die Remilitarisierung und die alten und neuen Nazis in der Bundessrepublik verteilt.« Hans Heisel ist also wieder in seinem Element. »Eines Tages haben die Staatsschützer mich morgens um fünf Uhr aus dem Bett geholt.« Er sitzt in Untersuchungshaft in Nürnberg in eben jenem Gefängnis, in dem die Angeklagten des Kriegsverbrecherprozesses eingesperrt waren. Was für eine Zumutung für den Antifaschisten. »Nach dem Urteil kam ich nach Bayreuth, da konnte ich von meinem Zellenfenster auf den Grünen Hügel blicken, auf dem Wagners Festspielhaus steht.«

Das KPD-Verbotsurteil ist bis heute nicht aufgehoben, die Partei wurde de facto mit der DKP 1968 neu gegründet, Hans Heisel mit dabei. Schmerzhaft für ihn immer wieder war die jahrzehntelange Diffamierung der deutschen Résistancekämpfer in der Bundessrepublik als »Vaterlandsverräter«. »Als ein Meister in meinem Betrieb gar nicht mehr damit aufhören wollte, mich ›Verräter‹ zu schimpfen, habe ich ihm im Beisein vieler Arbeiter einen derart kräftigen Kinnhaken verpasst, dass er auf dem Kokshaufen landete.« Hans Heisel droht daraufhin die Entlassung, doch die Arbeiter protestieren.

Im Gegensatz zu Deutschland dankte das französische Volk den deutschen Kämpfern, der französische Staat zahlte Hans Heisel eine kleine Ehrenrente. In seinen letzten Lebensjahren hatte er viele Termine, berichtete vor Schulklassen aus seinem Leben, eröffnete Ausstellungen, sprach auf Kundgebungen.

Hans Heisel starb am 12. Juli 2012 in Frankfurt am Main.

Danksagung

Es waren viele spannende, erkenntnisreiche Stunden, die ich mit den hier im Buch vereinten Zeitzeugen verbrachte. Ihre Berichte aus einer Zeit, in der sie einen Überlebenskampf führten, sich im Widerstand gegen den Naziterror befanden, in Konzentrationslagern Folter und Todesqualen erlitten, mutig im Exil und im »Reich« ihr Leben riskierten und in den Uniformen der Alliierten Millionen und Abermillionen Menschen in Europa und der Welt Frieden und Freiheit brachten, mussten festgehalten werden, damit der vor siebzig Jahren gegebene Schwur »Nie wieder Krieg, nie wieder Faschismus!« nicht in Vergessenheit gerät.

Welch größeres Glück konnte einer Historikerin wie mir – deren Großvater im Spanienkrieg und in der Résistance kämpfte und der die große Siegesmanifestation in Paris im August 1944 miterkämpft und miterlebt hatte – widerfahren, als diese Lebensgeschichten, so unterschiedlich sie sind, authentisch niederschreiben zu dürfen, damit sie sich im Gedächtnis der Nachgeborenen fest verankern.

Ich fühle mich beschenkt und danke allen meinen Interviewpartnern für das große Vertrauen, das sie mir entgegenbrachten. Ihren Worten, ihren Erlebnissen, Erfahrungen und Mahnungen wünsche ich eine interessierte Leserschaft.

Karlen Vesper
27. Januar 2015

Bildquellen:
Fotos: privat (13), Vesper (3).
Schindler-Saefkow (1), Ulli Winkler (1)

ISBN 978-3-355-01832-6

© 2015 Verlag Neues Leben, Berlin
Umschlaggestaltung: Buchgut, Berlin unter Verwendung
eines Motivs von ullstein bild – Imagno / Austrian Archives
Druck und Bindung: Druckerei Steinmeier, Deiningen

Die Bücher des Verlags Neues Leben
erscheinen in der Eulenspiegel Verlagsgruppe.

www.eulenspiegel-verlagsgruppe.de